# Zielkostenmanagement in öffentlichen Betrieben und Verwaltungen

# Schriften des Göttinger Forums für Wissenschaft, Wirtschaft und Verwaltung

Herausgegeben von Helmut Brede,
Wolf Gottschalk und Norbert Liekmeier

## Band 3

# PETER LANG

Frankfurt am Main · Berlin · Bern · New York · Paris · Wien

Anja Funke

# Zielkostenmanagement in öffentlichen Betrieben und Verwaltungen

PETER LANG

Europäischer Verlag der Wissenschaften

Die Deutsche Bibliothek - CIP-Einheitsaufnahme

Funke, Anja:

Zielkostenmanagement in öffentlichen Betrieben und
Verwaltungen / Anja Funke. - Frankfurt am Main ; Berlin ;
Bern ; New York ; Paris ; Wien : Lang, 1998
(Schriften des Göttinger Forums für Wissenschaft,
Wirtschaft und Verwaltung ; Bd. 3)
Zugl.: Göttingen, Univ., Diss., 1998
ISBN 3-631-33643-8

Gedruckt auf alterungsbeständigem,
säurefreiem Papier.

D 7
ISSN 0942-0673
ISBN 3-631-33643-8

© Peter Lang GmbH
Europäischer Verlag der Wissenschaften
Frankfurt am Main 1998
Alle Rechte vorbehalten.

Printed in Germany 1 2  4 5 6 7

# Vorwort

Seit jeher gehört es zu den Aufgaben einer Wissenschaft, die Erkenntnisfortschritte der Nachbardisziplinen für die eigenen Zwecke nutzbar zu machen. In der Erfüllung dieser Aufgabe leistet die vorliegende Arbeit einen vorbildlichen Beitrag. Unter dem Diktat der leeren Kassen müssen sich öffentliche Einrichtungen, insbesondere öffentliche Verwaltungen, immer mehr um Rationalisierung bemühen. Doch nicht nur geringere Kosten sind das Gebot der Stunde, die Leistungen sollen auch „bürgerfreundlich" dargeboten werden. In dieser Situation kommt ein in der Privatwirtschaft erprobter Ansatz in den Blick, das Zielkostenmanagement („Target Costing"), mit dem versucht wird, ausgehend vom angemessenen Preis, wie ihn der Leistungsnehmer sieht, die Kosten darauf auszurichten - im Regelfall zu drücken. Aber läßt sich der Ansatz auf öffentliche Einrichtungen übertragen? Anja Funke hat die Frage gründlich untersucht. Sie kommt zu der nicht sonderlich überraschenden Erkenntnis, daß sich der Ansatz in öffentlichen Verwaltungen und zahlreichen öffentlichen Betrieben nur unter Modifikationen verwenden läßt. Die Gründe und notwendigen Abwandlungen werden ausführlich dargestellt. Dabei wird u. a. auch gezeigt, wie sich das Kardinalproblem des oft fehlenden Marktpreises bewältigen läßt. An zwei Beispielen (Sozialamt und städt. Theater) wird abschließend demonstriert, daß Zielkostenmanagement auch unter schwierigen Bedingungen in öffentlichen Einrichtungen funktioniert. Die öffentlichen Betriebe und Verwaltungen dürfen sich durch die hier vorliegenden Untersuchungsergebnisse bereichert fühlen.

Göttingen, im Mai 1998                                    Die Herausgeber

5

# Inhaltsverzeichnis

# 3. Kapitel: Möglichkeiten und Grenzen des Zielkostenmanagements in öffentlichen Betrieben und Verwaltungen.

11

# Abbildungsverzeichnis

# Verzeichnis der Übersichten

# Abkürzungsverzeichnis

| | |
|---|---|
| ABS | Antiblockiersystem |
| Abs. | Absatz |
| abzgl. | abzüglich |
| AG | Aktiengesellschaft |
| Aufl. | Auflage |
| bearb. | bearbeitet(e) |
| BfA | Bundesversicherungsanstalt für Angestellte |
| BGBl. | Bundesgesetzblatt |
| BHO | Bundeshaushaltsordnung |
| BPflV | Bundespflegesatzverordnung |
| BSHG | Bundessozialhilfegesetz |
| bspw. | beispielsweise |
| BvS | Bundesanstalt für vereinigungsbedingte Sonderaufgaben |
| bzw. | beziehungsweise |
| ders. | derselbe |
| d.h. | das heißt |
| dies. | dieselben |
| DM | Deutsche Mark |
| durchges. | durchgesehen(e) |
| EDV | Elektronische Datenverarbeitung |
| EigBetrVO | Eigenbetriebsverordnung |
| Erg. d. Verf. | Ergänzung des Verfassers |
| erw. | erweitert(e) |

| | |
|---|---|
| f | folgende |
| FuE | Forschung und Entwicklung |
| GmbH | Gesellschaft mit beschränkter Haftung |
| GVBl. | Gesetz- und Verordnungsblatt |
| HdWW | Handwörterbuch der Wirtschaftswissenschaft |
| HGB | Handelsgesetzbuch |
| HGrG | Haushaltsgrundsätzegesetz |
| HO | Haushaltsordnung |
| i.d.R. | in der Regel |
| i.e.S. | im engeren Sinne |
| i.w.S. | im weiten Sinne |
| inkl. | inklusive |
| insb. | insbesondere |
| KAG | Kommunalabgabengesetz |
| KGSt | Kommunale Gemeinschaftsstelle für Verwaltungsvereinfachung |
| klass. | klassisch(en) |
| KVP | Kontinuierlicher Verbesserungsprozeß |
| LHO | Landeshaushaltsordnung |
| lmi | leistungsmengeninduziert(e) |
| lmn | leistungsmengenneutral(e) |
| max. | maximal(er) |
| m.w.N. | mit weiteren Nachweisen |
| Mio | Millionen |
| nds. | niedersächsisch(es) |
| ÖPNV | Öffentlicher Personennahverkehr |

| | |
|---|---|
| PC | Personalcomputer |
| S. | Seite |
| SGB | Sozialgesetzbuch |
| sog. | sogenannt(e) |
| Sp. | Spalte |
| städt. | städtisch(es) |
| u. | und |
| u.a. | und andere |
| überarb. | überarbeitet(e) |
| unwesentl. | unwesentlich |
| usw. | und so weiter |
| v. | von |
| veränd. | verändert(e) |
| Vgl. | Vergleiche |
| vollst. | vollständig |
| wesentl. | wesentlich |
| z.B. | zum Beispiel |
| z.T. | zum Teil |

# 1. KAPITEL:  EINFÜHRUNG

## A.  Problemstellung

Auf der einen Seite sind die öffentlichen Haushalte von einer Finanzkrise gekennzeichnet. Überall werden Rufe nach Einsparungen laut. Auf der anderen Seite wird der Bürger immer anspruchsvoller. Er verlangt höhere Qualität der Leistung sowie besseren Service beim Angebot der Leistungen. Die öffentliche Verwaltung versucht, diesen Aspekten durch Reformen ihrer Einrichtungen gerecht zu werden. Von den Instrumenten wie dem Neuen Steuerungsmodell und dem Tilburger Modell erhoffen sich die öffentlichen Verwaltungen die Umwandlung von Behörden zu modernen Dienstleistungsunternehmen.[1]

Die beiden Forderungen der Steigerung der Wirtschaftlichkeit und der stärkeren Bürgerorientierung erinnern an wesentliche Merkmale des Zielkostenmanagementkonzepts.

Das Zielkostenmanagement ist ein in jüngster Zeit in der Privatwirtschaft viel diskutiertes Instrument und hat zum Ziel, Kostensenkungspotentiale soweit wie möglich auszuschöpfen. Dabei muß sich das Unternehmen an den jeweiligen Marktanforderungen orientieren.[2] Die Kernfrage des Konzepts lautet „Was darf ein Produkt kosten?". Sie steht im Gegensatz zu der bisher überwiegend gestellten Fragestellung „Was wird ein Produkt kosten?".[3]

---

[1]  Vgl. KGSt, Das Neue Steuerungsmodell, 1993, S. 7.

[2]  Vgl. Berens, Wolfgang / Hoffjan, Andreas, Target Costing, 1994, S. 602; Fischer, Thomas M., Kostenmanagement, 1993, S. 151; Graßhoff, Jürgen, Zielkosten-Management, 1995, S. 100; Hillmer, Hans-Jürgen, Kostenmanagement, 1993, S. 1535 f; Niemand, Stefan, Target Costing, 1992, S. 118; Stops, Michaela, Target Costing, 1996, S. 625.

[3]  Vgl. Berens, Wolfgang / Hoffjan, Andreas, Target Costing, 1994, S. 602; Fischer, Thomas M., Kostenmanagement, 1993, S. 151; Horváth, Péter / Seidenschwarz, Werner, Methodik, 1992, S. 4; Laker, Michael, Was darf ein Produkt kosten?, 1993, S. 61; Schuh, Günther u.a., Ressourcenorientiertes Target Costing, 1995, S. 44; Seidenschwarz, Werner, Ein japanischer Ansatz, 1991, S. 199.

Das Konzept stammt ursprünglich aus Japan[4] und hat zuerst Eingang in die englischsprachige Literatur gefunden[5, 6], bevor es in Deutschland vor allem von HORVÁTH und SEIDENSCHWARZ bekannt gemacht und weiterentwickelt wurde.[7] Das Zielkostenmanagement ist ein umfassendes Kostenmanagementkonzept und kein bloßes Kostenrechnungsinstrument.[8] In der Literatur wird es allerdings zum Teil auch als Zielkostenrechnung bezeichnet.[9] Dieser Begriff sollte aber möglichst vermieden werden, damit keine Mißverständnisse über die inhaltliche Bedeutung aufkommen.

Da das Zielkostenmanagement die beiden an die öffentlichen Betriebe und Verwaltungen gestellten Forderungen der Steigerung der Wirtschaftlichkeit und der stärkeren Bürgerorientierung als charakteristische Merkmale beinhaltet, bietet es sich an, das Konzept auch in öffentlichen Betrieben und Verwaltungen anzuwenden. Allerdings treten bei der Leistungserstellung im öffentlichen Sektor viele Besonderheiten gegenüber der Produktion in der

---

4    Vgl. Deutsch, Christian, Unter Preisdruck, 1992, S. 63; Fischer, Thomas M., Kostenmanagement, 1993, S. 151; Franz, Klaus-Peter, Target Costing, 1993, S. 125; Freidank, Carl-Christian, Kostenrechnung, 1994, S. 357; Horváth, Péter / Niemand, Stefan / Wolbold, Markus, Target Costing, 1993, S. 3; Horváth, Péter / Seidenschwarz, Werner, Methodik, 1992, S. 1.

5    Vgl. Horváth, Péter, Controlling, 1996, S. 518; Rösler, Frank, Kundenanforderungen, 1995, S. 214 f; Seidenschwarz, Werner, Ein japanischer Ansatz, 1991, S. 198; Horváth, Péter / Seidenschwarz, Werner, Methodik, 1992, S. 1.
    Die meisten Veröffentlichungen in den USA gehen auf japanische Autoren zurück, vgl. z.B. Hiromoto, Toshiro, Another Hidden Edge, 1988; Makido, Takao, Recent Trends, 1989; Tanaka, Masayasu, Cost Planning, 1989; Sakurai, Michiharu, Target Costing, 1989.

6    In der englischsprachigen Literatur wird das Konzept als Target Costing bezeichnet und unter dieser Bezeichnung zum Teil auch in die deutschsprachige Literatur übernommen. Im Rahmen dieser Arbeit wird nur der deutschsprachige Begriff „Zielkostenmanagement" verwendet.

7    Vgl. Horváth, Péter / Seidenschwarz, Werner, Zielkostenmanagement, 1992; Horváth, Péter / Seidenschwarz, Werner, Methodik, 1992; Seidenschwarz, Werner, Ein japanischer Ansatz, 1991; Seidenschwarz, Werner, Target Costing, 1993.

8    Vgl. Freidank, Carl-Christian, Kostenrechnung, 1994, S. 357; Horváth, Péter / Seidenschwarz, Werner, Zielkostenmanagement, 1992, S. 142 f; Horváth, Péter / Seidenschwarz, Werner, Methodik, 1992, S. 3; S. 142 f; Niemand, Stefan, Target Costing, 1992, S. 118.

9    Vgl. Lorson, Peter, Kostenmanagement, 1993, S. 159; Männel, Wolfgang, Moderne Konzepte, 1993, S. 75; Peemöller, Volker H., Zielkostenrechnung, 1993; Striening, Hans-Dieter, Aufgaben, 1996, S. 11.

Privatwirtschaft auf, die eine Übernahme des betriebswirtschaftlichen Gedankenguts nicht ohne weiteres ermöglichen.

In dieser Arbeit soll untersucht werden, inwieweit das Zielkostenmanagementkonzept auch in öffentlichen Betrieben und Verwaltungen Anwendung finden kann. Dabei ist zu analysieren, ob das Instrument in seiner in der Privatwirtschaft diskutierten Form einzusetzen ist. Kann eine Anwendung nicht erfolgen, ist zu untersuchen, ob nicht einzelne Elemente des Zielkostenmanagements übernommen werden können, um die Vorteile des Zielkostenmanagements für öffentliche Betriebe und Verwaltungen nutzbar zu machen. Das Zielkostenmanagementkonzept ist gegebenenfalls speziell unter Berücksichtigung der Bedürfnisse öffentlicher Betriebe und Verwaltungen zu modifizieren. Dabei darf die Sichtweise nicht nur auf das Zielkostenmanagement beschränkt bleiben, sondern es ist auch zu analysieren, welche Veränderungen in der öffentlichen Verwaltung und dem öffentlichen Betrieb vorzunehmen sind, wenn das Konzept erfolgreich angewendet werden soll.

## B. Gang der Untersuchung

Bevor die Übertragbarkeit eines betriebswirtschaftlichen Konzepts auf bestimmte Institutionen untersucht werden kann, muß klar sein, was das Konzept beinhaltet. Aus diesem Grund werden im **zweiten Kapitel** die Grundzüge des Zielkostenmanagements dargestellt. Da dem Zielkostenmanagement keine einheitliche Vorgehensweise zugrunde liegt,[10] soll aufgezeigt werden, welcher Vorgehensweise im Rahmen dieser Arbeit gefolgt wird. Dabei werden zuerst die Aufgaben und Arten des Zielkostenmanagements vorgestellt (Abschnitt A.), bevor der Umfang der in das Zielkostenmanagement einzubeziehenden Kostenarten zu diskutieren ist (Abschnitt B.). Um später anhand wichtiger Bestandteile des Zielkostenmanagements die Anforderungen an die Ausgestaltung des Konzepts in öffentlichen Betrieben und Verwaltungen zu untersuchen, wird in Abschnitt C. die Funktionsweise des Zielkostenmanagements vorgestellt.

---

10  Vgl. Peemöller, Volker H., Zielkostenrechnung, 1993, S. 379, sowie Götze, Uwe, Target Costing, 1996, S. 382.

Anschließend werden die allgemeinen Anwendungsbedingungen für den Einsatz des Zielkostenmanagements in privatwirtschaftlichen Unternehmen herausgearbeitet (Abschnitt D). Diese Grundlage ist wichtig, um später die Übertragbarkeit des Zielkostenmanagements auf öffentliche Betriebe und Verwaltungen prüfen zu können. Das Kapitel schließt mit einer ersten Beurteilung des Zielkostenmanagements ab (Abschnitt E.).

Das **dritte Kapitel** geht der Frage nach, welche Anwendungsbedingungen und -grenzen für das Zielkostenmanagement in öffentlichen Betrieben und Verwaltungen vorliegen. In Abschnitt A. wird herausgearbeitet, wie das Zielkostenmanagement auf öffentliche Betriebe und Verwaltungen übertragen werden kann. Bevor die Anforderungen an die Ausgestaltung des Zielkostenmanagements näher zu untersuchen sind, werden die mit dem Einsatz des Zielkostenmanagements in öffentlichen Betrieben und Verwaltungen verfolgten Ziele dargestellt (Abschnitt A.I.). Die Ziele machen deutlich, warum es überhaupt sinnvoll ist, sich mit dem Zielkostenmanagement in öffentlichen Betrieben und Verwaltungen zu beschäftigen und woran man sich bei der Ausgestaltung des Zielkostenmanagementkonzepts zu orientieren hat. Anhand wesentlicher Bestandteile des Zielkostenmanagements wird untersucht, ob und gegebenenfalls wie die Besonderheiten öffentlicher Betriebe und Verwaltungen die Anwendung des Zielkostenmanagements einschränken und welche Möglichkeiten existieren, um dennoch Zielkostenmanagement in öffentlichen Einrichtungen einsetzen zu können (Abschnitt A.II.). Als mögliche Lösungen kommen Änderungen in öffentlichen Betrieben und Verwaltungen und Modifikationen am Zielkostenmanagementkonzept selbst in Frage.

Der Abschnitt B. behandelt die Probleme, die sich bei Einsatz des Zielkostenmanagements in öffentlichen Betrieben und Verwaltungen ergeben. Soweit möglich werden auch Lösungsansätze vorgestellt. Da bei der Einführung andere Schwierigkeiten auftreten als bei der Durchführung des Zielkostenmanagements, sind die Probleme in zwei getrennten Gliederungspunkten zu untersuchen (Abschnitte B.I. und B.II.).

Am Ende des dritten Kapitels wird anhand der Besonderheiten öffentlicher Betriebe und Verwaltungen und der sie bewirkenden Änderungen am Zielkostenmanagementkonzept versucht, einzelne Anwendungsbereiche für das Zielkostenmanagement in öffentlichen Betrieben und Verwaltungen zu bestimmen (Abschnitt C.). Dabei sind die Güter bzw. Dienstleistungen danach zu unterscheiden, inwieweit sie zu Modifikationen bei einzelnen Bestandteilen des Zielkostenmanagements gegenüber dem für privatwirtschaftliche Unternehmen diskutierten Zielkostenmanagementkonzept führen.

Um es in dieser Arbeit nicht nur bei generellen Aussagen zu belassen, sondern die Anwendung des Zielkostenmanagements „mit Leben" zu füllen, wird im **vierten Kapitel** der Einsatz von Zielkostenmanagement und die damit zusammenhängende Problematik anhand eines praktischen Beispiels aus der öffentlichen Verwaltung sowie eines praktischen Beispiels aus dem Bereich der öffentlichen Betriebe illustriert.

Im **fünften Kapitel** werden die wichtigsten Untersuchungsergebnisse der vorliegenden Arbeit zusammengefaßt.

## C. Erläuterung wichtiger Begriffe

Bevor mit der eigentlichen Untersuchung begonnen werden kann, sind folgende für die vorliegende Arbeit grundlegenden Begriffe zu klären:

- Öffentliche Betriebe und Verwaltungen
- Ziel
- Kosten
- Standardkosten

In einer dualistischen Wirtschaftsordnung existieren **öffentliche Betriebe und Verwaltungen** als Instrumente ihrer Träger, um politische Zielvorstellungen durchzusetzen.[11] In einigen Bereichen muß der Staat in das wirtschaftliche Geschehen eingreifen, da nicht alle Güter in optimaler Weise über den Markt bereitgestellt werden können.[12]

---

[11] Vgl. Reichard, Christoph, Betriebswirtschaftslehre, 1987, S. 36-38; Thiemeyer, Theo, Wirtschaftslehre, 1975, S. 28.
[12] Vgl. Ahrns, Hans-Jürgen / Feser, Hans-Dieter, Wirtschaftspolitik, 1995, S. 13; Musgrave, Richard A. / Musgrave, Peggy B. / Kullmer, Lore, Finanzen, 1994, S. 4.

*Öffentliche Betriebe und Verwaltungen lassen sich aufgrund der Markt-gängigkeit ihrer Leistungen voneinander abgrenzen.*[13] Können die Leistungen prinzipiell über den Markt veräußert werden, spricht man von Leistungen öffentlicher Betriebe. Sind die Güter oder Leistungen nicht markt-gängig, liegen öffentliche Verwaltungen vor.[14]

Die *Unterscheidung zwischen öffentlichen und nicht-öffentlichen Einzelwirt-schaften* erfolgt anhand des Abgrenzungskriteriums der Trägerschaft. In der Literatur herrscht keine Einigkeit darüber, wie hoch der Kapitalanteil der öffentlichen Hand sein muß, damit von einem öffentlichen Betrieb gesprochen werden kann.[15] Die in der Literatur vorzufindende Spannbreite reicht von einer hundertprozentigen Beteiligung bis zu einem Anteil, der für einen maßgeblichen Einfluß auf die Geschäftspolitik ausreicht, gegebenenfalls auch weniger als Sperrminorität (25 %).[16] Der letzten Auffassung soll auch hier gefolgt werden. Maßgeblicher Einfluß kann schon bei Kapitalanteilen unter 25 % vorliegen. Ist die öffentliche Hand zu hundert Prozent beteiligt, spricht man von einem rein-öffentlichen Betrieb. Wird die Ausstattung von öffentlichen und privaten Kapitalgebern gemeinsam aufgebracht, werden die Betriebe als gemischtwirtschaftliche Unternehmen bezeichnet.[17]

Im Verlauf der Arbeit werden zum Teil die Begriffe „öffentliche Institution" und „öffentliche Einrichtung" eingesetzt. Die getroffenen Aussagen gelten dann sowohl für öffentliche Verwaltungen als auch für öffentliche Unter-nehmen[18]. „Öffentliche Institution" und „öffentliche Einrichtung" werden dabei synonym verwendet.

---

13   In der Literatur werden auch andere Abgrenzungskriterien diskutiert. Vgl. Eichhorn, Peter / Friedrich, Peter, Verwaltungsökonomie I., 1976. S. 56-71; Rieger, Franz Herbert, Unternehmen, 1983, S. 30-35; Püttner, Günter, Die öffentlichen Unterneh-men, 1985, S. 26-32.

14   Vgl. Brede, Helmut, Betriebswirtschaftslehre, 1997, S. 5; ders., Transformation, 1995, S. 343; ders. Ziele, 1989, Sp. 1868.

15   Vgl. Thiemeyer, Theo, Wirtschaftslehre, 1975, S. 19; Eichhorn, Peter / Friedrich, Peter, Verwaltungsökonomie I, 1976, S. 56; Püttner, Günter, Die öffentlichen Unter-nehmen, 1985, S. 25 f; Oettle, Karl, Grundfragen I, 1976, S. 15 f; Thiemeyer, Theo, Betriebswirtschaftslehre, Teil 1, 1981, S. 367.

16   Vgl. z.B. Eichhorn, Peter / Friedrich, Peter, Verwaltungsökonomie I, 1976, S. 56.

17   Vgl. Chmielewicz, Klaus, Öffentliche Unternehmen, 1989, Sp. 1094 f; Thiemeyer, Theo, Wirtschaftslehre, 1975, S. 20.

18   Vgl. Eichhorn, Peter, Öffentliche Betriebswirtschaftslehre, 1992, S. 49.

Ebenso werden die Begriffe „öffentliche Betriebe" und „öffentliche Unternehmen" gleichbedeutend gebraucht.

Das in dieser Arbeit auf seine Anwendbarkeit in öffentlichen Betrieben und Verwaltungen zu untersuchende Zielkostenmanagement weist als wesentlichen Bestandteil den Begriff „**Ziel**" auf. Das Zielkostenmanagement ist ein betriebswirtschaftliches Instrument, das für die Privatwirtschaft entwickelt wurde und auch bisher vorwiegend dort angewendet wird.[19] Mit dem Begriff „Ziel" werden folglich in der einschlägigen Literatur nahezu ausschließlich privatwirtschaftliche Ziele angesprochen. Die Ziele öffentlicher Betriebe und Verwaltungen unterscheiden sich jedoch von jenen in der Privatwirtschaft in wesentlichen Punkten.[20] Aus diesem Grund ist vor der Analyse, ob das Zielkostenmanagement auf öffentliche Betriebe und Verwaltungen übertragen werden kann, zu klären, was den Unterschied zwischen den beiden Typen der Zielsetzung ausmacht und wie der Begriff „Ziel" im Rahmen des Zielkostenmanagements bei einem Einsatz des Konzepts in öffentlichen Betrieben und Verwaltungen zu verstehen ist.

Ziele geben allgemein an, was für ein Zustand bzw. Ereignis erreicht werden soll.[21] Die Ziele von Einzelwirtschaften lassen sich in Formal- und Sachziele trennen. *Sachziele* beziehen sich auf die Ausgestaltung des Produktes bzw. der Leistung, konkret auf „Art, Menge und Zeitpunkt der am Markt abzusetzenden Leistungen"[22]. Das *Formalziel* konzentriert sich auf die wirtschaftliche Seite der Produktherstellung,[23] genauer gesagt geht es um das „Wie" der Sachzielerreichung. Als Beispiele sind die „Rentabilität, Kostendeckung und Kostenminimierung"[24] anzuführen. In privatwirtschaftlichen

---

19  Zu Anwendungsbeispielen in der Praxis vgl. Cibis, Claudius / Niemand, Stefan, Planung und Steuerung, 1993; Claassen, Utz / Hilbert, Herwig, Target Costing, 1994; Deisenhofer, Thomas, Marktorientierte Kostenplanung, 1993; Döpper, Klaus, Target orientiertes Controlling, 1992; Heßen, Hans-Peter / Wesseler, Stefan, Zielkostensteuerung, 1994; Jakob, Frank, Anlagenbau, 1993; Link, Hans-Dieter / Schnell, Jutta / Niemand, Stefan, Die entwicklungsbegleitende Kalkulation, 1994; Müller, Hansjörg / Wolbold, Markus, Entwicklungsbereich, 1993; Tanaka, Takao, Target Costing, 1993.

20  Vgl. Thiemeyer, Theo / Oettle, Karl, Unterschiede, 1969, S. 6.

21  Vgl. Brede, Helmut, Ziele, 1989, Sp. 1867; Diederich, Helmut, Ziele, 1989, Sp. 1856.

22  Kosiol, Erich, Unternehmung, 1966, S. 212.

23  Vgl. Kosiol, Erich, Unternehmung, 1966, S. 212.

24  Thiemeyer, Theo, Wirtschaftslehre, 1975, S. 29.

Unternehmen dominiert das Formalziel im Sinne der Gewinnmaximierung. Das Sachziel wird nur als Mittel zum Zweck angesehen.[25]

In öffentlichen Verwaltungen liegt genau der entgegengesetzte Fall vor: Das Sachziel ist vorrangig zu beachten.[26, 27] Dies ergibt sich aus der Gemeinwohlorientierung öffentlicher Verwaltungen.[28] Diese folgen dem *Dienstprinzip* im Gegensatz zu den privatwirtschaftlichen Unternehmen, deren Tätigkeit vornehmlich vom *Erwerbsprinzip* beherrscht wird.[29] Das Dienstprinzip besagt, daß vorwiegend im fremden Interesse zur optimalen Deckung des vorhandenen Bedarfs gehandelt wird.[30] Im Gegensatz dazu handeln die privatwirtschaftlichen Unternehmen nach dem Erwerbsprinzip im Interesse ihrer Anteilseigner, die in der Regel eine möglichst hohe Verzinsung ihres eingesetzten Kapitals erreichen wollen (Eigenkapitalrentabilität).[31] Gemeinwohlorientierte Ziele lassen eine genaue Messung des Zielerreichungsgrades in der Regel nicht zu. Es sind Indikatoren notwendig, mit deren Hilfe versucht wird, den Zielerreichungsgrad möglichst genau zu bestimmen.[32]

In der Literatur wird zum Teil die Aussage getroffen, daß auch bei öffentlichen Betrieben die Gemeinwohlorientierung stets im Vordergrund steht und somit das Sachziel das Formalziel dominiert.[33] Die Aussage ist allerdings so uneingeschränkt nicht haltbar, denn in praxi gilt die Sachzieldominanz nicht für alle Typen öffentlicher Betriebe.[34]

---

25  Vgl. Bräunig, Dietmar, Zielsystem, 1994, S. 471.
26  Vgl. Reichard, Christoph, Betriebswirtschaftslehre, 1987, S. 17.
27  Zu einer anderen Auffassung kommt RIEGER (vgl. Rieger, Herbert, Unternehmen, 1983, S. 59 f).
28  Vgl. Reichard, Christoph, Betriebswirtschaftslehre, 1987, S. 17; Brede, Helmut, Ziele 1989, Sp. 1868; Bräunig, Dietmar, Zielsystem, 1994, S. 472.
29  Vgl. Oettle, Karl, Zielsetzungen, 1966, S. 245.
30  Vgl. Thiemeyer, Theo / Oettle, Karl, Thesen 1969, S. 37.
31  Vgl. Weber, Helmut Kurt, Industriebetriebslehre, 1996, S. 81-86.
32  Vgl. Brede, Helmut, Ziele, 1989, Sp. 1870 f; Diederich, Helmut, Ziele, 1989, Sp. 1864.
33  Vgl. Reichard, Christoph, Betriebswirtschaftslehre, 1987, S. 17; Bräunig, Dietmar, Zielsystem, 1994, S. 471.
34  Vgl. Kosiol, Erich, Unternehmung, 1966, S. 212 f; Witte, Eberhard / Hauschildt, Jürgen, Die öffentliche Unternehmung, 1966, S. 101.

So steht bei erwerbswirtschaftlichen öffentlichen Betrieben, die allein der Gewinnerzielung der öffentlichen Hand dienen, das Formalziel eindeutig im Vordergrund. Bei in Wettbewerb mit privatwirtschaftlichen Unternehmen stehenden öffentlichen Betrieben, deren Güter bzw. Dienstleistungen ein Angebot an den Bürger darstellen (z.B. öffentliche Kreditinstitute) bzw. die eine industrie-, innovations- oder regionalpolitische Funktion[35] wahrnehmen (z.B. von der Treuhandanstalt bzw. deren Nachfolgeinstitution BvS gehaltene Betriebe, die in privatwirtschaftliche Betriebe übergehen sollen, Großforschungseinrichtungen, Volkswagen AG), wird das Formalziel zumindest gleichrangig beachtet. Entsprechendes gilt für die Versorgungsunternehmen.[36] Auch Annexbetriebe (z.B. Kantinen, Reparaturbetriebe, Stadtgärtnereien)[37] sollten das Formalziel vorrangig verfolgen, um die Ausgaben der öffentlichen Hand möglichst gering zu halten. Sie stellen Güter bzw. Dienstleistungen her, die vielfach auch von privatwirtschaftlichen Unternehmen angeboten werden. Die öffentliche Hand hat also die Möglichkeit, die Leistungen auch von privatwirtschaftlichen Unternehmen zu beziehen und sollte gegebenenfalls auf das günstigere Angebot privatwirtschaftlicher Unternehmen ausweichen.

Ein Hauptziel privatwirtschaftlicher Unternehmen ist die Gewinnmaximierung.[38] Da der Gewinn bzw. Verlust vielfach im Verhältnis zum eingesetzten Eigenkapital betrachtet wird, spricht man auch vom Ziel der Erreichung einer möglichst hohen Eigenkapitalrentabilität.[39] Neben diesem Hauptziel werden in der Literatur weitere Ziele, wie zum Beispiel eine möglichst hohe Produktivität und Liquidität, ein möglichst hoher Marktanteil und ein möglichst gutes Image, genannt.[40] Der Gewinn bzw. die Ei-

---

[35]   Betriebe mit industrie-, innovations- oder regionalpolitischer Funktion sollen die Wirtschaftskraft einer Region oder einzelner Branchen fördern (Vgl. dazu genauer Brede, Helmut, Transformation, 1995, S. 344 f; Püttner, Günter, Die öffentlichen Unternehmen, 1985, S. 56 und 58).

[36]   Die Praxis hat gezeigt, daß die Versorgungsunternehmen in der Regel Gewinne erzielen (Vgl. Münch, Paul, Versorgungsunternehmen, 1986, S. 129).

[37]   Annexbetriebe sind Hilfsbetriebe und decken den Eigenbedarf der öffentlichen Hand (Vgl. Püttner, Günter, Die öffentlichen Unternehmen, 1985, S. 41 und S. 55 f).

[38]   Vgl. z.B. Heinen, Edmund, Industriebetriebslehre, 1991, S. 16; Thiemeyer, Theo, Zur ökonomischen Theorie, 1978, S. 19; Weber, Helmut Kurt, Industriebetriebslehre, 1996, S. 79.

[39]   Vgl. Weber, Helmut Kurt, Industriebetriebslehre, 1996, S. 82.

[40]   Zur Problematik dieser weiteren Ziele vgl. Weber, Helmut Kurt, Industriebetriebslehre, 1996, S. 86-89.

genkapitalrentabilität sind quantifizierbar, ihre Zielerreichungsgrade lassen sich leicht messen.[41]

Will ein Unternehmen einen möglichst hohen Gewinn erzielen, muß es sowohl kostenrechnerische als auch preispolitische Überlegungen anstellen. Beide Aspekte werden vom marktorientierten Zielkostenmanagement berücksichtigt.[42]

Das Zielkostenmanagement stellt ein Instrument dar, das vorrangig der Verfolgung des Formalziels dient. Da es dazu beiträgt, nur die Produkte zu einem bestimmten Preis auf den Markt zu bringen, die von den Kunden in dieser Ausführung und zu diesem Preis akzeptiert werden,[43] wird darüber hinaus meist auch das Sachziel des Unternehmens besser erfüllt.[44] In diesem Sinne wird das Zielkostenmanagement auch in der vorliegenden Arbeit verstanden. Entsprechendes gilt auch dann, wenn die öffentlichen Verwaltungen und die öffentlichen Betriebe betrachtet werden, in denen die Verfolgung des Formalziels hinter der Erfüllung des Sachziels zurücksteht.

Mittels des Zielkostenmanagements sollen soweit wie möglich Kostensenkungspotentiale ausgeschöpft werden. Bevor man sich aber mit einer Methode zur Kostengestaltung auseinandersetzt, ist zu klären, was unter **Kosten** zu verstehen ist.

In Theorie und Praxis hat sich der *wertmäßige Kostenbegriff* durchgesetzt.[45] So wird auch in der vorliegenden Untersuchung der wertmäßige Kostenbegriff zugrunde gelegt.

Der wertmäßige Kostenbegriff umfaßt den bewerteten, betriebsbedingten Faktorverzehr und geht zurück auf SCHMALENBACH.[46] Bei dieser Begriffsdefinition wird auf den Verbrauch von Gütern und Dienstleistungen

---

41  Vgl. Brede, Helmut, Betriebswirtschaftslehre, 1997, S. 20 f.

42  Vgl. Franz, Kaus-Peter, Kostenbeeinflussung, 1992, S. 1500.

43  Vgl. Götze, Uwe, Target Costing, 1993, S. 382; Serfling, Klaus / Schultze, Ronald, Target Costing I, 1995, S. 145.

44  Vgl. Horváth, Péter, Controlling, 1996, S. 520 f; Horváth, Péter / Seidenschwarz, Werner, Zielkostenmanagement, 1992, S. 143.

45  Vgl. Weber, Helmut Kurt, Kosten- und Leistungsrechnung, 1991, S. 36; ders., Kosten und Erlöse, 1993, Sp. 1264; ders., Grundbegriffe, 1992, S. 6.

46  Vgl. Schmalenbach, Eugen, Kostenrechnung, 1963, S. 5-10.

abgestellt. Problematisch ist es festzustellen, wie der Verbrauch bewertet werden soll. Dazu existieren keine allgemeingültigen Regeln, sondern die Höhe des Wertes ist von dem der Kostenrechnung zugrunde gelegtem Konzept der Betriebserhaltung abhängig.[47]

Die Kosten werden aus den Aufwendungen[48] abgeleitet. Somit versteht man unter Kosten „betragsgleiche und, wegen Umbewertung oder anderer Periodisierung, betragsverschiedene betriebsbezogene Aufwendungen sowie fiktive Aufwendungen."[49]

Den **Standardkosten**[50] kommt im Rahmen des Zielkostenmanagements eine zentrale Bedeutung zu. Aus diesem Grund ist es notwendig, bereits im Vorfeld zu klären, in welchem Sinne Standardkosten in der folgenden Untersuchung zu verstehen sind.

Da das Zielkostenmanagement auf einer Vollkostenrechnung basiert,[51] handelt es sich bei den Standardkosten um Plankosten auf Vollkostenbasis. Es sind die Plankosten anzusetzen, die entstünden, wenn ein Produkt mit den zur Zeit im Unternehmen vorhandenen Technologien und Fertigungsverfahren hergestellt werden würde.[52] Mit anderen Worten umfassen die Standardkosten für ein Produkt also die Kosten für die Herstellung des Produktes, bevor Kostensenkungsmaßnahmen, die sich aus dem Zielkostenmanagement ergeben, durchgeführt werden.

---

47  Zum wertmäßigen Kostenbegriff vgl. Hummel, Siegfried / Männel, Wolfgang, Kostenrechnung 1, 1986, S. 73 f; Wedell, Harald, Grundlagen, 1993, S. 283, Zimmermann, Kostenrechnung, 1996, S. 12; Weber, Helmut Kurt, Kosten und Erlöse, 1993, Sp. 1264-1267; ders., Grundbegriffe, 1992, S. 6-8.

48  Zur Abgrenzung der Aufwendungen vgl. Weber, Helmut Kurt, Bilanz und Erfolgsrechnung, 1993, S. 231-236.

49  Weber, Helmut Kurt, Einzel- und Gemeinkosten, 1996, S. 1.

50  Die Standardkosten werden in der Literatur auch drifting costs genannt (Vgl. statt vieler Fischer, Thomas M. / Schmitz, Jochen, Zielkostenmanagement, 1994, S. 419; Götze, Uwe, Target Costing, 1993, S. 383; Seidenschwarz, Werner, Ein japanischer Ansatz, 1991, S. 200). Der Begriff „drifting costs" beruht auf ungenauen Übersetzungen japanischer Literatur zum Zielkostenmanagement (Vgl. Horváth, Péter, Glossar, 1993, S. 230).

51  Vgl. Freidank, Carl-Christian, Kostenrechnung, 1994, S. 367; Graßhoff, Jürgen, Zielkosten-Management, 1995, S. 99.

52  Vgl. Burger, Anton, Kostenmanagement, 1994, S. 13; Horváth, Péter / Seidenschwarz, Werner, Zielkostenmanagement, 1992, S. 150.

Der Begriff der Standardkosten geht zurück auf die „standard costs" aus dem anglo-amerikanischen Raum. In den USA bezeichnet man mit standard costs die für eine Einheit des Erzeugnisses geplanten Kosten.[53] In Deutschland wird der Begriff Standardkosten häufig synonym zu Plankosten gebraucht und in diesen Fällen begrifflich nicht zwischen den für eine Kostenstelle geplanten Kosten und den für eine Kostenträgereinheit geplanten Kosten unterschieden. Dabei ist aber zu beachten, daß dies sachlich nicht korrekt ist, da Standardkosten entsprechend den standard costs in den USA als Kosten einer Kostenträgereinheit zu verstehen und die Plankosten als Oberbegriff für beides, die Budgetkosten (pro Kostenstelle geplanten Kosten) und die Standardkosten, aufzufassen sind.[54]

Aufgrund der verschiedenen Begriffsbedeutungen von Standardkosten ist der Ausdruck im Rahmen des Zielkostenmanagements unglücklich gewählt. In der folgenden Untersuchung wird er aber trotzdem beibehalten, um sich der für die Literatur des Zielkostenmanagements üblichen Sprache anzuschließen.

---

53  Vgl. Kilger, Wolfgang, Flexible Plankostenrechnung und Deckungsbeitragsrechnung, 1993, S. 28.
54  Vgl. Haberstock, Lothar, Kostenrechnung II, 1986, S. 10 f. So differenziert auch Zimmermann bei der Plankostenrechnung zwischen einer kostenstellenorientierten Budgetkostenrechnung und einer kostenträgerorientierten Standardkostenrechnung (vgl. Zimmermann, Gebhard, Kostenrechnung, 1996, S. 8).

# 2. KAPITEL:  GRUNDZÜGE DES ZIELKOSTENMANAGEMENTS

## A.  Aufgaben und Arten des Zielkostenmanagements

## I.  Zielsetzung und Merkmale des Zielkostenmanagements

Das Zielkostenmanagement soll dazu beitragen, die Kostensituation eines Produktes über dessen gesamten Lebenszyklus hinweg zu verbessern und nur die vom Markt akzeptierten Produkte herzustellen, um somit die **Wettbewerbsfähigkeit** des eigenen Unternehmens zu **steigern**.[1]

Es ist nichts Neues, daß sich ein Unternehmen bei der Festlegung seiner Produkte und deren Preisen am Markt zu orientieren hat. Abhängig von der Marktsituation kann das Unternehmen die Höhe des Preises selbst bestimmen oder die Höhe wird ihm mehr oder weniger vom Markt vorgegeben.[2] Die Orientierung am Markt zeigt sich in der Kostenrechnung bei den verschiedenen Methoden der Deckungsbeitragsrechnung,[3] bei denen zur Ermittlung der einzelnen Deckungsbeiträge jeweils vom Preis des Produktes ausgegangen wird.[4]

Das Zielkostenmanagement als ein Konzept des marktorientierten Kostenmanagements geht aber darüber hinaus und soll zu einer umfassenden Kostenplanung, -steuerung und -kontrolle beitragen, die sich an den Markterfordernissen auszurichten hat.[5] Die Kosten sind von den jeweiligen Kostenbestimmungsfaktoren abhängig, wie zum Beispiel von der Qualität, der Menge und der Art der herzustellenden Produkte.[6] Werden die Kosten-

---

1   Vgl. Götze, Uwe, Target Costing, 1993, S. 381 f; Horváth, Péter, Controlling, 1996, S. 519; Klingler, Bernhard F., Target Cost Management, 1993, S. 201; Seidenschwarz, Werner, Target Costing, 1993, S. 78.

2   Zu den verschiedenen Preisbildungsmöglichkeiten in Abhängigkeit von der Marktform vgl. Feser, Hans-Dieter, Preisbildung, 1995, S. 757-761 m.w.N.; Schierenbeck, Henner, Betriebswirtschaftslehre, 1996, S. 266-272.

3   Vgl. Horváth, Péter / Seidenschwarz, Werner, Zielkostenmanagement, 1992, S. 142.

4   Vgl. zum Direct Costing, zur stufenweisen Fixkostendeckungsrechnung und zur Einzelkosten- und Deckungsbeitragsrechnung Weber, Helmut Kurt, Kosten- und Leistungsrechnung, 1991, S. 152-231 m.w.N.

5   Vgl. Hieke, Hans, Zielkosten, 1994, S. 498; Horváth, Péter, Controlling, 1996, S. 519; Horváth, Péter / Seidenschwarz, Werner, Zielkostenmanagement, 1992, S. 143; Niemand, Stefan, Target Costing, 1992, S. 118; Scholl, Kai / Mees, Albert / Hagmaier, Boris, Die vernachlässigte Phase, 1996, S. 338.

6   Vgl. Niemand, Stefan, Target Costing, 1992, S. 118.

bestimmungsfaktoren so gestaltet, daß sie den Marktanforderungen entsprechen, können Kosten vermieden werden, die durch Elemente eines Produktes verursacht würden, die die Kunden gar nicht fordern.[7] Beim Zielkostenmanagement interessiert mithin nicht die Grundfunktion eines Produktes, wie zum Beispiel bei einem Auto die Fortbewegung der Kunden, sondern ob über die Grundfunktion hinaus Kundenanforderungen an das Produkt bestehen. In bezug auf das Autobeispiel heißt dies, ob das Auto beispielsweise mit vier Türen, einem Schiebedach, ABS oder ähnlichem ausgestattet sein sollte.

Die Kostenbestimmungsfaktoren werden nicht nur von den Kundenwünschen geprägt, sondern auch durch die Wettbewerbssituation des Unternehmens beeinflußt.[8] Zum Beispiel dürfte sich für die Unternehmung die herzustellende Menge eines Produktes verändern, wenn anstatt zwei Konkurrenten zwanzig Konkurrenten auf dem Markt agieren. Das Zielkostenmanagement geht davon aus, daß das Unternehmen aufgrund der Marktkonstellation nur über sehr geringe Spielräume bezüglich der Kosten und Qualität eines Produktes und der Zeit, die ein innovatives Produkt von der Entwicklung bis zur Markteinführung benötigt, verfügt.[9] Bei Anwendung des Zielkostenmanagements orientiert sich die Unternehmung also an den Kosten, die durch die Gestaltung des Produktes gemäß den Kundenwünschen und die Wettbewerbsbedingungen festgelegt sind.[10]

---

7    Vgl. Brede, Hauke, Entwicklungstrends, 1993, S. 352; Fischer, Thomas M., Kosten, 1993, S. 68; Gentner, Andreas, Target Costing, 1994, S. 339.

8    Vgl. Seidenschwarz, Werner, Target Costing, 1993, S. 79 f.

9    Vgl. Niemand, Stefan, Target Costing, 1992, S. 118; Seidenschwarz, Werner, Prozeßkostenrechnung, 1991, S. 49.

10    Vgl. Seidenschwarz, Werner, Target Costing, 1993, S. 79 f.

Die konsequente **Marktorientierung** stellt ein charakteristisches Merkmal des Zielkostenmanagements dar.[11]

Darüber hinaus ist für das Zielkostenmanagement kennzeichnend, daß es der **Strategieunterstützung** des Unternehmens dient. Das Zielkostenmanagement soll dazu beitragen, die strategischen Ziele des Unternehmens umzusetzen.[12] Die Zielkosten steuern die Aktivitäten des Unternehmens über seine gesamte Wertschöpfung hinweg. Dabei werden auch die Zulieferer des Unternehmens einbezogen.[13] Unter strategischen, langfristigen Gesichtspunkten sind alle Kosten des Unternehmens als variabel zu betrachten.[14]

Mittels des Zielkostenmanagements wird eine **Betrachtung über den gesamten Produktlebenszyklus** eines Produktes angestrebt.[15] Der Begriff „Produktlebenszyklus" wird im Rahmen des Kostenmanagements weiter gefaßt als in der Absatzwirtschaft, wo er übereinstimmend in der Weise verstanden wird, daß der Produktlebenszyklus mit dem Markteintritt beginnt und mit dem Marktaustritt des Produktes endet.[16] Im Zusammenhang mit Überlegungen des Kostenmanagements umfaßt der Produktlebenszyklus die

---

[11] Vgl. Niemand, Stefan, Target Costing, 1992, S. 119. Merkmale und Zielsetzungen des Zielkostenmanagements werden in der Literatur nicht sauber voneinander getrennt. Zum Teil werden in der Literatur die hier aufgeführten Merkmale (Vgl. zu den Merkmalen des Zielkostenmanagements Becker, Wolfgang, Kostensteuerung, 1993, S. 281; Berens, Wolfgang / Hoffjan, Andreas, Target Costing, 1994, S. 602 f; Burger, Anton, Kostenmanagement, 1994, S. 23-41; Horváth, Péter / Seidenschwarz, Werner, Methodik, 1992, S. 4 f; Jentzsch, Klaus / Weidt, Thorsten, Target Costing-Unternehmen, 1995, S. 367; Niemand, Stefan, Target Costing, 1992, S. 119; Seidenschwarz, Werner, Prozeßkostenrechnung, 1991, S. 50-52) auch als Zielsetzungen des Zielkostenmanagements bezeichnet (Vgl. Buggert, Willi / Wielpütz, Axel, Target Costing, 1995, S. 56-53; Gleich, Ronald, Target Costing, 1996, S. 76-79; Horváth, Péter / Niemand, Stefan / Wolbold, Markus, Target Costing, 1993, S. 4).

[12] Vgl. Berens, Wolfgang / Hoffjan, Andreas, Target Costing, 1994, S. 602; Seidenschwarz, Werner, Schnittstellenbewältigung, 1991, S. 192.

[13] Vgl. Becker, Wolfgang, Kostensteuerung, 1993, S. 281; Götze, Uwe, Target Costing, 1993, S. 381.

[14] Vgl. Graßhoff, Jürgen, Zielkosten-Management, 1995, S. 99 f; Peemöller, Volker H., Zielkostenrechnung, 1993, S. 376; Seidenschwarz, Werner, Target Costing, 1993, S. 72.

[15] Vgl. Freidank, Carl-Christian, Kostenrechnung, 1994, S. 357 f; Seidenschwarz, Werner, Verbindliche Umsetzung, 1994, S. 74.

[16] Vgl. Brockhoff, Klaus, Produktlebenszyklen, 1974, Sp. 1763-1767.

Entstehungs-, die Markt-[17] und bei einigen Autoren ferner die Nachsorge-phase.[18] Die Marktphase ist in weitere Phasen unterteilt, nämlich die Ein-führungs-, Wachstums-, Reife-, Sättigungs- und Degenerationsphase.[19] Dies entspricht genau den Phasen des Produktlebenszyklus im Sinne der Ab-satzwirtschaft.[20] Bei innovativen Produkten werden in der Entstehungs-phase die Grundsatzentscheidungen für die späteren Produkt- und Prozeß-strukturen zur Herstellung des Produktes getroffen. 70-90 % der Kosten eines Produktes werden in dieser Zeit festgelegt.[21] Somit liegen die Mög-lichkeiten der Kostenbeeinflussung hauptsächlich bei den Konstrukteuren und Entwicklern; Kostencontrolling im Produktionsbereich auf Basis der Plankosten wird in den Hintergrund gedrängt.[22] Wird bereits im For-schungs- und Entwicklungsbereich marktorientiert gehandelt, besteht für das Unternehmen die Möglichkeit, frühzeitig die Kostenhöhe des Produktes günstig zu beeinflussen.[23]

Soll das Zielkostenmanagement auch vorrangig für innovative Produkte eingesetzt werden, so schließt dies doch nicht aus, daß es auch bei bereits existierenden Produkten angewendet werden kann.[24] Dann ist allerdings davon auszugehen, daß die wesentlichen Herstellungsstrukturen des Er-zeugnisses bereits festliegen, was im allgemeinen dazu führt, daß nur ein geringeres Kostensenkungspotential auszuschöpfen ist.[25] Es ist außerdem schwierig, bereits bestehende Produkte von innovativen Produkten abzu-grenzen. So werden selbst in der Praxis verschiedene Kriterien herangezo-gen, um ein Produkt als „neu" einzustufen. Die Automobilbranche zum Bei-spiel verwendet „sowohl das Kriterium 'ab 75% neuer Teile' als auch das

---

17  Vgl. Dambrowski, Jürgen, Lean Target Costing, 1992, S. 280; Fischer, Thomas M., Kostenmanagement, 1993, S. 21.
18  Vgl. Burger, Anton, Kostenmanagement, 1994, S. 29-31; Bäurle, Rolf / Schulte, Christof, Effektives Kostenmanagement, 1992, S. 23.
19  Vgl. Fischer, Thomas M., Kostenmanagement, 1993, S. 21.
20  Vgl. Brockhoff, Klaus, Produktlebenszyklen, 1974, Sp. 1763-1767.
21  Vgl. Burger, Anton, Kostenmanagement, 1994, S. 29; Fischer, Thomas M / Schmitz, Jochen, Zielkostenmanagement, 1994, S. 417 f; Scholl, Kai / Niemand, Stefan, Target Costing, 1996, S. 161.
22  Vgl. Franz, Klaus-Peter, Target Costing. 1993, S. 125.
23  Vgl. Niemand, Stefan, Target Costing, 1992, S. 118.
24  Vgl. Brede, Hauke, Entwicklungstrends, 1993, S. 352; Dambrowski, Jürgen, Lean Target Costing, 1992, S. 278 f; Homburg, Christian, Weichenstellung, 1997, S. 11; Horváth, Péter / Niemand, Stefan / Wolbold, Markus, Target Costing, 1993, S. 5.
25  Vgl. Horváth, Péter / Niemand, Stefan / Wolbold, Markus, Target Costing, 1993, S. 5.

Kriterium 'verändertes äußeres Aussehen'."[26] Dies führt zu unterschiedlichen Neuigkeitscharakterisierungen der Produkte.[27]

Da die Zielkosten auf den gesamten Produktlebenszyklus bezogen sind, ist die ständige **Betrachtung der Zielkosten im Zeitablauf** ein weiteres wichtiges Merkmal des Zielkostenmanagements. Die Zielkosten variieren in Abhängigkeit der jeweiligen Lebensphase des Produktes und der jeweiligen Marktgegebenheiten. Es ist somit notwendig, daß die erreichten Kostenstandards ständig in Frage gestellt werden.[28]

Das Zielkostenmanagement erfordert **Zusammenarbeit**. Alle Bereiche des Unternehmens bis hin zu den Zulieferern sind einzubeziehen. Es werden Produktteams gebildet, die sich aus Mitarbeitern aller Bereiche des Unternehmens zusammensetzen. Die Teamorientierung beginnt bereits in der Entwicklungsphase des Produktes und ist in dieser Zeit besonders intensiv zu betreiben.[29]

Da die Kostenziele direkt aus realen Marktanforderungen und nicht aus abstrakten Unternehmenszielen abgeleitet werden, können die Mitglieder des Produktteams die Kostenziele leichter nachvollziehen, was die Akzeptanz der Zielkosten steigert und zu einer hohen **Motivation der Mitglieder** führt, die Kostenziele zu erreichen. Für die Akzeptanz der Zielkosten ist es wichtig, daß bereits von vornherein die Teamverantwortlichkeit und die Möglichkeiten der Kostenbeeinflussung seitens des Teams sichergestellt werden.[30]

Die Zielsetzung und die Merkmale des Zielkostenmanagements sind in der folgenden Graphik zusammengefaßt:

---

26  Seidenschwarz, Werner, Ein japanischer Ansatz, 1991, S. 199.

27  Vgl. Seidenschwarz, Werner, Ein japanischer Ansatz, 1991, S. 199.

28  Vgl. Berens, Wolfgang / Hoffjan, Andreas, Target Costing, 1994, S. 602; Niemand, Stefan, Target Costing, 1992, S. 119; Seidenschwarz, Werner, Prozeßkostenrechnung, 1991, S. 52.

29  Vgl. Berens, Wolfgang / Hoffjan, Andreas, Target Costing, 1994, S. 602 f; Horváth, Péter / Niemand, Stefan / Wolbold, Markus, Target Costing, 1993, S. 6; Serfling, Klaus / Schultze, Ronald, Target Costing I, 1995, S. 147.

30  Vgl. Horváth, Péter / Niemand, Stefan / Wolbold, Markus, Target Costing, 1993, S. 4; Seidenschwarz, Werner, Produkte, 1993, S. 33.

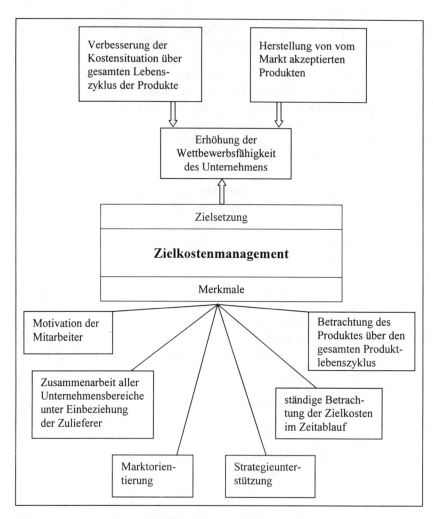

**Abb. 1: Zielsetzung und Merkmale des Zielkostenmanagements**
Eigene Darstellung, basierend auf Ausführungen des Abschnitts A.I. dieses
Kapitels, S. 35-39.

Bisher hat sich noch keine einheitliche Vorgehensweise des Zielkosten-
managements durchgesetzt.[31] Die Unterschiede zeigen sich in der konkreten
Ausgestaltung einzelner Elemente des Zielkostenmanagements.[32] Das von
HORVÁTH und SEIDENSCHWARZ weiterentwickelte marktorientierte
Zielkostenmanagement basiert auf den drei bisher in Japan herausgebildeten
Ansätzen: (1) Der marktorientierte Ansatz geht zurück auf HIROMOTO[33],
(2) der ingenieursorientierte Ansatz auf SAKURAI und MONDEN[34] und
(3) der produktfunktionsorientierte Ansatz auf TANAKA[35]. Der Ansatz von
HORVÁTH und SEIDENSCHWARZ versucht, die Vorteile der drei japa-
nischen Ansätze zu verbinden,[36] die prinzipiell auf den gleichen Grundideen
basieren.[37] Sie unterscheiden sich vor allem darin, daß sie jeweils andere
Elemente des Zielkostenmanagements in den Vordergrund stellen. Die
Durchsicht der deutschsprachigen Literatur zeigt, daß sich eine Vielzahl von
Autoren auf die Veröffentlichungen von HORVÁTH und SEIDEN-
SCHWARZ beziehen.[38] So wird auch im Rahmen dieser Arbeit verfahren.

Die Anforderungen des Marktes an Preis und Eigenschaften des Produktes
markieren die höchstzulässigen Kosten für ein Produkt.[39] In einem ersten
Schritt sind daher die Zielkosten für das gesamte Erzeugnis festzulegen, [40]
bevor dieser Betrag anschließend auf einzelne Komponenten des Produktes

---

31  Vgl. Becker Wolfgang, Kostensteuerung, 1993, S. 281; Götze, Uwe, Target Costing,
    1993, S. 382.
32  Vgl. z.B. zu alternativen Vorgehensweisen beim Prozeß der Zielkostenspaltung Ab-
    schnitt C.II. dieses Kapitels, S. 60-75.
33  Vgl. Hiromoto, Toshiro, Another Hidden Edge, 1988.
34  Vgl. Monden, Yasuhiro / Sakurai, Michiharu (Hrsg.), Japanese Management Accoun-
    ting, 1989; Sakurai, Michiharu, Target Costing, 1989.
35  Vgl. Tanaka, Masayasu, Cost Planning, 1989.
36  Vgl. Gleich, Ronald, Target Costing, 1996, S. 80.
37  Vgl. Becker, Wolfgang, Kostensteuerung, 1993, S. 281.
38  Vgl. z.B. Berens, Wolfgang / Hoffjan, Andreas, Target Costing, 1994, S. 602-604;
    Franz, Klaus-Peter, Target Costing, 1993, S. 125; Freidank, Carl-Christian, Kosten-
    rechnung, 1994, S. 659 f; Götze, Uwe, Target Costing, 1993, S. 382-387; Hahn,
    Dietger, Target Costing, 1993, S. 110 f; Rummel, Klaus D., Zielkosten-Management,
    1992, S. 223-235; Stahl, Hans-Werner, Target Costing, 1995, S. 114. Keinen Bezug
    auf HORVÁTH / SEIDENSCHWARZ nehmen z.B. Lorson, Peter, Kostenmanage-
    ment, 1993, sowie Klingler, Bernhard F., Target Cost Management, 1993.
39  Vgl. Seidenschwarz, Werner, Target Costing, 1993, S. 79 f; Gleich, Ronald, Target
    Costing, 1996, S. 77.
40  Zur Ermittlung der Zielkosten für das Gesamtprodukt vgl. Abschnitt C.I.a) dieses Ka-
    pitels, S. 51-59.

heruntergebrochen wird.[41] Der Prozeß der stufenweisen Ableitung der Zielkosten der einzelnen Komponenten aus den Zielkosten des Gesamtproduktes
wird als Zielkostenspaltung bezeichnet.[42] Es schließt sich der Versuch der
Zielkostenerreichung an, bei dem auch andere betriebswirtschaftliche Instrumente einzusetzen sind.[43, 44]

## II. Anwendungsbereiche des Zielkostenmanagements

In der Praxis liegen die Anwendungsbereiche des Zielkostenmanagements
bisher vor allem im privatwirtschaftlichen Bereich. Das Zielkostenmanagement findet zum einen Anwendung in Unternehmen, die auf wettbewerbsintensiven Märkten mit kurzen Produktlebenszyklen und hohem Preisdruck
agieren. Als Anwendungsfälle werden insbesondere Unternehmen der High-
Tech-Branche genannt, da hier wegen des hohen Automatisierungsgrades,
der Produkteinführungen in immer kürzeren zeitlichen Abständen, der zu-
nehmenden Variantenzahl und der häufigen Nutzung von Just-in-time-Sy-
stemen dem Kostenmanagement bereits in den frühen Phasen der Produktentwicklung eine hohe Bedeutung zukommt.[45] So wird das Zielkostenmanagement vielfach in der japanischen Automobil-, Elektronik- und Fein-
mechanikindustrie, wie zum Beispiel bei Sony, Toyota[46] und Nissan, genutzt.[47]

---

41  Vgl. Franz, Klaus-Peter, Moderne Methoden, 1992, S. 132; Horváth, Péter /
    Seidenschwarz, Werner, Methodik, 1992, S. 10; dies., Zielkostenmanagement, 1992,
    S. 145.

42  Zum Prozeß der Zielkostenspaltung vgl. Abschnitt C.II. dieses Kapitels, S. 60-75.

43  Zum Prozeß der Zielkostenerreichung vgl. Abschnitt C.III. dieses Kapitels, S. 75-81.

44  Die uneinheitliche Vorgehensweise des Zielkostenmanagements zeigt sich auch im
    Prozeß der Zielkostenspaltung. Diese Arbeit orientiert sich auch in diesem Punkt an
    der Vorgehensweise, die von HORVÁTH und SEIDENSCHWARZ vorgestellt wird
    (Vgl. Horváth, Péter / Seidenschwarz, Werner, Methodik, 1992, S. 8-20; dies., Ziel-
    kostenmanagement, 1992, S. 144-149).

45  Vgl. Franz, Klaus-Peter, Target Costing, 1993, S. 126; Horváth, Péter, Controlling,
    1996, S. 518; Seidenschwarz, Werner, Ein japanischer Ansatz, 1991, S. 199; ders.,
    Prozeßkostenrechnung, 1991, S. 50.

46  Vgl. Tanaka, Takao, Target Costing, 1993.

47  Vgl. Seidenschwarz, Werner, Ein japanischer Ansatz, 1991, S. 199; ders., Prozeß-
    kostenrechnung, 1991, S. 50; Monden, Yasuhiro / Hamada, Kazuki, Target Costing,
    1991, S. 16-34.

Zum anderen wird das Zielkostenmanagement in Industrieunternehmen mit Massenfertigung eingesetzt, da dort aufgrund des relativ geringen Modellwechsels Grundsatzentscheidenungen längerfristig wirken. Die Kostenbestimmungsfaktoren werden für einen längeren Zeitraum im voraus festgelegt.[48]

Auch im deutschsprachigen Raum finden sich zahlreiche Anwendungsbeispiele:

1. Unternehmen der Automobilbranche: AUDI AG[49], Volkswagen AG[50], Robert Bosch Fahrzeugelektrik Eisenach GmbH[51];
2. Unternehmen des Maschinen- und Anlagenbaus: ElektroWerk AG[52], LTG Lufttechnische GmbH[53];
3. Unternehmen der Elektronikindustrie: Toshiba Europa[54];
4. Unternehmen der Schuhindustrie: Salamander AG[55];
5. Unternehmen übergreifender Branchen: Siemens AG[56];
6. Unternehmen im Bereich der funktionellen Dienstleistungen: IBM Deutschland GmbH[57].

Die praktischen Beispiele zeigen bereits ein breites Anwendungsfeld des Zielkostenmanagements. Kaum genutzt wird das Instrument in der Veredelungsindustrie, da das Zielkostenmanagement insbesondere zur Unterstützung bei der Einführung neuer Produkte entwickelt wurde.[58]

---

[48] Vgl. Seidenschwarz, Werner, Ein japanischer Ansatz, 1991, S. 199.

[49] Vgl. Deisenhofer, Thomas, Marktorientierte Kostenplanung, 1993; Heßen, Hans-Peter / Wesseler, Stefan, Zielkostensteuerung, 1994.

[50] Vgl. Claassen, Utz / Hilbert, Herwig, Target Costing, 1994; dies., Target Investment, 1994.

[51] Vgl. Zahn, Wolfgang, Target Costing, 1995.

[52] Vgl. Müller, Hansjörg / Wolbold, Markus, Entwicklungsbereich, 1993.

[53] Vgl. Jakob, Franz, Anlagenbau, 1993.

[54] Vgl. Döpper, Klaus, Target orientiertes Controlling, 1992.

[55] Vgl. Link, Hans-Dieter / Schnell, Jutta / Niemand, Stefan, Die entwicklungsbegleitende Kalkulation, 1994.

[56] Vgl. Seeberg, Thomas / Seidenschwarz, Werner, 6 Schritte, 1993.

[57] Vgl. Cibis, Claudius / Niemand, Stefan, Planung und Steuerung, 1993.

[58] Vgl. Seidenschwarz, Werner, Ein japanischer Ansatz, 1991, S. 199.

## III. Mögliche Ansätze der Zielkostenfindung

### a) Ableitung der Zielkosten aus dem Zielverkaufspreis unter Beachtung der Marktgegebenheiten (Market into Company)

Der Market into Company-Ansatz entspricht der *Reinform des Zielkostenmanagements*.[59] Bei diesem Ansatz werden die Zielkosten aus dem *Zielverkaufspreis unter Beachtung der Marktgegebenheiten* abgeleitet. Technische Gesichtspunkte sind erst bei späteren Überlegungen zu berücksichtigen. Eine langwierige Zielvereinbarung wie im Rahmen des Management by Objektives[60] ist nicht gegeben. Trotzdem sind Abstimmungsprozesse zwischen den Beteiligten notwendig. Sie haben sich aber auf eine andere Ebene, nämlich auf die der Zielkostenerreichung, verschoben.[61] Der Market into Company-Ansatz setzt in der Regel bereits in den Phasen der Produktentwicklung und des Produktdesigns ein.[62]

Ausgangspunkt für die Berechnung der Zielkosten ist der am Markt erzielbare Preis (Zielverkaufspreis). Davon wird ein bestimmter Gewinn abgezogen, und es ergeben sich die vom Markt erlaubten Kosten, die in der Literatur auch als allowable costs bezeichnet werden.[63] Diesen Kosten sind die Standardkosten gegenüberzustellen. Als Standardkosten bezeichnet man, wie schon erwähnt, die Kosten, die entstünden, wenn das Produkt mit der zur Zeit im Unternehmen vorhandenen Technologie hergestellt werden würde.[64] Die allowable costs und die Standardkosten beschreiben die Bandbreite, innerhalb derer die Zielkosten festgelegt werden können.[65] Wie im einzelnen bei der Festlegung der Zielkosten zu verfahren ist, wird in Abschnitt C.I.a) dieses Kapitels, S. 51-59, behandelt.

---

59    Vgl. Winter, Hildegard, Target Costing, 1993, S. 1542.

60    Zum Management by Objektives vgl. Fuchs-Wegener, Gertrud, Management-by-Konzepte, 1987, Sp. 1366-1372 m.w.N.

61    Vgl. Seidenschwarz, Werner, Prozeßkostenrechnung, 1991, S. 61; ders., Schnittstellenbewältigung, 1991, S. 198-200.

62    Vgl. Hiromoto, Toshiro, Management Accounting, 1989, S. 320.

63    Vgl. statt vieler Berens, Wolfgang / Hoffjan, Andreas, Target Costing, 1994, S. 603; Fischer, Thomas M. / Schmitz, Jochen, Zielkostenmanagement, 1994, S. 418 f; Seidenschwarz, Werner, Ein japanischer Ansatz, 1991, S. 199 f.

64    Zur ausführlichen Abgrenzung des Begriffs „Standardkosten" vgl. S. 33 f.

65    Vgl. Seidenschwarz, Werner, Ein japanischer Ansatz, 1991, S. 199 f. Nähere Ausführungen zum Prozeß der Zielkostenfindung s. Abschnitt C.I.a. dieses Kapitels, S. 51-59.

Dieser Ansatz sichert eine konsequente Marktorientierung[66] und ist besonders für innovative Produkte geeignet.[67]

## b) Ableitung der Zielkosten aus den Entwicklungs- und Produktionsgegebenheiten des Unternehmens (Out of Company)

Bei dem Out of Company-Ansatz zur Ableitung der Zielkosten erfolgt die Festlegung der Zielkosten aus dem Unternehmen heraus. Die Zielkosten werden aus den *vorhandenen konstruktions- und fertigungstechnischen Gegebenheiten des Unternehmens* hergeleitet und daraufhin untersucht, ob sie mit den Anforderungen des Marktes vereinbar sind. Voraussetzung für diesen Ansatz der Zielkostenfindung ist es, daß alle an der Produktentwicklung und -herstellung beteiligten Mitarbeiter über genügend Marktkenntnis verfügen. Sie müssen sich ständig selbst und in Abstimmung mit anderen beteiligten Mitarbeitern am Marktgeschehen orientieren.[68]

Allerdings besteht bei diesem Ansatz zum einen die Gefahr, daß die Zielsetzung zu anspruchslos sein kann, und somit Kostensenkungsmöglichkeiten verloren gehen.[69] Zum anderen sichert der Ansatz nicht die Marktorientierung, da die Zielkosten aus dem Unternehmen und nicht direkt aus dem Markt abgeleitet werden.[70]

Der Out of Company-Ansatz kann auch für innovative Produkte eingesetzt werden.[71]

---

[66]  Vgl. Seidenschwarz, Werner, Target Costing, 1993, S. 139.
[67]  Vgl. Horváth, Péter / Seidenschwarz, Werner, Methodik, 1992, S. 8.
[68]  Vgl. Peemöller, Volker H., Zielkostenrechnung, 1993, S. 377, sowie Seidenschwarz, Werner, Prozeßkostenrechnung, 1991, S. 62; ders., Target Costing, 1993, S. 127 f.
[69]  Vgl. Niemand, Stefan, Target Costing, 1992, S. 119.
[70]  Vgl. Horváth, Péter / Seidenschwarz, Werner, Methodik, 1992, S. 8.
[71]  Vgl. Horváth, Péter / Seidenschwarz, Werner, Methodik, 1992, S. 8.

## c) Kombination bei der Ableitung der Zielkosten aus dem Zielverkaufspreis und den Entwicklungs- und Produktionsgegebenheiten des Unternehmens (Into and Out of Company)

Der Into and Out of Company-Ansatz zur Zielkostenfindung stellt eine *Kombination aus dem Market into Company- und dem Out of Company-Ansatz* dar. In einem Gegenstromprozeß werden die Anforderungen des Marktes und die Möglichkeiten des eigenen Unternehmens gegenübergestellt.[72]

Werden die Zielkosten kombiniert aus dem Zielverkaufspreis und den Entwicklungs- und Produktionsgegebenheiten des Unternehmens abgeleitet, liegt das Problem darin, daß die Marktorientierung unter Umständen nicht streng genug verfolgt wird und sich die beteiligten Mitarbeiter eher herausreden können, wenn die Zielkosten nicht erreicht werden. Es ist anzunehmen, daß sich ein Unterschied zwischen den aus dem Markt abgeleiteten Kosten und den aus dem Unternehmen abgeleiteten Kosten ergeben wird. Außerdem geht durch die langwierige Zielvereinbarung kostbare Zeit verloren, so daß Wettbewerbsnachteile entstehen.[73] Diese Art der Zielkostenfindung kann daher nur noch begrenzt zum Zielkostenmanagement gezählt werden.[74] Auch dieser Kombinationsansatz ist bei innovativen Produkten anwendbar.[75]

## d) Ableitung der Zielkosten aus den Kosten der Konkurrenz (Out of Competitor)

Beim Out of Competitor-Ansatz wird sich bei der Bestimmung der Zielkosten auf die *Kosten der Konkurrenz* bezogen, die zum Beispiel im Zuge eines Benchmarking ermittelt werden.[76] Das Benchmarking soll dazu beitragen, die eigene Unternehmertätigkeit zu verbessern, indem die Kosten des

---

[72]   Vgl. Seidenschwarz, Werner, Target Costing, 1993, S. 128. Die Literatur äußert sich nicht näher dazu, wie dieser Gegenstromprozeß aussehen soll.

[73]   Vgl. Niemand, Stefan, Target Costing, 1992, S. 119; Seidenschwarz, Werner, Ein japanischer Ansatz, 1991, S. 200; ders., Target Costing, 1993, S. 128.

[74]   Vgl. Peemöller, Volker H., Zielkostenrechnung, 1993, S. 377; Seidenschwarz, Werner, Prozeßkostenrechnung, 1991, S. 62.

[75]   Vgl. Horváth, Péter / Seidenschwarz, Werner, Methodik, 1992, S. 8.

[76]   Vgl. Gleich, Ronald, Target Costing, 1996, S. 84; Niemand, Stefan, Target Costing, 1992, S. 119.

eigenen Unternehmens mit den Kosten des für den untersuchten Bereich als führend angesehenen Unternehmens verglichen werden.[77] Die Ableitung der Zielkosten aus den Kosten der Konkurrenz birgt allerdings einige Gefahren in sich. Man benötigt Kenntnis über die Kosten der Konkurrenz. Es wird aber immer problematisch sein, darüber Informationen zu erhalten.[78]

Ein weiteres Problem beim Out of Competitor-Ansatz der Zielkostenfindung liegt darin, daß die Gefahr besteht, bei ausschließlicher Befolgung des Ansatzes immer nur Zweitbester zu sein.[79] Orientiert man sich an den Kosten der Konkurrenz und setzt diese als Zielgröße an, wirkt man noch nicht auf eine Unterschreitung dieser vom Wettbewerber realisierten Größe hin. Das Problem kann dadurch behoben werden, daß man von den Kosten der Konkurrenz einen Senkungsabschlag abzieht und die so erhaltenen Kosten als Zielkosten für das Gesamtprodukt ansetzt. Orientierung an den Kosten der Konkurrenz heißt dann, daß man versucht, diese zu unterbieten, denn nur dann kann man wirklich mit dem Unternehmen konkurrieren.

Beim Out of Competitor-Ansatz orientiert sich das Unternehmen nicht konsequent an den Kundenwünschen, sondern die Kundenwünsche gehen erst über das Konkurrenzunternehmen in das eigene Unternehmen ein. Die Zielkosten können daher nur für solche Produkte abgeleitet werden, die sich bereits auf dem Markt befinden.[80]

e) Ableitung der Zielkosten aus den Standardkosten des Unternehmens unter Abzug eines Senkungsabschlags (Out of Standard Costs)

Beim Out of Standard Costs-Ansatz des Zielkostenmanagements werden die Zielkosten aus den *Standardkosten des Unternehmens abzüglich eines Senkungsabschlags* abgeleitet. Dabei sind die vorhandenen Fähigkeiten, Erfah-

---

[77]  Zum Benchmarking vgl. ausführlicher Horváth, Péter / Herter, Ronald N., Benchmarking, 1992, S. 4-11; Töpfer, Armin, Benchmarking, 1997, S. 202-205, sowie Abschnitt C.III. dieses Kapitels, S. 75-81.
[78]  Vgl. Peemöller, Volker H., Zielkostenrechnung, 1993, S. 377.
[79]  Vgl. Niemand, Stefan, Target Costing, 1992, S. 119; Seidenschwarz, Werner, Target Costing, 1993, S. 128.
[80]  Vgl. Horváth, Péter / Seidenschwarz, Werner, Zielkostenmanagement, 1992, S. 144; Niemand, Stefan, Target Costing, 1992, S. 119; Seidenschwarz, Werner, Target Costing, 1993, S. 128.

rungen und Produktionsmöglichkeiten des Unternehmens zu berücksichtigen.[81]

Das Verfahren kann insbesondere für unterstützende Bereiche ohne direkten Marktbezug (z.B. Softwaremanagement, Dienstleistungsbereich) eingesetzt werden.[82] Um für diese Bereiche Zielkosten zu ermitteln, bieten sich als Hilfsgrößen beispielsweise das Kostenniveau der Mitbewerber und das vorhandene Erfahrungspotential des eigenen Unternehmens an.[83] So ist es sinnvoll, den Out of Standard Costs-Ansatz zum Beispiel mit dem Out of Competitor-Ansatz zu verknüpfen.[84]

### f) Auswahl eines Ansatzes als Grundlage der weiteren Untersuchung

Bei der Reinform des Zielkostenmanagements, dem Market into Company-Ansatz,[85] bei der die Zielkosten aus dem Zielverkaufspreis unter Beachtung der Marktgegebenheiten abgeleitet werden, und dem Out of Competitor-Ansatz, bei dem die Zielkosten aus den Kosten der Konkurrenz ermittelt werden, wird gegenüber den anderen Ansätzen der Zielkostenfindung die Marktorientierung sichergestellt.[86] Da darüber hinaus beim Market into Company-Ansatz das Interesse der Kunden - und nicht wie beim Out of Competitor-Ansatz das Verhalten der Konkurrenten - im Mittelpunkt der unternehmerischen Tätigkeiten steht,[87] befürworten die meisten Autoren und Praktiker im deutschsprachigen Raum den Market into Company-Ansatz. Für die immer stärker umkämpften Märkte der privatwirtschaftlichen Unternehmen wird dieser Ansatz am geeignetsten gehalten.[88]

---

81  Vgl. Niemand, Stefan, Target Costing, 1992, S. 119 f; Seidenschwarz, Werner, Target Costing, 1993, S. 129; Winter, Hildegard, Target Costing, 1993, S. 1542.
82  Vgl. Niemand, Stefan, Target Costing, 1992, S. 119 f; Seidenschwarz, Werner, Ein japanischer Ansatz, 1991, S. 200.
83  Vgl. Niemand, Stefan, Target Costing, 1992, S. 120; Seidenschwarz, Werner, Ein japanischer Ansatz, 1991, S. 200.
84  Vgl. Horváth, Péter / Seidenschwarz, Werner, Methodik, 1992, S. 9.
85  Vgl. Seidenschwarz, Werner, Target Costing, 1993, S. 138.
86  Vgl. Horváth, Péter / Seidenschwarz, Werner, Methodik, 1992, S. 9.
87  Vgl. Serfling, Klaus / Schultze, Ronald, Target Costing I, 1995, S. 152.
88  Vgl. z.B. Götze, Uwe, Target Costing, 1993, S. 383; Dambrowski, Jürgen, Lean Target Costing, 1992, S. 282 f; Fischer, Thomas M., Kostenmanagement, 1993, S. 151 f; Gentner, Andreas, Target Costing, 1994, S. 340; Horváth, Péter / Seidenschwarz, Werner, Methodik, 1992, S. 9; Seidenschwarz, Werner, Target Costing, 1993, S. 138 f; Winter, Hildegard, Target Costing, 1993, S. 1542 f.

Obwohl zu erwarten ist, daß gerade die Vorstellung vom Markt im öffentlichen Bereich problematisch ist, wird für die weitere Untersuchung der für die Privatwirtschaft diskutierte Market into Company-Ansatz als Ausgangspunkt gewählt. Nur der Market into Company-Ansatz sichert, daß die Wünsche und Wertvorstellungen der Leistungsabnehmer berücksichtigt werden.[89] So ist anzunehmen, daß die Forderungen der Bürger an die öffentlichen Betriebe und Verwaltungen nach mehr Leistungsqualität und eines verbesserten Services beim Angebot der Leistung am ehesten zu erfüllen sind.

Es ist zu klären, ob auch in öffentlichen Betrieben und Verwaltungen die Zielkosten aus dem Zielverkaufspreis unter Beachtung der Marktgegebenheiten abgeleitet werden können. Allerdings sind die anderen Ansätze nicht völlig aus der Betrachtung der vorliegenden Arbeit auszuklammern. Gegebenenfalls ist auf sie zurückzugreifen, wenn es die Besonderheiten öffentlicher Betriebe und Verwaltungen bei Anwendung des Zielkostenmanagements erfordern.

## B. Umfang der in das Zielkostenmanagement einzubeziehenden Kostenarten

Bevor näher auf die Vorgehensweise bei der Reinform des Zielkostenmanagements, dem Market into Company, eingegangen wird, ist zu untersuchen, welche Kostenarten im Rahmen des Zielkostenmanagements zu berücksichtigen sind.

Das Zielkostenmanagement ist ein Instrument, das auf *Vollkosten* basiert.[90] Somit sind bei der Anwendung des Zielkostenmanagements alle Kostenarten auf die Kostenträger zu verrechnen. Es stellt sich allerdings die Frage, ob auch alle Kostenarten auf die Komponenten der Produkte herunterzubrechen, das heißt in den Prozeß der *Zielkostenspaltung* einzubeziehen sind. Sinnvollerweise sollten dort *nur die Kostenarten* berücksichtigt werden, *die durch die Gestaltung der Produkte direkt beeinflußt* werden können.[91] Die

---

89  Vgl. Serfling, Klaus / Schultze, Ronald, Target Costing I, 1995, S. 152.
90  Vgl. z.B. Rummel, Klaus-D., Zielkosten-Management, 1992, S. 242; Franz, Klaus-Peter, Target Costing, 1993, S. 126; Freidank, Carl-Christian, Kostenrechnung, 1994, S. 367; Seidenschwarz, Werner, Target Costing, 1993, S. 183.
91  Vgl. Müller, Hansjörg / Wolbold, Markus, Entwicklungsbereich, 1993, S. 125.

Zielkosten der Produktkomponenten bestehen damit aus den direkt den Produkteinheiten zurechenbaren Kosten (Einzelkosten) und den produktnahen Gemeinkosten.

Folgende (produktferne) Kosten sind *nicht* in den Prozeß der Zielkostenspaltung einzubeziehen:[92]

- Kosten, die keinen bzw. kaum einen Produktbezug aufweisen (d.h. die „fixen Gemeinkosten der Unternehmensführung"[93]),
- Kosten, die nicht durch von den Kunden geforderte Produktfunktionen verursacht werden, d.h. Kosten, die nur dadurch entstehen, daß das Produkt als Ganzes hergestellt wird (z.B. Kosten der Verwaltung, Marktforschung und Werbung. In die Zielkostenspaltung mit einbezogen werden sollten aber z.B. die Kosten der „Bereitstellung/Gestaltung der gesamtproduktbezogenen Dienstleistungsfunktion Wartung, soweit sie produktbezogen kundenrelevant ist und entsprechend bewußt 'eingefordert' wird".[94]),
- Kosten, die bereits über andere Einflußgrößen gesteuert werden und die im Rahmen der Zielkostenspaltung nur zusätzliche Probleme der Zurechnung auf einzelne Produktkomponenten verursachen (z.B. Entwicklungskosten, die bereits über Entwicklungsbudgets gesteuert werden; mit einbezogen werden sollten jedoch Entwicklungskosten, die einzelnen Produktkomponenten zugerechnet werden können).

Diese produktfernen Gemeinkostenbereiche sind neben der Gewinnspanne vom Zielverkaufspreis abzuziehen, und es ergeben sich die allowable costs.[95] Für die Ermittlung der abzusetzenden Gemeinkostenbeiträge ist auf Erfahrungswerte zurückzugreifen.[96] Anhand des folgenden Schemas sei das Vorgehen kurz zusammengefaßt:[97]

---

[92]  Vgl. zu den folgenden Punkten Seidenschwarz, Werner, Target Costing, 1993, S. 185. Zu den Beispielen vgl. auch Fischer, Thomas M. / Schmitz, Jochen A., Informationsgehalt, 1994, S. 427.
[93]  Seidenschwarz, Werner, Target Costing, 1993, S. 185.
[94]  Seidenschwarz, Werner, Target Costing, 1993, S. 185.
[95]  Vgl. Fischer, Thomas M. / Schmitz, Jochen A., Informationsgehalt, 1994, S. 427.
[96]  Vgl. Coenenberg, Adolf Gerhard u.a., Target Costing, 1994, S. 8.
[97]  Vgl. Fischer, Thomas M. / Schmitz, Jochen A., Informationsgehalt, 1994, S. 427.

Zielverkaufspreis
- geplanter Gewinn

-----------------------------------------------------------------------

= allowable costs i.w.S. ($\Rightarrow$ Kosten, die insgesamt maximal entstehen
dürfen, um den angestrebten Gewinn zu
erzielen.)
- bestimmte, produktferne Gemeinkostenbereiche
($\Rightarrow$ z.b. Bereiche der FuE, des Vertriebs und
der Verwaltung)

-----------------------------------------------------------------------

= allowable costs für die Herstellung i.e.S.

Wichtig ist, daß auch für die Gemeinkosten, die en bloc neben der Gewinnspanne vom zukünftigen Marktpreis abgezogen werden, eine bestimmte Größe vorgegeben wird, die einzusparen ist.[98] Allgemein ist jedoch zu empfehlen, daß die Gemeinkosten soweit wie möglich den Produkten zuzuordnen und somit soweit wie möglich in die Zielkosten einzubeziehen sind.[99]

Eine Differenzierung in produktferne und -nahe Gemeinkosten und somit in allowable costs i.e.S. und i.w.S. wird bedauerlicherweise in der Literatur kaum vorgenommen.[100]

## C. Der Prozeß des Zielkostenmanagements

## I. Ermittlung der Ziel- und Standardkosten für das Gesamtprodukt

## a) Ermittlung der Zielkosten für das Gesamtprodukt

Zur Festlegung der Zielkosten eines Produktes sind folgende Fragen zu beantworten:

---

[98] Vgl. Dambrowski, Jürgen, Lean Target Costing, 1992, S. 282.
[99] Vgl. Gaiser, Bernd / Kieninger, Michael, Fahrplan, 1993, S. 65.
[100] Vgl. zu den Ausnahmefällen Dambrowski, Jürgen, Lean Target Costing, 1992, S. 282; Fischer, Thomas M. / Schmitz, Jochen A., Informationsgehalt, 1994, S. 427; Gaiser, Bernd / Kieninger, Michael, Fahrplan, 1993, S. 64 f; Seidenschwarz, Werner, Target Costing, 1993, S. 185 f; ders., Verbindliche Umsetzung, 1994, S. 75.

1) Wie sieht die **genaue Definition des Produktes** aus?
2) Wie hoch ist der **Zielverkaufspreis** des Produktes?
3) Wie wird der **geplante Gewinn** für das Produkt bestimmt?
4) Wie sieht die genaue Vorgehensweise bei der **Festlegung der Zielkosten** aus?

1) Um die Höhe der Zielkosten festlegen zu können, muß vorab eine **genaue Definition des Produktes** erfolgen. Man muß wissen, welche Anforderungen die Kunden an das Produkt stellen und wie stark diese einzelnen Produktfunktionen von ihnen gewichtet werden. Nur so sind die von den Kunden stark gewichteten Produktkomponenten besonders hinsichtlich bester Qualität und optimaler Funktionalität zu beachten. Kosteneinsparungen sind bei den Teilen zu realisieren, die von den Kunden nicht gefordert oder nur wenig geschätzt werden.[101]

Es existieren verschiedene Möglichkeiten, Informationen von den Kunden über die Wertschätzung der einzelnen Komponenten des Produktes zu erlangen. Der Einsatz von *Marktforschungsmethoden*, wie detaillierte Interviews oder Fragebögen, ist mit sehr viel Mühe verbunden, liefert aber die genauesten Ergebnisse. Die Auswertung kann dann mittels *multivariater Auswertungsverfahren*[102] geschehen. Dabei erscheint im Zusammenhang mit dem Zielkostenmanagement die *Conjoint-Analyse* ein geeignetes Instrument zu sein.[103] Sie geht davon aus, daß man aus Urteilen über den Gesamtnutzen einzelner alternativer Varianten des Produktes Kenntnisse über die relative Bedeutung einzelner Produktkomponenten erhält und somit den Beitrag einzelner Merkmale am Gesamtnutzen ermitteln kann. Die Conjoint-Analyse kann helfen festzustellen, welche Kombination von Produktmerkmalen von den Kunden bevorzugt wird.[104] Einfacher - gerade bei einer großen Anzahl potentieller Kunden -, aber nicht so exakt wie der Einsatz von Marktforschungsmethoden ist es, wenn das Unternehmen selbst eine Einschätzung der Kundenwünsche anhand von Reklamationsstatistiken,

---

[101] Vgl. Gaiser, Bernd / Kieninger, Michael, Fahrplan, 1993, S. 61.
[102] Zu verschiedenen multivariaten Auswertungsverfahren vgl. Berekhoven, Ludwig / Eckert, Werner / Ellenrieder, Peter, Marktforschung, 1996, S. 207-241; Meffert, Heribert, Marketingforschung, 1992, S. 255-328.
[103] Vgl. Buggert, Willi / Wielpütz, Axel, Target Costing, 1995, S. 71.
[104] Vgl. Jakob, Frank, Anlagenbau, 1993, S. 166. Näheres zur Conjoint-Analyse vgl. Mengen, Andreas / Simon, Hermann, Conjoint Measurement, 1996, S. 229-236; Schubert, Bernd, Conjoint-Analyse, 1991.

Marketinginformationssystemen und Untersuchungen von Konkurrenz-produkten vornimmt. Die Kundeneinschätzung ist aber nicht von einer Person allein durchzuführen, sondern sollte von einer Gruppe, bestehend zum Beispiel aus Mitarbeitern der Forschung und Entwicklung, der Produktion und des Kundendienstes unter der Leitung des Vertriebs, geschehen.[105]

Des weiteren sind Kenntnisse über das *Marktsegment* erforderlich, in dem sich das Produkt befindet. Das Unternehmen muß wissen, wie seine Stellung zu den Konkurrenten ist. Je nach Marktstellung sind andere Einfluß-möglichkeiten bei dem Produkt gegeben.[106] Agiert das Unternehmen in verschiedenen Marktsegmenten (z.B. international und national), braucht es Informationen darüber, welches Marktsegment für das Produkt relevant ist. Je nach Land oder Kulturkreis kann eine andere Einschätzung der Kunden-wünsche vorliegen.[107]

2) Darüber hinaus ist der Preis festzustellen, den die Kunden in einem bestimmten Marktsegment für das von ihnen gewünschte Produkt bereit sind zu zahlen.[108] Dieser **Zielverkaufspreis**[109] ist ein strategischer Preis, da beim Zielkostenmanagement der gesamte Lebenszyklus eines Produktes betrachtet wird. Der Zielverkaufspreis ist keine feste Größe über den Produktlebenszyklus hinweg, sondern kann sich im Zeitablauf verändern. Es ist anzunehmen, daß die Preisentwicklung während der Produktlebensdauer in den meisten Fällen unterschiedlich sein wird. *Konstante Preise* wären für die Ableitung der Zielkosten am einfachsten. In diesem Fall ist das Problem der Zielkostenerreichung für das Produkt abgeschlossen, wenn die Ziel-kosten erstmalig erreicht sind. Diese Preiskonstellation findet man vorwiegend in Marktbereichen mit stabilen Wettbewerbsbedingungen, das heißt wenn keine Veränderungen bei den Anbietern und Zulieferern, keine Substitutionsprodukte und eine relativ konstante Kundenzusammensetzung vorliegen.

105 Vgl. Gaiser, Bernd / Kieninger, Michael, Fahrplan, 1993, S. 61 f.
106 Vgl. Dambrowski. Jürgen, Lean Target Costing, 1992, S. 281.
107 Vgl. Gaiser, Bernd / Kieninger, Michael, Fahrplan, 1993, S. 62.
108 Vgl. Berens, Wolfgang / Hoffjan, Andreas, Target Costing, 1994, S. 603.
109 Vgl. zu den Ausführungen zum Zielverkaufspreis bis einschließlich der Behandlung von Ansatzmöglichkeiten des Zielverkaufspreises unter Berücksichtigung der Risiko-bereitschaft des Unternehmens Burger, Anton, Kostenmanagement, 1994, S. 41-44, sowie Seidenschwarz, Werner, Target Costing, 1993, S. 117-122.

Anders sieht es aus, *wenn sich die Preise im Laufe der Zeit verändern*. Bei der Einführung neuer Produkte gibt es zwei typische Verfahren, bei denen sich die Absatzpreise während des zu betrachtenden Zeitraumes gegensätzlich verhalten. Im Fall der *Skimmingstrategie* wird das Produkt mit relativ hohen Preisen in den Markt eingeführt, die im Laufe der Zeit sinken. Die *Penetrationsstrategie* geht genau entgegengesetzt vor und beginnt den Markteintritt mit relativ niedrigen Preisen, die im Zeitablauf steigen.[110]

Im *Fall der Skimmingstrategie* müßten die Kosten bei Anwendung des Zielkostenmanagements im gleichen Maße sinken wie die Preise, um stets die gleiche Gewinnspanne zu erzielen. Dies wird in der Realität nur selten der Fall sein. Es sind also ständig intensive Kostensenkungsmaßnahmen durchzuführen, die durch Erfahrungskurveneffekte[111] unterstützt werden können. Reichen die Kostensenkungsmaßnahmen nicht aus, sind funktionale Änderungen bei den Erzeugnissen nicht auszuschließen. Eine andere Lösungsmöglichkeit wäre, daß man für interne Zwecke einen Durchschnittspreis bildet, der über die gesamte Lebenszeit des Produktes hinweg konstant sein oder sinken kann, wobei die Senkung aber nicht marktpreisparallel erfolgen muß.

Die *Penetrationsstrategie* läßt sich mit dem Gedanken des Zielkostenmanagements besser als die Skimmingstrategie vereinbaren. Erfährt ein Produkt im Rahmen einer Penetrationsstrategie häufiger kleinere Innovationssprünge über den Produktlebenszyklus hinweg, so wird der Zielverkaufspreis dieses Produktes entsprechend sprunghaft ansteigen. Wird zum Beispiel ein Automodell nach und nach um ein elektrisches Schiebedach, um ABS und um einen Bordcomputer erweitert, und ist der Kunde bereit, für jedes neue Element des Automodells einen höheren Preis zu bezahlen, dann steigt der Zielverkaufspreis bei jedem Innovationssprung des Automodells an. Die Penetrationsstrategie, verbunden mit inkrementaler Strategie, ist eher bei Produkten möglich, die in ähnlicher Weise bereits auf dem Markt existieren als bei völlig neuen Produkten.

---

[110]  Zu Einzelheiten der Skimming- und Penetrationsstrategie vgl. z.B. Diller, Hermann, Preispolitik, 1991, S. 192 f; Meffert, Heribert, Marketing, 1986, S. 334-336; Simon, Herrmann, Preismanagement, 1992, S. 293-296.

[111]  Zum Erfahrungskurvenkonzept vgl. Abschnitt C.III. dieses Kapitels, S. 75-81, sowie z.B. Bauer, Hans-H., Erfahrungskurvenkonzept, 1986, S. 1-10; Hoffmann, Werner / Klien, Wolfgang / Unger, Martin, Strategieplanung, 1994, S. 273-277.

Liegt eine extreme Variante der Penetrationsstrategie vor, ist die Problematik der Zielkostenermittlung nicht so einfach zu lösen. Ist der Verkaufspreis am Anfang extrem niedrig, um Marktanteile zu erobern, so müßten bei gleichbleibender Gewinnspanne auch die Kosten extrem niedrig sein. Dies wird in der Realität aber kaum vorkommen, so daß auch hier als Lösungsmöglichkeit eine Durchschnittspreisbildung umgekehrt wie bei der Skimmingstrategie in Frage kommt. Das heißt, aus den steigenden Preisen wird ein Durchschnittspreis ermittelt, der im Rahmen des Zielkostenmanagements als Zielverkaufspreis angesetzt wird. Dieser Durchschnittspreis kann über den Produktlebenszyklus konstant bleiben oder ansteigen, aber nicht zwingend parallel zum Marktpreis. Die Situation wird in der folgenden Graphik zusammengefaßt:

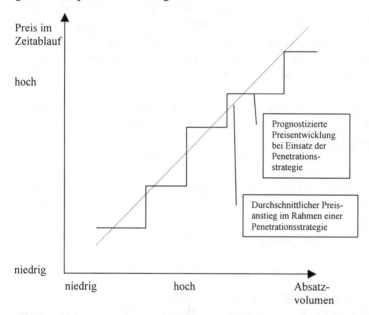

**Abb. 2: Durchschnittspreisbildung im Rahmen des Zielkostenmanagements bei Einsatz der Penetrationsstrategie**
In Anlehnung an: Seidenschwarz, Werner, Target Costing, 1993, S. 120.

Anstelle der Durchschnittspreise kann das Unternehmen in Abhängigkeit seiner Risikobereitschaft auch andere Preisvorgaben als Zielverkaufspreise ansetzen. Da zukünftige Absatzpreise heranzuziehen sind, spielt die Risikobereitschaft des Unternehmens eine große Rolle. So ist der Ansatz des untersten Preises, der sich aus der prognostizierten Preisentwicklung ergibt, zwar mit den größten Anstrengungen hinsichtlich der Kostenerreichung verbunden, sichert dem Unternehmen aber am ehesten, daß die Preise von den Kunden angenommen werden. Dann sind die Kosten durch die Preise gedeckt, und es kann gegebenenfalls ein angemessener Gewinn erzielt werden. Das Unternehmen agiert risikoreicher, je weiter es sich mit seinem Preisvorgaben für den Zielverkaufspreis vom untersten prognostizierten Preis entfernt.[112]

Allerdings ist es von der jeweiligen Marktsituation abhängig, ob sich die gewählte Preisstrategie durchsetzen läßt. So zeigt sich zum Beispiel in der Computerindustrie, daß die Preise sinken, obwohl ständig Neuerungen - auch in kleineren Innovationsschritten - am Produkt vorgenommen werden. Hier lassen sich die Neuerungen nicht in erhöhte Preise umsetzen. Folglich sind bei Anwendung des Zielkostenmanagements ständig Kostensenkungsmaßnahmen durchzuführen bzw. die Produktfunktionen am Markt zu prüfen und gegebenenfalls zu ändern.

Die hier am Beispiel der Penetrations- und Skimmingstrategie vorgestellte Preisentwicklung über die Lebensdauer eines Produktes kann auch bei bereits existierenden Produkten auftreten. Hinsichtlich der Festlegung des Zielverkaufspreises ist entsprechend der Neuprodukte zu verfahren.

3) Vom Zielverkaufspreis ist der gewünschte Gewinn des Unternehmens abzuziehen.[113] Für die Bemessung des **geplanten Gewinns** werden in der Literatur verschiedene Möglichkeiten genannt:[114] Zum einen kann er als *absolute Größe*, zum anderen als *Kapital-*[115] *oder Umsatzrentabili-*

---

[112] Vgl. Burger, Anton, Kostenmanagement, 1994, S. 41-44, sowie Seidenschwarz, Werner, Target Costing, 1993, S. 117-122.

[113] Vgl. Freidank, Carl-Christian, Kostenrechnung, 1994, S. 358.

[114] Vgl. Burger, Anton, Kostenmanagement, 1994, S. 44 f; Franz, Klaus-Peter, Target Costing, 1993, S. 127 f; Seidenschwarz, Werner, Target Costing, 1993, S. 122.

[115] Die Kapitalrentabilität kann als Gesamt- oder Eigenkapitalrentabilität auftreten.

$$\text{Gesamtkapitalrentabilität} = \frac{\text{Jahresüberschuß} + \text{Fremdkapitalzinsen}}{\text{Gesamtkapital}}$$

$$\text{Eigenkapitalrentabilität} = \frac{\text{Jahresüberschuß}}{\text{Eigenkapital}}$$

(Vgl. Coenenberg, Adolf G., Jahresabschluß, 1994, S. 612-614; Perridon, Louis / Steiner, Manfred, Finanzwirtschaft, 1995, S. 523-527; Weber, Helmut Kurt, Bilanz und Erfolgsrechnung, 1993, S. 321-324)

*tät*[116] ausgedrückt werden. Wählt man eine absolute Größe, steht diese in keinem Verhältnis zum Verkaufspreis, Absatzvolumen oder eingesetzten Kapital. Besser wäre es, den geplanten Gewinn als Kapitalrentabilität abzubilden. Sie zählt in den Unternehmen zu den wichtigsten Zielgrößen. Problematisch ist die Zurechenbarkeit des eingesetzten Kapitals zum betrachteten Produkt. Bei der strengen Marktorientierung des Market into Company-Ansatzes wäre es noch besser, die Umsatzrentabilität zur Ableitung des geplanten Gewinns zu verwenden. Die Ableitung der Gewinnvorgabe aus der Umsatzrentabilität ist klar, einfach und verständlich möglich.[117] Bei Verwendung der Umsatzrentabilität wird jedoch eine wesentliche Determinante der Kapitalrentabilität,[118] die Umschlagshäufigkeit des Kapitals[119], nicht berücksichtigt. Um zu gewährleisten, daß auch diese Größe im Unternehmen beachtet wird, sollte

---

Die Autoren zum Zielkostenmanagement sprechen i.d.R. nur von der Kapitalrentabilität. Sie meinen damit im Zusammenhang mit der Ermittlung des geplanten Gewinns aber wohl die Gesamtkapitalrentabilität (Vgl. Gaiser, Bernd / Kieninger, Michael, Fahrplan, 1993, S. 64). Daran ist zu kritisieren, daß die Gesamtkapitalrentabilität keine eigentliche Zielgröße wie die Eigenkapitalrentabilität darstellt (Vgl. Weber, Helmut Kurt, Bilanz und Erfolgsrechnung, 1993, S. 323).

Die Rentabilität des Kapitaleinsatzes kann auch über den Return on Investment (RoI) gemessen werden.

$$RoI = \frac{\text{Jahresüberschuß}}{\text{Gesamtkapital}} = \frac{\text{Jahresüberschuß}}{\text{Umsatz}} * \frac{\text{Umsatz}}{\text{Gesamtkapital}}$$

(Vgl. Perridon, Louis / Steiner, Manfred, Finanzwirtschaft, 1995, S. 524)

[116] $$\text{Umsatzrentabilität} = \frac{\text{Jahresüberschuß}}{\text{Umsatz}}$$

(Vgl. Weber, Helmut Kurt, Bilanz und Erfolgsrechnung, 1993, S. 324. Als Umsatzgewinnrate bezeichnet bei Perridon, Louis / Steiner, Manfred, Finanzwirtschaft, 1995, S. 525-527.)

[117] Vgl. Burger, Anton, Kostenmanagement, 1994, S. 44 f; Franz, Klaus-Peter, Target Costing, 1993, S. 127 f; Gaiser, Bernd / Kieninger, Michael, Fahrplan, 1993, S. 64; Seidenschwarz, Werner, Target Costing, 1993, S. 122.

[118] Vgl. die Ausführungen zum RoI in Fußnote 115, S. 56 f.

[119] Der Begriff wird in der Literatur nicht einheitlich definiert:

$$\text{Kapitalumschlagshäufigkeit} = \frac{\text{Umsatz}}{\text{Gesamtkapital}}$$

(Vgl. Perridon, Louis / Steiner, Manfred, Finanzwirtschaft, 1995, S. 525)

$$\text{Kapitalumschlagshäufigkeit} = \frac{\text{Umsatzerlöse}}{\varnothing\text{Kapitalbestand}}$$

(Vgl. Coenenberg, Adolf G., Jahresabschluß, 1994, S. 503; Weber, Helmut Kurt, Bilanz und Erfolgsrechnung, 1993, S. 334)

neben dem Zielkostenmanagement das Just-in-time-Konzept[120] eingeführt werden.[121]

Der geplante Gewinn muß im Zielkostenmanagement fest vorgegeben sein, da bei flexiblen Gewinnvorgaben die Gefahr besteht, daß sie im Laufe der Zeit abnehmen und somit die Bemühungen zur Kostenreduktion stark nachlassen.[122]

4) Zur genauen **Festlegung der Zielkosten** ist vom Zielverkaufspreis der geplante Gewinn abzuziehen. Man erhält die vom Markt erlaubten Kosten, die laut SAKURAI die äußersten Kosten sind, die das Unternehmen gerade noch erreichen kann.[123] Anderer Auffassung ist HIROMOTO, nach der das vom Markt erlaubte Kostenniveau oftmals selbst mit der allergrößten Anstrengung nicht vom Unternehmen zu erreichen ist.[124] Von diesen Kosten, die im Sinne dieser Arbeit den allowable costs i.w.S. entsprechen, sind die produktfernen Gemeinkosten en bloc abzuziehen. Es ergeben sich die allowable costs i.e.S.,[125] denen die Standardkosten[126] gegenüberzustellen sind.

Es ist davon auszugehen, daß die Standardkosten höher als die vom Markt erlaubten Kosten sein werden. Die Höhe der Zielkosten ist nicht nach einem bestimmten Prinzip aus den allowable costs und Standardkosten ableitbar, sondern abhängig von der Wettbewerbsumgebung und der strategischen Planung des Unternehmens. Unter diesen beiden Gesichtspunkten muß das Unternehmen entscheiden, wo die Zielkosten zwischen den Standardkosten und den allowable costs i.e.S. liegen sollen.[127] Es kann im Extremfall sein, daß die allowable costs i.e.S. mit den Zielkosten gleichzusetzen sind.[128]

---

[120] Durch das Just-in-time-Konzept soll Lagerhaltung vermieden werden. Folglich ist kein Kapital im Lager gebunden, und das Lager wird häufiger umgeschlagen. Zum Begriff des „Just-in-time" vgl. Weber, Helmut Kurt, Industriebetriebslehre, 1996, S. 342 f.
[121] Vgl. Franz, Klaus-Peter, Target Costing, 1993, S. 127 f.
[122] Vgl. Burger, Anton, Kostenmanagement, 1994, S. 45.
[123] Vgl. Sakurai, Michiharu, Target Costing, 1989, S. 43.
[124] Vgl. Hiromoto, Toshiro, Another Hidde Edge, 1988, S. 24.
[125] Vgl. Abschnitt B. dieses Kapitels, S. 49-51.
[126] Zur ausführlichen Abgrenzung des Begriffs „Standardkosten" vgl. Abschnitt C. des 1. Kapitels, S. 27-34.
[127] Vgl. Berens, Wolfgang / Hoffjan, Andreas, Target Costing, 1994, S. 603.
[128] Vgl. Seidenschwarz, Werner, Ein japanischer Ansatz, 1991, S. 200.

Dabei ist zu beachten, daß realistische - wenn auch nur mit großer Mühe erreichbare - Zielkosten gesetzt werden sollten.[129]

## b) Ermittlung der Standardkosten für das Gesamtprodukt

Sinnvollerweise sollten nur Größen gleichen Inhalts verglichen werden. Für den hier vorliegenden Fall bedeutet dies, daß in den zu vergleichenden Standardkosten und allowable costs jeweils die gleichen Kostenarten enthalten sein müssen. Da viele Autoren bei der Ermittlung der allowable costs nicht zwischen produktnahen und produktfernen Gemeinkosten und somit zwischen allowable costs i.e.S. und allowable costs i.w.S. unterscheiden, gehen die Autoren bei der Ermittlung der Standardkosten davon aus, daß Vollkosten anzusetzen sind.[130]

In die Zielkostenspaltung sollten aber nur die direkt den Produkteinheiten zurechenbaren Kosten und die produktnahen Gemeinkosten einbezogen werden. Die Gemeinkostenbestandteile ohne oder mit nur geringem Produktbezug sind en bloc vom Zielverkaufspreis abzuziehen.[131] Da die sich so ergebenden allowable costs i.e.S. den Standardkosten gegenüberzustellen sind, dürfen folglich bei der Ermittlung der Standardkosten die über die produktnahen Gemeinkosten hinausgehenden Gemeinkostenarten nicht mit einbezogen werden. Somit werden zur Festlegung der Zielkosten die allowable costs i.e.S. den vollen Standardkosten, vermindert um produktferne Gemeinkostenarten, gegenübergestellt.[132]

Die Kenntnis der zu erwartenden Standardkosten des Gesamtproduktes ist wichtig, um strategische Fehlentscheidungen zu vermeiden.[133] Um die Kosten zu ermitteln, die sich für das Produkt bei Einsatz bereits vorhandener Anlagen und Technologien ergeben würden, können geeignete Verfahren

---

[129]  Vgl. Cibis, Claudius / Niemand, Stefan, Planung und Steuerung, 1993, S. 205.

[130]  Vgl. Berens, Wolfgang / Hoffjan, Andreas, Target Costing, 1994, S. 603; Jentzsch, Klaus / Weidt, Thorsten, Target Costing-Unternehmen, 1995, S. 368; Horváth, Péter / Niemand, Stefan / Wolbold, Markus, Target Costing, 1993, S. 12 f; Hieke, Hans, Zielkosten, 1994, S. 498 f.

[131]  Vgl. Abschnitt B. dieses Kapitels, S. 49-51.

[132]  Vgl. auch Abschnitt C.I.a) dieses Kapitels, S. 51-59.

[133]  Vgl. Freidank, Carl-Christian, Kostenrechnung, 1994, S. 368.

der Plankostenrechnung auf Vollkostenbasis eingesetzt werden.[134] Genauer als bei Anwendung der traditionellen Kostenrechnungsinstrumente können die Produktstandardkosten mittels der Prozeßkostenrechnung kalkuliert werden, so daß sinnvollerweise die Prozeßkostenrechnung bei der Kalkulation der Produktstandardkosten eingesetzt werden sollte.[135]

## II. Der Prozeß der Zielkostenspaltung

Um genau zu wissen, in welcher Höhe einzelne Produktkomponenten Kosten verursachen dürfen, muß eine Zielkostenspaltung durchgeführt werden.[136] Es gibt verschiedene Möglichkeiten zur Spaltung der Zielkosten.[137] In der Literatur werden vorwiegend die Komponentenmethode und die Funktionsbereichsmethode angesprochen.[138] Oftmals wird nur auf die Funktionsbereichsmethode eingegangen,[139] die im allgemeinen in Anlehnung an HORVÁTH / SEIDENSCHWARZ[140] dargestellt wird. HORVÁTH / SEIDENSCHWARZ haben acht Schritte zur Zielkostenspaltung aufbauend auf der „functional area method" von TANAKA[141] entwickelt. Diese Methode wird zum Teil im Schrifttum nur Funktionsmethode[142] oder Funktions-/Funktionalkostenanalyse[143] genannt.

---

[134] Vgl. Berens, Wolfgang / Hoffjan, Andreas, Target Costing, 1994, S. 603; Freidank, Carl-Christian, Target Costing, 1993, S. 210-212; Lorson, Peter, Target Costing, 1994, S. 309; Seidenschwarz, Werner, Ein japanischer Ansatz, 1991, S. 201.

[135] Vgl. Freidank, Carl-Christian, Kostenrechnung, 1994, S. 368.

[136] Vgl. Seidenschwarz, Werner / Horváth, Péter, Zielkostenmanagement, 1992, S. 145.

[137] Vgl. Burger, Anton, Kostenmanagement, 1994, S. 50-53.

[138] Vgl. z.B. Buggert, Willi / Wielpütz, Axel, Target Costing, 1995, S. 90; Fröhling, Oliver, Zielkostenspaltung, 1994, S. 422; Peemöller, Volker H., Zielkostenrechnung, 1993, S. 378; Seidenschwarz, Werner, Verbindliche Umsetzung, 1994, S. 79; Gaiser, Bernd / Kieninger, Michael, Fahrplan, 1993, S. 65, sowie Franz, Klaus-Peter, Moderne Methoden, 1992, S. 132.

[139] Vgl. z.B. Berens, Wolfgang / Hoffjan, Andreas, Target Costing, 1994, S. 603 f; Horváth, Péter / Seidenschwarz, Werner, Zielkostenmanagement, 1992, S. 145-149; Franz, Klaus-Peter, Target Costing, 1993, S. 129 f; Hieke, Hans, Zielkosten, 1994, S. 499-501; Niemand, Stefan, Target Costing, 1992, S. 120 f, sowie Jakob, Frank, Anlagenbau, 1993, S. 168-176.

[140] Vgl. Horváth, Péter / Seidenschwarz, Werner, Zielkostenmanagement, 1992, S. 145-149, sowie Horváth, Péter / Seidenschwarz, Werner, Methodik, 1992, S. 10-20.

[141] Vgl. Tanaka, Masayasu, Cost Planning, 1989, S. 53-70.

[142] Vgl. z.B. Fröhling, Oliver, Zielkostenspaltung, 1994, S. 422; Peemöller, Volker H., Zielkostenrechnung, 1993, S. 378, sowie Gentner, Andreas, Target Costing, 1994, S. 340.

Im folgenden wird zuerst auf die Komponentenmethode eingegangen. Es schließt sich eine Behandlung der Funktionsbereichsmethode inklusive der acht Verfahrensschritte nach HORVÁTH / SEIDENSCHWARZ an. Die beiden Vorgehensweisen werden anhand eines Beispiels erläutert, bei dem das Zielkostenmanagement für ein neues Rasenmähermodell eingesetzt wird. In dem Beispiel wird davon ausgegangen, daß der Rasenmäher die vier Produktkomponenten Motor, Gehäuse, Messer und Lenker umfaßt, und für das neue Rasenmähermodell Gesamt*ziel*kosten in Höhe von DM 200,- ermittelt wurden.

Bei der **Komponentenmethode** werden die *Zielkosten direkt den Komponenten, Baugruppen und Teilen zugerechnet.* Sie ist nur bei den Innovationsprodukten zu empfehlen, die nicht völlig neu sind, sondern bereits existierenden Produkten in deren Aufbau ähneln.[144] Der Grund dafür liegt darin, daß sich das Unternehmen bei Anwendung dieser Methode an den Kostenstrukturen von vorherigen Modellen, Vergleichs- oder Konkurrenzprodukten orientiert.[145] Bei praktischer Umsetzung dieser Methode kann sich das Problem ergeben, daß die Konstrukteure die Marktorientierung aus den Augen verlieren, da sie sich zu stark auf das Material konzentrieren.[146] Ein weiterer möglicher Nachteil liegt darin, daß die Kostenstruktur einfach fortgeschrieben und somit über neue rationellere Lösungen unter Umständen gar nicht nachgedacht wird. Dem läßt sich allerdings entgegenwirken, indem nach der Strukturfortschreibung der Kosten eine *Neubewertung* der Kostenanteile hinsichtlich ihrer Beiträge zum Kundennutzen stattfindet. Dazu kann das Unternehmen Daten aus dem Benchmarking, eigene Erfahrungen mit vorherigen Modellen und Befragungen von Schlüsselkunden heranziehen. Positiv an dieser Methode ist die einfache Handhabung des Verfahrens.[147]

Zum Beispiel wird davon ausgegangen, daß das *Vorgänger*modell des neuen Rasenmähers insgesamt Kosten in Höhe von DM 300,- verursacht hat, wovon DM 120,- auf den Motor, DM 40,- auf das Gehäuse, DM 80,- auf das

---

143 Vgl. Rummel, Klaus D., Zielkosten-Management, 1992, S. 235, sowie Seidenschwarz, Werner, Schnittstellenbewältigung, 1991, S. 200.
144 Vgl. Buggert, Willi / Wielpütz, Axel, Target Costing, 1995, S. 90; Franz, Klaus-Peter, Moderne Methoden, 1992, S. 132.
145 Vgl. Gentner, Andreas, Target Costing, 1994, S. 343.
146 Vgl. Franz, Klaus-Peter, Moderne Methoden, 1992, S. 132.
147 Vgl. Gaiser, Bernd / Kieninger, Michael, Fahrplan, 1993, S. 66.

Messer und DM 60,- auf den Lenker entfallen. Somit beträgt der Kostenanteil des Motors 40 %, des Gehäuses 23,33 %, des Messers 20 % und des Lenkers 16,67 % an den Gesamtkosten. Es wird angenommen, daß die eigenen Erfahrungen des Rasenmäherherstellers mit anderen Modellen und die Vergleiche mit Kostenstrukturen gleichartiger Modelle anderer Hersteller zeigen, daß die Kostenstrukturen bei allen Modellen ähnlich sind.

Die Gesamt*ziel*kosten des *neuen* Rasenmähermodells in Höhe von DM 200,- verteilen sich gemäß der Komponentenmethode auf die einzelnen Produktkomponenten wie folgt:

| Produktkomponenten | Kostenanteil in % | Zielkosten in DM |
|---|---|---|
| Motor | 40,00 | 80,00 |
| Gehäuse | 13,33 | 26,66 |
| Messer | 26,67 | 53,34 |
| Lenker | 20,00 | 40,00 |
| Summe | 100,00 | 200,00 |

**Abb. 3: Zielkosten der Produktkomponenten des Rasenmähers gemäß der Komponentenmethode**
Eigene Darstellung

Die **Funktionsbereichsmethode** zeichnet sich durch eine konsequentere Marktorientierung aus. Hier werden die *Zielkosten entsprechend den einzelnen Funktionen des Produktes zugeordnet.*[148] Der Funktionsbereichsmethode liegt die Annahme zugrunde, daß die Kostenanteile der Zielkosten den Teilgewichten der Produktfunktionen entsprechen sollen. Idealerweise sind die Ressourcen also entsprechend den vom Kunden gewünschten „Produktwertrelationen" einzusetzen,[149] so daß letztlich „der Ressourceneinsatz für eine Komponente genau der nutzenbezogenen Gewichtung durch den Kunden für diese Komponente entsprechen soll."[150] Dadurch soll die strenge Marktorientierung gesichert werden.[151] Die Funktionsbereichsmethode wird hauptsächlich bei komplexen, neuartigen und in hohen Stückzahlen zu fertigenden Produkten angewendet.[152] Allerdings führt diese

---

[148] Vgl. Freidank, Carl-Christian, Kostenrechnung, 1994, S. 359.
[149] Vgl. Horváth, Péter / Seidenschwarz, Werner, Zielkostenmanagement, 1992, S. 145.
[150] Fischer, Thomas M. / Schmitz, Jochen, Zielkostenmanagement II, 1995, S. 947.
[151] Vgl. Franz, Klaus-Peter, Moderne Methoden, 1992, S. 132.
[152] Vgl. Tanaka, Masayasu, Cost Planning, 1989, S. 53.

Methode gerade bei komplexen Produkten zu Durchführungsproblemen in der Praxis.[153] Die Funktionsbereichsmethode umfaßt im einzelnen acht Schritte:[154]

1. *Definition und Klassifikation der einzelnen Funktionen des Produktes:*

Das Produkt ist daraufhin zu untersuchen, welche Leistungen es für den Kunden erfüllt. Dabei bestimmen die verschiedenen Produktfunktionen, wie das Produkt im einzelnen zu gestalten ist.

In der Literatur werden die Funktionen vielfach in „weiche" und „harte" Funktionen unterschieden. Dabei erklären die harten Funktionen die technischen Leistungen des Produktes, das heißt die Gebrauchsfunktionen des Produktes, die zu dessen technischer und wirtschaftlicher Nutzung notwendig sind. Im Gegensatz zu den „weichen" Produktfunktionen ist eine objektive Überprüfbarkeit möglich. Die weichen Funktionen bestimmen den subjektiven Wert, den die Kunden dem Produkt zurechnen.[155]

Bei manchen Produkten kann allerdings nicht zwischen harten und weichen Funktionen unterschieden werden. Insbesondere bei Dienstleistungen ist aufgrund der Immaterialität eine objektive Beurteilung der technisch erforderlichen Leistung nicht möglich.[156] Somit können keine Gebrauchsfunktionen der Leistung objektiv ermittelt werden. Folglich ist vor allem bei Vorliegen von Dienstleistungen nicht zwischen weichen und harten Funktionen zu differenzieren.[157] Da es in der vorliegenden Untersuchung nicht notwendig ist, zwischen harten und weichen Funk-

---

153 Vgl. Gentner, Andreas, Target Costing, 1994, S. 343.
154 Vgl. Horváth, Péter / Seidenschwarz, Werner, Zielkostenmanagement, 1992, S. 145-149, sowie Horváth, Péter / Seidenschwarz, Werner, Methodik, 1992, S. 10-20, aufbauend auf Tanaka, Masayasu, Cost Planning, 1989, S. 56-71.
155 Vgl. zur Definition von harten und weichen Funktionen statt vieler Horváth, Péter, Glossar, 1993, S. 230 f.
156 Vgl. Benkenstein, Martin, Dienstleistungsqualität, 1994, S. 424.
157 So wird auch bei Niemand, Stefan, Dienstleistungen, 1994, S. 68-73, sowie Cibis, Claudius / Niemand, Stefan, Planung und Steuerung, 1993, S. 206-215, verfahren.

tionen zu unterscheiden, wird bereits bei der Darstellung der Zielkosten-spaltung auf eine Differenzierung verzichtet.[158]

Im Beispiel wird davon ausgegangen, daß die Abnehmer des Rasen-mähers an das Produkt folgende Anforderungen stellen: Der Rasenmäher soll bei möglichst großer Schnittfläche klein und leise, mit einem schar-fen Messer ausgestattet sowie einfach zu bedienen sein. Die Produkt-funktionen umfassen also die Größe der Schnittfläche, die Größe des Rasenmähers, die Lautstärke, die Messerschärfe und die Bedienung.

2. *Gewichtung der Produktfunktionen:*

Bei der Funktionsbereichsmethode sind die Zielkosten entsprechend der Gewichtung der einzelnen Produktfunktionen zu verteilen. Dazu werden die einzelnen Produktfunktionen gewichtet. Als Hilfsmittel sind Kun-denbefragungen heranzuziehen.

Die Kunden gewichten im Beispiel die Produktfunktionen des Rasen-mähers folgendermaßen:

| Produktfunktionen | Gewichtung in % |
|---|---|
| Größe der Schnittfläche | 25 |
| Größe des Rasenmähers | 10 |
| Lautstärke | 20 |
| Messerschärfe | 30 |
| Bedienung | 15 |
| Summe | 100 |

**Abb. 4: Gewichtung der Funktionen des Rasenmähers**
Eigene Darstellung

3. *Entwicklung eines Grobentwurfes des neuen Produktes:*

Aufgrund der bisherigen Kenntnisse ist ein Grobentwurf des Produktes zu entwickeln. Dieser zeigt, inwieweit die Produktfunktionen durch die

---

[158] Zur Vorgehensweise der Zielkostenspaltung bei Differenzierung zwischen harten und weichen Funktionen vgl. statt vieler Horváth, Péter / Seidenschwarz, Werner, Ziel-kostenmanagement, 1992, S. 145-149, sowie Horváth, Péter / Seidenschwarz, Werner, Methodik, 1992, S. 10-20.

entsprechenden Produktkomponenten realisiert werden. Es ist ein Prototyp zu erstellen.

4. *Kostenschätzung der Produktkomponenten:*

In diesem Schritt sind die Kosten der einzelnen Produktkomponenten anhand des Grobentwurfs und des Prototyps zu schätzen. Dies ermöglicht eine komponentenbezogene Kostenanteilsbestimmung.

Im Beispiel wird angenommen, daß sich die geschätzten Kosten für das neue Rasenmähermodell, die für die Herstellung des Produktes unter den zur Zeit im Unternehmen herrschenden Bedingungen voraussichtlich anfallen, auf DM 280,- belaufen. Die DM 280,- verteilen sich wie folgt auf die einzelnen Komponenten des Rasenmähers, und ihnen entsprechen folgende Kostenanteile:[159]

| Produktkomponenten | Geschätzte Kosten in DM | Kostenanteil in % |
|---|---|---|
| Motor | 112,00 | 40,00 |
| Gehäuse | 37,32 | 13,33 |
| Messer | 74,68 | 26,67 |
| Lenker | 56,00 | 20,00 |
| Summe | 280,00 | 100,00 |

**Abb. 5:   Geschätzte Kosten der Komponenten des Rasenmähers**
Eigene Darstellung

5. *Gewichtung der Produktkomponenten:*

Es erfolgt eine Gegenüberstellung der Produktfunktionen und der sie realisierenden Produktkomponenten in einer Matrix (Funktionskostenmatrix oder Komponenten-Funktionen-Matrix). Die Funktionen und die Komponenten des Produktes werden dadurch miteinander verknüpft, daß das Gewicht geschätzt wird, mit dem die einzelnen Komponenten eine Produktfunktion erfüllen. Diese Aufgabe sollte von einem Produktteam durchgeführt werden, das aus Mitarbeitern ver-

---

[159] Die Kostenanteile entsprechen den Kostenanteilen, die im Rahmen der Komponentenmethode verwendet wurden, da im Beispiel davon ausgegangen wird, daß die Kostenanteile bei der überwiegenden Anzahl der Rasenmähermodelle ähnlich sind.

schiedener Funktionsbereiche, wie Controlling, Forschung und Entwicklung, Produktion und Vertrieb, besteht.[160]

Um den Sachverhalt zu verdeutlichen, wird im Beispiel der Übersichtlichkeit halber der endgültigen Komponenten-Funktionen-Matrix eine Abbildung vorausgeschickt, in der die Anteile der Komponenten des Rasenmähers zur Erfüllung seiner Produktfunktionen eingetragen sind.

Im Beispiel nimmt das Produktteam an, daß die Größe der Schnittfläche des Rasenmähers zu 100 % von der Produktkomponente „Messer" beeinflußt wird. Die Größe des Rasenmähers wird zu 50 % durch die Produktkomponente „Motor", zu 20 % durch die Produktkomponente „Gehäuse" und zu 30 % durch die Produktkomponente „Messer" bestimmt. Inwieweit die anderen Produktfunktionen durch die Produktkomponenten beeinflußt werden, zeigt die folgende Abbildung:

| Funktionen \ Komponenten | Größe Schnittfläche | Größe Rasenmäher | Lautstärke | Messerschärfe | Bedienung |
|---|---|---|---|---|---|
| Motor | | 50 | 70 | | 40 |
| Gehäuse | | 20 | 30 | | |
| Messer | 100 | 30 | | 100 | |
| Lenker | | | | | 60 |
| Summe | 100 | 100 | 100 | 100 | 100 |

**Abb. 6: Anteil der Komponenten des Rasenmähers zur Erfüllung der Produktfunktionen**
Eigene Darstellung

Um insgesamt zu ermitteln, mit welchem Gewicht die einzelnen Produktkomponenten zur Erfüllung der Produktfunktionen beitragen, ist nun in der Komponenten-Funktionen-Matrix zu berücksichtigen, wie stark die einzelnen Produktfunktionen von den Kunden gewichtet werden.

---

[160] Vgl. Fischer, Thomas M. / Schmitz, Jochen, Zielkostenmanagement II, 1995, S. 947.

Die Teilgewichte der einzelnen Komponenten des Rasenmähers ergeben sich, indem zusätzlich zu den Daten der Abbildung 6 die Gewichte der einzelnen Produktfunktionen[161] berücksichtigt werden. Die Komponenten-Funktionen-Matrix stellt sich für das Beispiel folgendermaßen dar:

| Funktionen / Komponenten | Größe Schnittfläche | Größe Rasenmäher | Lautstärke | Messerschärfe | Bedienung | Teilgewichte der Komponenten |
|---|---|---|---|---|---|---|
| Motor | | 5 | 14 | | 6 | 25 |
| Gehäuse | | 2 | 6 | | | 8 |
| Messer | 25 | 3 | | 30 | | 58 |
| Lenker | | | | | 9 | 9 |
| Teilgewichte der Produktfunktionen | 25 | 10 | 20 | 30 | 15 | 100 |

**Abb. 7: Komponenten-Funktionen-Matrix des neuen Rasenmähermodells**
In Anlehnung an: Fischer, Thomas M. / Schmitz, Jochen, Zielkostenmanagement II, 1995, S. 947.

Wie die Werte für die einzelnen Funktionen zustande kommen, soll hier beispielhaft an der Produktfunktion „Lautstärke" aufgezeigt werden. Die Funktion „Lautstärke" wird zu 70 % durch die Produktkomponente „Motor" und zu 30 % durch die Produktkomponente „Gehäuse" beeinflußt. Da die Funktion „Lautstärke" von den Kunden mit 20 % gewichtet wurde, ergibt sich für den Anteil des „Motors" an der „Lautstärke" der Wert 14 und für den Anteil des „Gehäuses" an der „Lautstärke" der Wert 6.[162]

Aus der Komponenten-Funktionen-Matrix läßt sich ablesen, daß die Produktkomponente „Motor" mit einem Teilgewicht von 25 %, das „Gehäuse" mit 8 %, das „Messer" mit 58 % und der Lenker mit 9 % zur

---

161  Vgl. Abbildung 4, S. 64.
162  Vgl. Fischer, Thomas M. / Schmitz, Jochen, Zielkostenmanagement II, 1995, S. 947.

Erfüllung der Produktfunktionen des Gesamtproduktes Rasenmäher beitragen.

6. *Bestimmung des Zielkostenindexes der Produktkomponenten:*

Anhand des Zielkostenindexes läßt sich ablesen, wie das Verhältnis der
anteiligen Zielkosten zu den Teilgewichten der Produktkomponenten
aussieht. Der Zielkostenindex wird ermittelt, indem man die Teilgewichte der Komponenten ins Verhältnis zu den Kostenanteilen der
entsprechenden Komponenten setzt.

$$\text{Zielkostenindex} = \frac{\text{Teilgewicht (\%)}}{\text{Kostenanteil (\%)}}$$

Im Optimalfall sollte gelten: Zielkostenindex gleich 1. Dies wird allerdings bei der ersten Bestimmung des Zielkostenindexes selten der Fall
sein.

Werden im Beispiel die Teilgewichte der einzelnen Produktkomponenten den im vierten Schritt ermittelten Kostenanteilen der geschätzten
Kosten gegenübergestellt, ergeben sich für die einzelnen Produktkomponenten folgende Zielkostenindizes:

| Produktkomponenten | Teilgewicht in % | Kostenanteil in % | Zielkostenindex |
|---|---|---|---|
| Motor | 25,00 | 40,00 | 0,625 |
| Gehäuse | 8,00 | 13,33 | 0,6 |
| Messer | 58,00 | 26,67 | 2,17 |
| Lenker | 9,00 | 20,00 | 0,45 |
| Summe | 100,00 | 100,00 | |

**Abb. 8:  Zielkostenindex für Komponenten des Rasenmähers**
In Anlehnung an: Horváth, Péter / Seidenschwarz, Werner, Zielkostenmanagement, 1992, S. 147.

Der Zielkostenindex von 0,625 für die Produktkomponente „Motor"
besagt, daß der Kostenanteil dieser Produktkomponenten am Gesamtprodukt höher ist als das Teilgewicht der Komponente „Motor" am
Gesamtprodukt. Der Zielkostenindex von 2,17 für die Produktkomponente „Messer" sagt aus, daß der Kostenanteil der Produktkomponente

„Messer" am Gesamtprodukt niedriger ist als das Teilgewicht der Produktkomponente am Gesamtprodukt.

Aus den Zielkostenindizes lassen sich erste Schlüsse ziehen: Ist der Zielkostenindex kleiner 1, wie beim „Motor", „Gehäuse" und „Lenker", sind die Kosten gemessen an der Bedeutung der Produktkomponente zu hoch. Ob die Kosten zu senken sind oder ob sie in einem zulässigen Toleranzbereich bezüglich der Abweichung von der Bedeutung der Produktkomponente liegen, kann aus dem Zielkostenkontrolldiagramm abgelesen werden, das im nächsten Schritt aufgestellt wird. Liegt der Zielkostenindex über 1, wie beim „Messer", ist die Bedeutung der Produktkomponente größer als ihr Kostenanteil, und die Produktkomponente sollte - sofern der Zielkostenindex den zulässigen Toleranzbereich der Abweichung von der Bedeutung der Produktkomponente übersteigt - hinsichtlich ihrer kundengerechten Gestaltung überprüft werden.

Im Beispiel zeigt sich, daß kein Zielkostenindex den Wert 1 annimmt.

7. *Optimierung des Zielkostenindexes mit Hilfe des Zielkostenkontrolldiagramms:*

In einem Zielkostenkontrolldiagramm werden auf der senkrechten Achse die Kostenanteile der Komponenten und auf der waagerechten Achse die Teilgewichte der Produktkomponenten abgetragen. In diesem Diagramm ist die Optimallinie Zielkostenindex gleich 1, das heißt Kostenanteil der Komponente gleich Gewichtung der Komponente, einzutragen. Es kann nicht erwartet werden, daß der Zielkostenindex nach vielfältigen Bemühungen genau den Wert 1 annimmt, sondern es ist eine optimale Zielkostenzone um die Optimallinie herum festzulegen, in der dann die Zielkostenindizes der einzelnen Komponenten liegen sollten.

Die Zielkostenzone wird durch zwei Kurven $y_1$ und $y_2$ festgelegt, wobei die Zielkostenindizes im Bereich niedriger Kostenanteile und niedriger Gewichtung stärker vom Optimalwert „Zielkostenindex gleich 1" abweichen dürfen als im Bereich höherer Kostenanteile und Gewichtung. Den Produktkomponenten mit einem höheren Gewicht und höheren Kostenanteil werden engere Toleranzen für Kostenabweichungen gesetzt, weil die Kostenwirkungen von Produktkomponenten mit hohen

Kostenanteilen im Verhältnis zu den Kostenwirkungen von Produktkomponenten mit niedrigen Kostenanteilen größer ausfallen.[163]

Die Definition der beiden Kurven $y_1$: $y = (x^2 - q)^{1/2}$ und $y_2$: $y = (x^2 + q)^{1/2}$, die die Zielkostenzone beschreiben, geht zurück auf TANAKA.[164, 165] Die Schnittpunkte der beiden Kurven mit der Abzisse bzw. Ordinate werden durch den Entscheidungsparameter q bestimmt,[166] der von der Unternehmensführung festzulegen ist.[167]

Bei der Bestimmung von q sind vor allem zwei Kriterien zu beachten: Der Spielraum der Zielkostenzone sollte um so kleiner gewählt sein, (1) „je näher die Zielkosten für das Gesamtprodukt bei den vom Markt erlaubten Kosten festgelegt werden"[168] und (2) „je höher das Zielerreichungspotential im Unternehmen (Erfahrungsgrad der Beteiligten, Produktivitätsvorsprung der beteiligten Funktionalbereiche gegenüber der Konkurrenz, Lern- und Erfahrungseffekte gegenüber vorangegangenen Produktentwicklungen) ist."[169] Die Zielkostenzone wird um so enger, je kleiner der Wert für den Entscheidungsparameter q gewählt wird.[170]

Die einzelnen Zielkostenindizes werden in das Zielkostenkontrolldiagramm eingetragen. Liegt der eingetragene Wert unterhalb der Zielkostenzone (Zielkostenindex > 1) ist die Ausgestaltung der Funktion „zu billig", liegt sie oberhalb der Zielkostenzone (Zielkostenindex < 1) ist die Ausgestaltung der Funktion „zu teuer". Bei den „zu teuren" Komponenten ist nach Kostensenkungsmöglichkeiten zu suchen, bei den „zu billigen" Komponenten ist unter Umständen eine Funktionsverbesserung vorzunehmen.

---

163 Vgl. Fischer, Thomas M. / Schmitz, Jochen, Informationsgehalt, 1994, S. 428; Stops, Michaela, Target Costing, 1996, S. 626.

164 Vgl. Tanaka, Masayasu, Cost Planning, 1989, S. 66 f.

165 Da sich die Definition der beiden Kurven $y_1$ und $y_2$ gemäß TANAKA in der Literatur durchgesetzt hat, soll auch im Rahmen dieser Arbeit so verfahren werden.

166 Vgl. Coenenberg, Adolf Gerhard u.a., Target Costing, 1994, S. 15; Horváth, Péter / Seidenschwarz, Werner, Zielkostenmanagement, 1992, S. 147; Tanaka, Masayasu, Cost Planning, 1989, S. 67.

167 Vgl. Seidenschwarz, Werner, Target Costing, 1993, S. 182.

168 Seidenschwarz, Werner, Target Costing, 1993, S. 182.

169 Seidenschwarz, Werner, Target Costing, 1993, S. 182.

170 Vgl. Coenenberg, Adolf Gerhard u.a., Target Costing, 1994, S. 15.

Im Beispiel wird der Entscheidungsparameter q von der Unternehmensführung mit 15 % angesetzt, so daß sich folgendes Zielkostenkontrolldiagramm für das neue Rasenmähermodell ergibt:

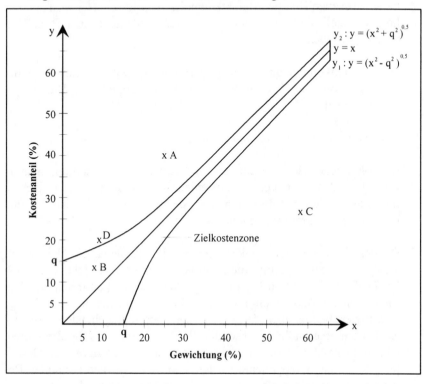

A = Motor          B = Gehäuse          C = Messer          D = Lenker

$y_1$ = Untere Begrenzung der Zielkostenzone
$y_2$ = Obere Begrenzung der Zielkostenzone
x = Komponententeilgewicht
y = Komponentenkostenanteil
q = Entscheidungsparameter zur Definition der Zielkostenzone, gesetzt
   vom Top Management

**Abb. 9:    Zielkostenkontrolldiagramm für das neue Rasenmähermodell**

In Anlehnung an: Horváth, Péter / Seidenschwarz, Werner, Zielkostenmanagement, 1992, S. 148.

Aus dem Zielkostenkontrolldiagramm läßt sich der Schluß ziehen, daß die beiden Produktkomponenten „Motor" (A) und „Lenker" (D) „zu teuer" sind und bei beiden Komponenten nach Kostensenkungspotentialen zu suchen ist. Die Produktkomponente „Messer" (C) wird „zu billig" hergestellt und muß hinsichtlich ihrer kundengerechten Gestaltung überprüft werden.

Die Produktkomponente „Gehäuse" (B) liegt hingegen innerhalb der Zielkostenzone, so daß diesbezüglich kein unmittelbarer Handlungsbedarf besteht.

8. *Durchführung weiterer Kostensenkungen:*

Die Mitarbeiter der Forschungs- und Entwicklungsabteilung müssen versuchen, den optimalen Zielkostenindex des Produktes zu erreichen. Im Rahmen dieser Tätigkeiten sind sie gezwungen, die Kosten und Funktionen des Produktes zu untersuchen.

Da der Zielkostenindex jedoch nur relative Kostenanteile betrachtet, werden nicht zwangsläufig die absoluten Zielkosten erreicht, wenn sich ein Zielkostenindex von 1 ergibt.[171] So kann der Fall auftreten, daß laut Zielkostenkontrolldiagramm eine Produktkomponente als „zu billig" klassifiziert wurde, aber die in dieses Diagramm eingehenden geschätzten Kosten einen höheren absoluten Wert aufweisen als die Zielkosten, und somit zusätzlich zu einer Überprüfung der kundengerechten Gestaltung der Produktkomponente Kostensenkungen notwendig sind.[172] Bevor an die Aussagen des Zielkostenkontrolldiagramms Konsequenzen geknüpft werden, sind also die Aussagen anhand der absoluten Zielkosten und der absoluten geschätzten Kosten der Produktkomponenten zu überprüfen.[173]

---

[171] Vgl. Coenenberg, Adolf Gerhard u.a., Target Costing, 1994, S. 15; Fischer, Thomas M. / Schmitz, Jochen A., Informationsgehalt, 1994, S. 428.

[172] Vgl. Fischer, Thomas M. / Schmitz, Jochen, Zielkostenmanagement II, 1995, S. 948.

[173] Um anhand des Zielkostenkontrolldiagramms zu „richtigen" Aussagen zu kommen, schlagen FISCHER / SCHMITZ vor, das Zielkostenkontrolldiagramm zu erweitern. Zur Erweiterung des Zielkostenkontrolldiagramms um absolute Größen vgl. Fischer, Thomas M. / Schmitz, Jochen A., Informationsgehalt, 1994, S. 428-433.

Die absoluten Zielkosten der Produktkomponenten ergeben sich, indem die vorab ermittelten Gesamtzielkosten des Produktes entsprechend der in Schritt 5 festgestellten Teilgewichte der Produktkomponenten aufgeteilt werden.

Im Beispiel ergeben sich nach der Funktionsbereichsmethode folgende Zielkosten der Produktkomponenten:

| Produktkomponenten | Teilgewicht der Komponente in % | Zielkosten in DM |
|---|---|---|
| Motor | 25 | 50 |
| Gehäuse | 8 | 16 |
| Messer | 58 | 116 |
| Lenker | 9 | 18 |
| Summe | 100 | 200 |

**Abb. 10: Zielkosten der Komponenten des Rasenmähers gemäß der Funktionsbereichsmethode**
Eigene Darstellung

Werden die Zielkosten den geschätzten Kosten der Produktkomponenten gegenübergestellt, zeigt sich, daß die aus dem Zielkostenkontrolldiagramm (Abb. 9) abgeleiteten Aussagen zu bestätigen sind:

| Produktkomponente | Zielkosten in DM | Geschätzte Kosten in DM | Differenz in DM | Bemerkung |
|---|---|---|---|---|
| Motor | 50,00 | 112,00 | - 62,00 | „zu teuer" |
| Gehäuse | 16,00 | 37,32 | - 21,32 | „zu teuer" |
| Messer | 116,00 | 74,68 | + 41,32 | „zu billig" |
| Lenker | 18,00 | 56,00 | - 38,00 | „zu teuer" |
| Summe | 200,00 | 280,00 | - 80,00 | |

**Abb. 11: Überprüfung der Aussagen des Zielkostenkontrolldiagramms anhand absoluter Werte**
Eigene Darstellung

Um die absoluten Zielkosten zu erreichen, müssen neben der Optimierung des Zielkostenindexes Funktionen überprüft, Konstruktionen geändert und Wertanalysen durchgeführt werden. Nur so sind Kostensenkungen sowie eine höhere Qualität und Durchlaufzeit der Produkte zu erzielen. Dies entspricht einem kontinuierlichen Verbesserungsprozeß, der auf japanisch „Kaizen" genannt wird.[174] Dieser Schritt geht bereits über den Prozeß der Zielkostenspaltung hinaus und ist eher dem Prozeß der Zielkostenerreichung zuzuordnen.[175]

Wie sich zeigt, ist die Funktionsbereichsmethode ein sehr differenziertes Verfahren, um das „optimale" Produkt, das heißt ein Produkt mit möglichst niedrigen Kosten bei bestmöglicher Erfüllung der vom Kunden gewünschten Funktionen, zu ermitteln.[176] Kritisch anzumerken ist, daß Komponenten mit hoher Gewichtung auch ein höherer Kostenanteil zugerechnet wird. Unter Umständen gibt es aber Fälle, wo die Erfüllung der Funktionen auch mittels kostenneutraler neuer Ideen möglich ist.[177]

SEIDENSCHWARZ hat zur Anwendung der beiden verschiedenen Verfahren Funktionsbereichsmethode und Komponentenmethode einige grundsätzliche Hinweise gegeben:[178]

• Im Rahmen der Funktionsbereichsmethode ist die Detailliertheit der Funktionsgewichtung gegenüber der Praktikabilität abzuwägen. Damit das Verfahren nicht unnötig aufwendig wird, ist die Anzahl der Funktionen auf eine bearbeitbare Anzahl zu begrenzen. Die Anzahl der Hauptfunktionen kann in der Regel auch bei komplexen Produkten eingeschränkt werden.

• Führt das Unternehmen zum ersten Mal eine Zielkostenspaltung durch, sollte die Komponentenmethode angewendet werden. SEIDENSCHWARZ begründet diese Empfehlung nicht näher, aber es ist anzunehmen, daß die Ursache in der Einfachheit des Verfahrens liegt.[179]

• Durch Marktbefragungen kann bei Anwendung der Komponentenmethode die funktionelle Seite abgesichert werden.

---

174  Vgl. Seidenschwarz, Werner, Target Costing, 1993, S. 142.
175  Vgl. Abschnitt C.III. dieses Kapitels, S. 75-81.
176  Vgl. Gentner, Andreas, Target Costing, 1994, S. 343.
177  Vgl. Franz, Klaus-Peter, Target Costing, 1993, S. 130.
178  Vgl. Seidenschwarz, Werner, Verbindliche Umsetzung, 1994, S. 79 f.
179  In diesem Sinne wohl auch Franz, Klaus-Peter, Target Costing, 1993, S. 129.

- Prototypen können bei Verwendung beider Methoden nützlich sein.
- Hilfreich ist es bei beiden Methoden der Zielkostenspaltung, sich - wenn möglich - bei der erstmaligen Durchführung an dem eigenen Vorgängerprodukt zu orientieren. Liegt ein solches nicht vor, kann auch ein Wettbewerbsprodukt erste Hinweise zur Zielkostenspaltung geben.

## III. Der Prozeß der Zielkostenerreichung

Da im Normalfall bei erstmaliger Zielkostenspaltung die Zielkosten nicht erreicht werden, sind Kostensenkungen durchzuführen. Um festzustellen, ob die vorgenommenen absoluten Kostensenkungen auch dem geforderten Verhältnis von Kostenanteil zu Teilgewicht der Produktkomponenten entsprechen, sind die Schritte 3, 4, 6 und 7 der Zielkostenspaltung so oft zu wiederholen, bis man den gewünschten Zielkostenindex erlangt hat.[180]

Im Rahmen der Zielkostenspaltung wurde das Zielkostenkontrolldiagramm bereits als eine Maßnahme genannt, um zu überprüfen, ob die angestrebten Zielkosten erreicht wurden.[181] Zusätzlich kann das Unternehmen folgende Konzepte und Instrumente zur Unterstützung der Zielkostenerreichung einsetzen:

1) Benchmarking,
2) Zuliefererintegration,
3) Wertzuwachskurve,
4) Wertanalyse[182],
5) Design to Cost,
6) Cost Tables,
7) Time Based Management,
8) Präventives Qualitätsmanagement,
9) Simultaneous Engineering,
10) Prozeßkostenrechnung,
11) Erfahrungskurvenkonzept[183] und

---

[180] Vgl. Coenenberg, Adolf Gerhard u.a., Target Costing, 1994, S. 15.
[181] Vgl. Abschnitt C.II. dieses Kapitels, S. 60-75.
[182] Vgl. Coenenberg, Adolf Gerhard u.a., Target Costing, 1994, S. 15-24.
[183] Vgl. Seidenschwarz, Werner, Schnittstellenbewältigung, 1991, S. 205; ders., Ein japanischer Ansatz, 1991, S. 201.

12) Grenzplankostenrechnung in Verbindung mit stufenweiser Fixkostendeckungsrechnung.[184]

1) **Benchmarking** zielt darauf ab, durch Vergleiche mit führenden Unternehmen einen Veränderungsprozeß im eigenen Unternehmen zu initiieren und das eigene Unternehmensgeschehen, das heißt vor allem die Arbeitsabläufe und angewandten Methoden, ständig zu verbessern. Die Unterschiede zu anderen Unternehmen werden aufgezeigt, die Ursachen analysiert und Verbesserungsmöglichkeiten aufgezeigt. Das eigene Unternehmen vergleicht sich mit den Unternehmen, die die zu analysierenden Prozesse oder Methoden hervorragend beherrschen. Die Vergleichsunternehmen können Konkurrenten, Unternehmen derselben Branche, aber auch branchenfremde Unternehmen sein.[185]

2) Mittels einer ABC-Analyse ist zu entscheiden, welche Teile des Produktes Kernelemente und welche Teile Randelemente sind. Die Kernelemente sollten im Unternehmen selbst hergestellt, die Randelemente können fremdbezogen werden. Beim Fremdbezug ist es wichtig, daß eine **Integration der Zulieferer** stattfindet. Zwischen dem Unternehmen und dem Zulieferer sollte ein längerfristiges, partnerschaftliches Verhältnis existieren, welches beim Zulieferer auf Sicherheit hinsichtlich einer bestimmten Abnahmemenge zu einem bestimmten Preis und beim Abnehmer auf Sicherheit hinsichtlich Qualitäts-, Quantitäts- und Termintreue beruht. Dabei darf der Kostensenkungsaspekt des Unternehmens nicht außer acht gelassen werden.[186]

3) Die **Wertzuwachskurve** stellt einen direkten Zusammenhang zwischen den Herstellkosten und der Durchlaufzeit eines Produktes her. Sie wird in einer Graphik eingetragen, bei der die Abzisse der Durchlaufzeit und die Ordinate den Herstellkosten entspricht. Sie zeigt somit die gesamte Wertschöpfung eines Produktes während seines Erstellungsprozesses. Man erhält Informationen über die gesamte Fertigungsdurchlaufzeit und deren Zu-

---

[184] Vgl. Lorson, Peter, Target Costing, 1994, S. 309 f.
[185] Vgl. Coenenberg, Adolf Gerhard u.a., Target Costing, 1994, S. 16; Hillen, Jürgen, Benchmarking, 1997, S. 55; Homburg, Christian / Werner, Harald / Englisch, Michael, Kennzahlengestütztes Benchmarking, 1997, S. 48-51; Horváth, Péter / Herter, Ronald N., Benchmarking, 1992, S. 4-11; Töpfer, Armin, Benchmarking, 1997, S. 202-205 m.w.N.
[186] Vgl. dazu ausführlicher: Coenenberg, Adolf Gerhard u.a., Target Costing, 1994, S. 20-22; Seidenschwarz, Werner / Niemand, Stefan, Zulieferintegration, 1994.

sammensetzung.[187] Es zeigen sich sämtliche Transport- und Lagerzeiten, die nicht zur Steigerung der Wertschöpfung des Produktes beitragen und somit möglichst zu vermeiden sind.[188] Mittels der Wertzuwachskurve sollen also Durchlaufzeit- und Bestandssenkungspotentiale aufgedeckt und Rationalisierungsmaßnahmen überwacht werden.[189]

4) Bei der **Wertanalyse** werden die Funktionen eines Objektes analysiert, um das Verhältnis zwischen dem Nutzen und den Kosten des Objektes zu optimieren. Dabei ist zu beachten, daß nutzenstiftende Elemente des Produktes dessen Wert erhöhen, kostenverursachende Elemente des Produktes hingegen dessen Wert verringern. Die Wertanalyse dient nicht nur zur Kostensenkung, sondern trägt zur gesamten Wertsteigerung des Objektes bei.[190] Der Wertanalyse liegt eine systematische Vorgehensweise nach DIN 69910 zugrunde, damit der Ablauf der Objektgestaltung sichergestellt ist.[191] Innerhalb der Wertanalyse nimmt die Funktionenanalyse eine zentrale Stellung ein, um wichtige von unwichtigen Funktionen des Objektes zu unterscheiden, das Produkt zu verbessern und Kostensenkungspotentiale aufzuzeigen.[192] Die Wertanalyse ist nur dann erfolgreich, wenn die an der Wertanalyse beteiligten Mitarbeiter in einem Team zusammenarbeiten.[193] Objekte der Wertanalyse können sowohl materielle als auch immaterielle Objekte sein, so daß die Wertanalyse auch bei Verwaltungstätigkeiten anzuwenden ist.[194] Die Wertanalyse wird bevorzugt zur Lösung komlexer Aufgaben eingesetzt, „für die weder eine geschlossene Lösung, noch eine Lösung mit Hilfe numerischer Verfahren möglich ist."[195] Es gibt verschiedene Varianten der Wertanalyse. Für das Zielkostenmanagement sind die Wertgestaltung und die Wertanalyse i.e.S. von Bedeutung. Die Wertgestaltung (Value Engineering) bezieht sich auf die Entwicklungsphase eines

---

187 Vgl. Wildemann, Horst, Die modulare Fabrik, 1988, S. 284 f.
188 Vgl. Fischer, Thomas M., Kostenmanagement, 1993, S. 154.
189 Vgl. Wildemann, Horst, Die modulare Fabrik, 1988, S. 284.
190 Vgl. Kern, Werner / Schröder, Hans-Horst, Wertanalyse (I), 1978, S. 375 f.
191 Vgl. Buksch, Rolf / Rost, Peter, Wertanalyse, 1985, S. 350 f.
192 Vgl. Jehle, Egon, Wertanalyse, 1993, Sp. 4647-4655.
193 Vgl. Buksch, Rolf / Rost, Peter, Wertanalyse, 1985, S. 351.
194 Vgl. Jehle, Egon, Wertanalyse, 1993, Sp. 4649; Kern, Werner / Schröder, Hans-Horst, Wertanalyse (I), 1978, S. 375.
195 Jehle, Egon, Wertanalyse, 1993, Sp. 4648.

neuen Produktes.[196] Die Wertanalyse i.e.S. (Value Analysis i.e.S.) setzt dagegen erst bei bereits existierenden Produkten und Prozessen ein.[197]

5) **Design to Cost** ist ein ingenieurorientiertes Konzept zur Planung und Steuerung der Kosten in der Entwicklungsphase eines Produktes. Der Forschungs- und Entwicklungsabteilung werden bestimmte Kostenziele vorgegeben, die sie bei der Planung des Produktes einhalten muß. Damit basiert das Design to Cost wie das Zielkostenmanagement auf dem gleichen Grundgedanken. Das Zielkostenmanagement geht allerdings darüber hinaus, da die Zielvorgaben für die Forschungs- und Entwicklungsabteilung aus den Marktvorgaben abgeleitet werden.[198] Das Design to Cost bedient sich vor allem technischer Methoden, wie z.B. der Wertgestaltung.[199] Da das Design to Cost als integrativer Bestandteil des Zielkostenmanagements zu betrachten ist,[200] gehört es nach der in dieser Arbeit vorliegenden Auffassung nicht - wie in der Literatur diskutiert - zu den Methoden, die die Zielkostenerreichung unterstützen sollen.

6) In den **Cost Tables** werden detaillierte Kosteninformationen, die auf verschiedenen Unternehmensvariablen beruhen, zusammengetragen. Die Cost Tables zeigen alternative Kosten für ein Produkt, die entstehen, wenn das Produkt zum Beispiel aus alternativen Materialien und mittels alternativer Herstellungsverfahren hergestellt sowie mit verschiedenen Funktionen ausgestattet wird. So können vor Beginn der Entwicklung und Produktion eines Produktes die Auswirkungen des Einsatzes besonderer Maschinen oder besonderen Materials zur Herstellung des Produktes auf die Produktkosten festgestellt werden. Die Cost Tables sind als Ergänzung zu traditionellen Kostenrechnungssystemen zu verwenden.[201]

7) Grundlage des Konzepts des **Time Based Managements** ist es, daß „Zeit" als wichtiger Wettbewerbsfaktor erkannt wird. Durch einen

---

196  Vgl. Jehle, Egon, Wertanalyse, 1993, Sp. 4655; Kern, Werner / Schröder, Hans-Horst, Wertanalyse (I), 1978, S. 377.

197  Vgl. Jehle, Egon, Wertanalyse, 1993, Sp. 4655; Kern, Werner / Schröder, Hans-Horst, Wertanalyse (I), 1978, S. 377.

198  Vgl. Fischer, Thomas M., Kosten, 1993, S. 68; ders., Kostenmanagement, 1993, S. 151; Horváth, Péter, Glossar, 1993, S. 229 f.

199  Vgl. Horváth, Péter, Glossar, 1993, S. 229 f.

200  Vgl. Horváth, Péter, Glossar, 1993, S. 230.

201  Vgl. Yoshikawa, Takeo / Innes, John / Mitchell, Falconer, Cost Tables, 1990, S. 30 f.

„effizienten Umgang mit der Ressource 'Zeit'"[202] wird der Zeitraum von der Entwicklung eines Produktes bis zur Markteinführung möglichst kurz gehalten, und die Auftragsbearbeitungs- und Durchlaufzeiten werden reduziert. Innerhalb kürzester Zeit wird auf Kundenwünsche und -reklamationen reagiert. Time Based Management bedeutet, daß das gesamte Unternehmen als eine Summe von Prozessen zu sehen ist und diese Prozesse durch entsprechende Maßnahmen zu beschleunigen sind. Ziel ist die Senkung der Produktkosten und die Erhöhung der Servicequalität.[203]

8) **Präventives Qualitätsmanagement** bedeutet, bereits frühzeitig im Rahmen der Produktentwicklung Maßnahmen der Qualitätssicherung einzusetzen, um präventiv potentielle Fehlerquellen des Produktes und der Produktionsprozesse zu beseitigen und so die Fehlerfolgekosten möglichst gering zu halten.[204] Dabei ist unter Qualität im Rahmen des Zielkostenmanagements sinnvollerweise „die Erfüllung der Anforderungen der Kunden an ein Produkt zu verstehen."[205, 206]

9) Mittels des **Simultaneous Engineering** soll die Zeit von der Produktentwicklung bis zur Markteinführung möglichst kurz gehalten werden, indem sich einzelne Schritte der Produkt- und Prozeßentwicklung zeitlich überschneiden oder sogar völlig parallel ablaufen.[207] Bezogen auf das Zielkostenmanagement heißt dies, daß zeitgleich zur Zielkostenspaltung die Entwürfe für die einzelnen Produkte weiterentwickelt und die Produktionsabläufe dieser Produkte geplant werden.[208]

10) Im Rahmen der **Prozeßkostenrechnung** werden die Gemeinkosten einer genauen Analyse unterzogen. Die Kostentransparenz der indirekten Leistungsbereiche soll durch eine an den einzelnen Arbeitsgängen orientierten

---

[202] Hoffmann, Werner / Niedermayr, Rita / Risak, Johann, Controlling, 1994, S. 25.

[203] Vgl. Hoffmann, Werner / Niedermayr, Rita / Risak, Johann, Controlling, 1994, S. 25 f; Hostettler, Christian, Time Based Management, 1997, S. 42 f.

[204] Vgl. Wildemann, Horst, Qualitätsentwicklung, 1992, S. 23.

[205] Seidenschwarz, Werner, Target Costing, 1993, S. 227.

[206] Zum Zusammenhang von Qualitätsmanagement und Zielkostenmanagement vgl. ausführlicher Fischer, Thomas M. / Schmitz, Jochen, Marktorientierte Kosten- und Qualitätsziele, 1994, S. 63-68.

[207] Vgl. Ehrlenspiel, Klaus, Frühzeitige Kostenbeeinflussung, 1995, S. 316-318; Meinig, Wolfgang, Simultaneous Engineering, 1994, S. 247.

[208] Vgl. Götze, Uwe, Target Costing, 1993, S. 385 f.

Verrechnung der Gemeinkosten erhöht werden. Ziel ist eine Verbesserung der Produktkalkulation.[209]

11) Das **Erfahrungskurvenkonzept** sagt grundsätzlich aus, daß unter der Annahme konstanter Geldwerte bei einer Erhöhung der im Zeitablauf kumulierten Ausbringungsmenge eines Produktes ein Stückkostensenkungspotential in bezug auf den Wertschöpfungsanteil der Produktkosten vorhanden ist.[210] Das Kostensenkungspotenial kann nur durch bewußtes Kostenmanagement erreicht werden und tritt nicht automatisch ein.[211] Dieses Konzept ist hilfreich bei der Wahl von Wettbewerbsstrategien, da mittels der Erfahrungskurve Prognosen und Ratschläge für bestimmte Handlungen erstellt werden können.[212]

12) Die **Grenzplankostenrechnung in Verbindung mit stufenweiser Fixkostendeckungsrechnung** beinhaltet das Konzept der Soll-Deckungsbeiträge. Durch die Bildung von marktgerechten Soll-Deckungsbeiträgen wird der Preis nicht nur von der Kostenseite her kalkuliert, sondern die Marktseite wird ebenfalls in die Kalkulation miteinbezogen.[213]

Bisher war von einzelnen Instrumenten die Rede, die die Erreichung der Zielkosten erleichtern sollen. Darüber hinaus wirken aber auch organisatorische Maßnahmen unterstützend auf den Prozeß der Zielkostenerreichung. Eine wichtige Person stellt der „Fachpromotor" dar, der durch sein Fachwissen einen Innovationsprozeß aktiv und intensiv mitgestaltet.[214] Der Fachpromotor muß sein Denken stets auf den Markt ausrichten und bei seinen Überlegungen den gesamten Lebenszyklus eines Produktes betrachten. Eine weitere wichtige Person ist der „Machtpromotor", der durch seine hierarchische Stellung einen Innovationsprozeß positiv beeinflussen soll.[215]

---

[209] Vgl. Küting, Karlheinz / Lorson, Peter, Prozeßkostenrechnung, 1993, S. 29.

[210] Vgl. Bauer, Hans-H., Erfahrungskurvenkonzept, 1986, S. 1; Hoffmann, Werner / Klien, Wolfgang / Unger, Martin, Strategieplanung, 1994, S. 273 f.

[211] Vgl. Hoffmann, Werner / Klien, Wolfgang / Unger, Martin, Strategieplanung, 1994, S. 274.

[212] Vgl. Bauer, Hans-H., Erfahrungskurvenkonzept, 1986, S. 7.

[213] Vgl. Kilger, Wolfgang, Flexible Plankostenrechnung und Deckungsbeitragsrechnung, 1993, S. 855-875.

[214] Zum Begriff „Fachpromotor": Witte, Eberhard, Innovationsfähige Organisation, 1988, S. 152, sowie Witte, Eberhard, Entscheidungsprozeß, 1988, S. 165.

[215] Zum Begriff „Machtpromotor": Witte, Eberhard, Innovationsfähige Organisation, 1988, S. 152, sowie Witte, Eberhard, Entscheidungsprozeß, 1988, S. 165.

Er sollte in der Hierarchieebene des Unternehmens relativ hoch angesiedelt sein und idealerweise auch die Verantwortung für das Produkt übernehmen. Gerade bei der erstmaligen Anwendung des Zielkostenmanagements ist der Machtpromotor ein wichtiges Element. Bei der Ersteinführung des Ziel-kostenmanagements sollte er zusätzlich von einem externen, fachkundigen Berater unterstützt werden.[216]

Können trotz Ausschöpfung aller Kostensenkungspotentiale die Zielkosten nicht erreicht werden, ist auf die Herstellung des betrachteten Produktes zu verzichten. Es darf kein Produkt in das Produktionsprogramm aufgenommen werden, dessen Zielkosten nicht erreicht werden können.[217]

## D. Zwischenergebnis: Voraussetzungen für die Anwendung des Ziel-kostenmanagements in privatwirtschaftlichen Unternehmen

Bevor im dritten Kapitel überprüft wird, ob das Zielkostenmanagement auf öffentliche Betriebe und Verwaltungen zu übertragen ist, sind in kom-primierter Form die Voraussetzungen zusammenzutragen, die in privatwirt-schaftlichen Unternehmen gegeben sein sollten, damit das Zielkosten-management sinnvoll angewendet werden kann. Liegt einer der Sachverhalte in einzelnen öffentlichen Unternehmen oder Verwaltungen nicht vor, dann kann dies dazu führen, daß dort das Zielkostenmanagement in der für pri-vatwirtschaftliche Unternehmen diskutierten Form nicht einsetzbar ist. Das Konzept muß gegebenenfalls modifiziert werden. Unter Umständen sind die erforderlichen Anwendungsbedingungen in den öffentlichen Betrieben und Verwaltungen erst zu schaffen. Folgende Anwendungsbedingungen des Zielkostenmanagements sind für privatwirtschaftliche Unternehmen festzu-halten:[218]

---

[216]  Vgl. Rummel, Klaus D., Zielkosten-Management, 1992, S. 241; Seidenschwarz, Werner, Schnittstellenbewältigung, 1991, S. 205 f.

[217]  Vgl. Horváth, Péter / Seidenschwarz, Werner / Sommerfeldt, Holger, Genka Kikaku, 1993, S. 15; Freidank, Carl-Christian, Kostenrechnung, 1994, S. 368.

[218]  Die Anwendungsbedingungen für das Zielkostenmanagement wurden zum Teil aus den bisherigen Ausführungen und zum Teil aus dem kommentierten Kriterienkatalog von JENTZSCH / WEIDT abgeleitet. Vgl. dazu Jentzsch, Klaus / Weidt, Thorsten, Target Costing-Implementation, 1996, S. 243-250.

Bei Anwendung des Zielkostenmanagements muß das **Produkt eindeutig definierbar** sein. Es muß sich eindeutig von anderen Produkten abgrenzen lassen.

Zielkostenmanagement sollte sinnvollerweise nur in Unternehmen eingesetzt werden, bei deren Produkten über die Grundfunktion hinaus **Gestaltungsspielräume bezüglich einzelner Produktmerkmale** bestehen.

Dem das Zielkostenmanagement anwendenden Unternehmen müssen entsprechende **Methoden zur Feststellung der Kundenwünsche** vorliegen.

Um die Zielkostenspaltung vornehmen zu können, muß sich das **Produkt in einzelne Komponenten zerlegen** lassen.

Die Möglichkeit zur **Bestimmung des Zielverkaufspreises** ist eine elementare Voraussetzung zur Anwendung des Zielkostenmanagements, wenn die Zielkosten direkt aus den Marktgegebenheiten abgeleitet werden. Ansonsten sind **alternative Größen als Ausgangspunkt für die Ermittlung der Zielkosten** anzusetzen.

Da sich die Zielkosten aus der Gegenüberstellung der allowable costs i.e.S. mit den Standardkosten ergeben, muß bei der Anwendung des Zielkostenmanagements auch die **Ermittlung der Standardkosten** möglich sein. Das Unternehmen muß also mindestens über eine Plankostenrechnung auf Vollkostenbasis, besser sogar über eine Prozeßkostenrechnung, verfügen.

Zur Erreichung der Zielkosten müssen weitere geeignete **betriebswirtschaftliche Instrumente** im Unternehmen eingesetzt werden.

Die konsequente Marktorientierung des Zielkostenmanagements verkörpert sich auch darin, daß die **Kundenorientierung über alle Bereiche des Unternehmens hinweg** im Bewußtsein der Mitarbeiter verankert sein muß und daß die Mitarbeiter aller Bereiche des Unternehmens miteinander kommunizieren. Dies erreicht man am besten über die **Arbeit in Produktteams**. Um die Kommunikation unter den Mitarbeitern zu fördern, sollte die Organisationsform eine **geringe Zahl von Hierarchiestufen** und **keine Dominanz der Linie** aufweisen. Durch ein gut ausgebautes **Informations- und Berichtswesen** kann die Motivation der Mitarbeiter über eine gute Informationspolitik gesteigert werden.

Die Mitarbeiter müssen sich **mit dem Konzept des Zielkostenmanagements identifizieren** und **Fähigkeit zur Teamarbeit** mitbringen. Je höher der **betriebswirtschaftliche Ausbildungsstand der Mitarbeiter** und je besser das **Fortbildungswesen** des Unternehmens ist, desto besser kann Zielkostenmanagement verwirklicht werden.

Die Herstellungsstrukturen für das Produkt sollten einen gewissen Änderungsspielraum aufweisen. Es sollten **keine fest vorgegebenen Herstellungsstrukturen** vorliegen, sonst lassen sich kaum Kostensenkungen erzielen.

## E.  Beurteilung des Zielkostenmanagements

Das Zielkostenmanagement ist ein Instrument, das entscheidend dazu beiträgt, die von den Kunden geforderten Wünsche an das Produkt im eigenen Unternehmen konsequent und mit möglichst geringen Kosten umzusetzen.[219] Ein Vorteil des Zielkostenmanagements ist darin zu sehen, daß durch die frühzeitige Einbeziehung der Kundenvorstellungen in die Produktentwicklung die Marktakzeptanz gesteigert und das „Flop-Risiko" stark gesenkt wird. Das Produkt wird nur mit den Funktionen ausgestattet, die der Kunde fordert und bereit ist zu bezahlen. Somit wird das „Overengineering" von Produkten vermieden. Die Entwicklungskosten der Produkte sinken, da bei Anwendung des Zielkostenmanagements davon auszugehen ist, daß die Forschungs- und Entwicklungsabteilung tatsächlich zielgerichtet, das heißt den Kundenwünschen entsprechend arbeitet und keine „unnötigen" Entwicklungen vorkommen. Dadurch, daß das Unternehmen immer den Markt im Auge hat, erkennt es frühzeitig Marktänderungen und unterliegt somit einem ständigen Innovationsdruck. Dieser wirkt sich positiv auf die eigene Wettbewerbsfähigkeit aus. Durch die verstärkte Zusammenarbeit im Team wird insgesamt das Kostenbewußtsein der Mitarbeiter des Unternehmens gesteigert.[220]

Diesen positiven Effekten des Zielkostenmanagements stehen noch einige offene Probleme des Zielkostenmanagements gegenüber:

---

[219] Vgl. Götze, Uwe, Target Costing, 1993, S. 387.
[220] Vgl. Hoffjan, Andreas, Zielkostenmanagement, 1994, S. 35; Laker, Michael, Target Pricing, 1993, S. 259 f.

- Bisher gibt es für die Bestimmung des späteren Zielverkaufspreises für einen langfristigen Zeitraum noch keine geeigneten Verfahren.

- Eindeutige Verfahren, die bestimmen, wo genau die Zielkosten zwischen den Standardkosten und den vom Markt erlaubten Kosten festzulegen sind, existieren nicht.

- Um die Gewichtung der einzelnen Funktionen und Komponenten der Produkte zu ermitteln, gibt es keine bestimmte und objektive Vorgehensweise.

- Der Zielkostenindex von 1 wird in den seltensten Fällen erreicht. Es gibt jedoch keine Aussagen darüber, in welcher Spannbreite eine Abweichung noch akzeptabel ist.

- Durch die Einführung innovativer Produkte des Unternehmens können sich die Absatzmengen der bisher im Unternehmen hergestellten Produkte verändern. Dieser Tatbestand wird durch das Konzept des Zielkostenmanagements momentan noch nicht berücksichtigt. Reduziert sich der Erlös durch die geänderten Absatzmengen, und wird diese Erlösschmälerung nicht durch zusätzliche Erfolge der innovativen Produkte aufgefangen, ist dies für das Unternehmen nachteilig.

- Kommt es durch die innovativen Produkte zu einem Engpaß im Unternehmen, müssen unter Umständen die bisher im Unternehmen hergestellten Produkte aus dem Produktionsprogramm ausscheiden. Auch dies kann zu Erlösschmälerungen führen, wenn diese nicht durch Änderungen des Produktionsprogramms kompensiert werden.

- Bei der Einführung des Zielkostenmanagements fehlt es noch an konkreteren Richtlinien, wie es in die Organisation des bisher bestehenden Unternehmens einzugliedern ist und wem welche Aufgaben zu übertragen sind.[221]

---

[221] Vgl. zu den bisher genannten Problemen des Zielkostenmanagements Dittmer, Jutta, Konzeptioneller Weiterentwicklungsbedarf, 1996, S. 181 f; Fischer, Thomas, M. / Schmitz, Jochen, Zielkostenmanagement, 1994, S. 419 f; Götze, Uwe, Target Costing, 1993, S. 388; Hoffjan, Andreas, Zielkostenmanagement, 1994, S. 36-38.

- In der Literatur finden sich keine Aussagen dazu, wie zu verfahren ist, wenn bei einer Komponente die Zielkosten nicht erreicht wurden, dafür aber bei einer anderen Komponente mehr Kosten eingespart werden konnten, als es die Zielkosten vorgaben. Es werden keine expliziten Aussagen getroffen, ob im Rahmen des Zielkostenmanagements ein Ausgleich zwischen den Kosten der einzelnen Komponenten vorgenommen werden darf, so daß in der Summe betrachtet die Zielkosten für das Produkt erreicht werden („Deckungsfähigkeit der Komponentenkosten").

In der hier vorliegenden Untersuchung wird davon ausgegangen, daß ein Ausgleich erlaubt ist, sofern die Zielkosten für das gesamte Produkt eingehalten werden.

Sollen alle Vorteile des Zielkostenmanagements zum Tragen kommen, müssen vor seiner Anwendung die bisher noch offenen Probleme möglichst optimal gelöst werden. Sonst ist zu befürchten, daß nicht korrekt ermittelte Zielkosten mehr Nachteile als Vorteile für das Unternehmen mit sich bringen werden.[222]

Allgemein ist zu fragen, ob das Zielkostenmanagement überhaupt als ein **neuer** Ansatz des Kostenmanagements zu verstehen ist. Bereits in frühen Jahren wurde zum Teil zuerst auf dem Markt untersucht, welcher Preis für das eigene Produkt zu erzielen ist. Anschließend wurde entschieden, ob das Unternehmen sein Produkt zu diesem Preis herstellen, einen angemessenen Gewinn erzielen und somit das Produkt anbieten kann. Als Beispiel wird in der Literatur zum einen die Konfektionshersteller Seidensticker GmbH angeführt, deren Geschäftsführer Gerd Seidensticker bereits Anfang der achtziger Jahre zuerst die Preise einer noch unfertigen Hemdenkollektion von den Außendienstmitarbeitern schätzen ließ. Erst danach wurde der Aufwand, mit dem die Hemden gefertigt werden sollten, bestimmt. Zum anderen wird die Produktion des Volkswagens in den 30er Jahren genannt. Aufgrund der Knappheit der Devisen durfte der Preis des Volkswagens 990 Reichsmark nicht überschreiten. Somit mußte bereits in der Entwicklungsphase nach kostengünstigen technischen Alternativen gesucht werden. Als Konsequenz lief der Volkswagen mit Seilzugbremsen statt mit hydraulischen Bremsen

---

[222] Vgl. Laker, Michael, Was darf ein Produkt kosten?, 1993, S. 63.

vom Band.[223] Der Grundgedanke des Zielkostenmanagements existierte also bereits früher, aber die konsequente Umsetzung und das „Herunterbrechen" auf die einzelnen Funktionen und Komponenten werden erst in jüngerer Zeit gefordert.[224]

---

223  Vgl. Deutsch, Christian, Unter Preisdruck, 1992, S. 67; Franz, Klaus-Peter, Target Costing, 1993, S. 124; Winter, Hildegard, Target Costing, 1993, S. 1542.
224  Vgl. Winter, Hildegard, Target Costing, 1993, S. 1542.

**3. KAPITEL:** MÖGLICHKEITEN UND GRENZEN DES ZIEL-
KOSTENMANAGEMENTS IN ÖFFENTLICHEN
BETRIEBEN UND VERWALTUNGEN. ALLGE-
MEINE AUSSAGEN

## A. Übertragung des Zielkostenmanagementkonzepts auf öffentliche Betriebe und Verwaltungen

## I. Ziele des Einsatzes von Zielkostenmanagement in öffentlichen Betrieben und Verwaltungen

Zielkostenmanagement als ein Instrument des Kostenmanagements soll durch die Aufdeckung von Kostensenkungspotentialen Kosten des Unternehmens senken. Genau dieses Ziel soll auch mit der Implementierung von Zielkostenmanagement in öffentlichen Betrieben und Verwaltungen erreicht werden, da die öffentlichen Haushalte vor allem aufgrund der immer knapper werdenden finanziellen Mittel zu einer wirtschaftlicheren Handlungsweise gezwungen sind.

Würde allein das Ziel „Kostensenkung" verfolgt, so könnten die öffentlichen Betriebe und Verwaltungen auch andere - bereits bekanntere - Konzepte, wie zum Beispiel die Plankostenrechnung oder die Budgetierung, einsetzen. In Abgrenzung zu anderen Konzepten ist das Besondere am Zielkostenmanagement jedoch, daß die Wünsche und Wertvorstellungen der Leistungsabnehmer bei der Ausschöpfung von Kostensenkungspotentialen berücksichtigt werden. Auch die öffentlichen Betriebe und Verwaltungen müssen in jüngster Zeit verstärkt die Bürgerwünsche in ihre Entscheidungen einbeziehen, da die Bürger vermehrt besondere Anforderungen an den Service und die Qualität der Leistungen stellen. Gerade auf die - bisher diesen Aspekt stark vernachlässigende - öffentliche Verwaltung geht von den Bürgern ein immer größerer Druck dahingehend aus, daß sie nicht als Bittsteller, sondern als Kunden behandelt werden wollen, die bestimmte Vorstellungen von der Qualität der Leistungen mitbringen.[1]

Mittels Zielkostenmanagement wird also in öffentlichen Betrieben und Verwaltungen neben dem Hauptziel *Kostensenkung* durch eine möglichst

---

[1]  Vgl. z.B. Kißler, Leo / Bogumil, Jörg / Wiechmann, Elke, Das kleine Rathaus, 1994, S. 14; Diehl, Hildebrand, Dienstleistungsunternehmen Stadt, 1996, S. 42; Rembor, Ralph-Peter, Controlling, 1996, S. 2 f.

weitgehende Berücksichtigung der Wünsche der Leistungsabnehmer über alle Funktionsbereiche hinweg auch dem *Dienstleistungsgedanken* als Nebenziel Rechnung getragen.

## II. Anforderungen an die Ausgestaltung des Zielkostenmanagements vor dem Hintergrund der Besonderheiten öffentlicher Betriebe und Verwaltungen

### a) Vorbemerkungen

Um Zielkostenmanagement auf öffentliche Betriebe und Verwaltungen zu übertragen, ist es unter Umständen erforderlich, Änderungen in den öffentlichen Einrichtungen oder Modifikationen am für privatwirtschaftliche Unternehmen diskutierten Zielkostenmanagementkonzept vorzunehmen. Damit dem Leser die folgende Lektüre erleichtert wird, soll bereits an dieser Stelle erläutert werden, was unter *Modifikationen* am Zielkostenmanagement im Rahmen der vorliegenden Arbeit zu verstehen ist: Unter Modifikationen am Zielkostenmanagementkonzept werden sowohl Änderungen in der für privatwirtschaftliche Unternehmen üblichen Vorgehensweise des Zielkostenmanagements als auch erweiterte Definitionen wesentlicher Begriffe verstanden.

### b) Ermittlung des Zielverkaufspreises oder alternativer Größen als Kernbestandteil des Zielkostenmanagements in öffentlichen Betrieben und Verwaltungen

### 1. Ermittlung des Zielverkaufspreises

Im folgenden wird zuerst untersucht, für welche Leistungen öffentlicher Einrichtungen es überhaupt sinnvoll und möglich ist, einen Zielverkaufspreis als Ausgangspunkt zur Bestimmung der Zielkosten anzusetzen.

In der Literatur wird der Zielverkaufspreis in verschiedenen Varianten definiert. Danach ist der Zielverkaufspreis

- der erzielbare Marktpreis,[2]
- der potentielle Marktpreis,[3]
- der geplante, aus Marktforschungsmethoden abgeleitete Verkaufspreis,[4]
- der für ein bestimmtes Absatzvolumen, einen langfristigen Zeitraum und eine spezielle Wettbewerbskonstellation zu ermittelnde Preis, den die Kunden für ein Produkt zu zahlen bereit sind,[5]
- der von den Kunden akzeptierte Preis.[6]

Dabei ist davon auszugehen, daß alle Definitionen vom Ansatz her das Gleiche beinhalten: Sie zielen auf den voraussichtlichen Preis des Produktes ab, den die potentiellen Abnehmer bereit sind zu bezahlen und der aufgrund der Marktsituation des Unternehmens durchsetzbar ist. Daraus läßt sich auf die wichtige Komponente „*Markt*" schließen, die auf jeden Fall vorliegen muß, wenn ein Zielverkaufspreis als Ausgangspunkt zur Ermittlung der Zielkosten angesetzt werden soll. Im Zusammenhang mit dem Zielverkaufspreis wird der Markt in der Literatur nicht näher definiert. Eine Definition ist aber auch zum Verständnis des Zielverkaufspreises im für privatwirtschaftliche Unternehmen diskutierten Zielkostenmanagementkonzept nicht notwendig, da das Zielkostenmanagement bisher vor allem für privatwirtschaftliche Produkte auf wettbewerbsintensiven Märkten eingesetzt wird. Daraus ergibt sich, was unter einem am Markt erzielbaren Preis zu verstehen ist. Es ist der Preis gemeint, der sich aus dem Zusammenspiel von Angebot und Nachfrage ergibt. Um im Einklang mit der Grundannahme des Zielkostenmanagements zu bleiben, soll der Zielverkaufspreis in der vorliegenden Arbeit in diesem Sinne verstanden werden. Dies erscheint auch deshalb zweckmäßig, da auf diese Weise notwendige Modifikationen des Zielkostenmanagements in bezug auf öffentliche Betriebe und Verwaltungen deutlich werden.

---

2   Vgl. Deutsch, Christian, Unter Preisdruck, 1992, S. 66; Freidank, Carl-Christian, Kostenrechnung, 1994, S. 358; Gentner, Andreas, Target Costing, 1994, S. 337; Seidenschwarz, Werner, Ein japanischer Ansatz, 1991, S. 199.

3   Vgl. Fischer, Thomas, Kosten, 1993, S. 68.

4   Vgl. Franz, Klaus-Peter, Kostenbeeinflussung, 1992, S. 1501.

5   Vgl. Götze, Uwe, Target Costing, 1993, S. 383; Hillmer, Hans-Jürgen, Kostenmanagement, 1993, S. 1536; Klingler, Bernhard F., Target Cost Management, 1993, S. 201; Zillmer, Detlev, Target Costing, 1992, S. 286.

6   Vgl. Laker, Michael, Was darf ein Produkt kosten?, 1993, S. 61; Lorson, Peter, Kostenmanagement, 1993, S. 160; Niemand, Stefan, Target Costing, 1992, S. 120; Scholl, Kai / Mees, Albert / Hagmaier, Boris, Die vernachlässigte Phase, 1996, S. 338; Scholl, Kai / Niemand, Stefan, Target Costing, 1996, S. 160.

Die Ermittlung eines Zielverkaufspreises für *Leistungen öffentlicher Verwaltungen* scheidet bereits aus dem Grund aus, weil die Leistungen öffentlicher Verwaltungen nach der in dieser Arbeit vorgenommenen Abgrenzung nicht marktgängig sind.[7] Wenn sie nicht marktgängig sind, liegt für sie auch kein Markt vor, und ein Zielverkaufspreis kann für sie nicht ermittelt werden. Um dennoch das Zielkostenmanagementkonzept anwenden zu können, sind alternative Größen zum Zielverkaufspreis anzusetzen. Welche Größen dafür in Frage kommen, wird im nächsten Gliederungspunkt untersucht.[8]

Die *Leistungen öffentlicher Betriebe* sind prinzipiell marktgängig. Daraus läßt sich aber nicht schließen, daß auch ein Zielverkaufspreis existiert. So gibt es durchaus - wenn auch relativ selten - Leistungen öffentlicher Betriebe, die unentgeltlich abgegeben werden, wie z.B. Leistungen von Schulen. Für unentgeltlich abgegebene Leistungen existiert kein Zielverkaufspreis, sondern es sind alternative Größen zu suchen.[9] Bei den entgeltlich abgesetzten Leistungen stellt sich die Frage, ob der für Leistungen öffentlicher Betriebe zu zahlende - und damit der für Leistungen öffentlicher Betriebe erzielbare - Preis dem Zielverkaufspreis im oben abgegrenzten Sinne entspricht.

Die Frage ist für öffentliche Unternehmen nur dann zu bejahen, wenn die Preise ihrer Leistungen über den Markt gebildet werden, das heißt, allein die Preisvorstellungen der (potentiellen) Abnehmer und die Wettbewerbssituation des öffentlichen Betriebs sind für die Preisbildung maßgebend. Wichtige Beispiele dieser Leistungen öffentlicher Unternehmen sind die Leistungen von Sparkassen und von Industrieunternehmen mit öffentlicher Beteiligung.

Der für Leistungen öffentlicher Betriebe zu zahlende Preis entspricht nicht dem Zielverkaufspreis im obigen Sinne, wenn die Preise aufgrund gemeinwohlorientierter Gesichtspunkte einer staatlichen Preisbildung unterworfen sind und somit administrierte Preise vorliegen.[10] Administrierte Preise lie-

---

7  Die Marktgängigkeit stellt gerade das Abgrenzungskriterium für öffentliche Betriebe und Verwaltungen dar (Vgl. Abschnitt C. des 1. Kapitels, S. 27-34).

8  Vgl. Abschnitt A.II.b)2. dieses Kapitels, S. 92-100.

9  Vgl. Abschnitt A.II.b)2. dieses Kapitels, S. 92-100.

10  Zur staatlichen Preisbildung vgl. Eichhorn, Peter (Hrsg.), Verwaltungslexikon, 1991, S. 661.

gen in vielen Bereichen der öffentlichen Wirtschaft vor, so zum Beispiel bei Energieunternehmen, Theatern, Museen, Sportstätten, Rundfunkanstalten, Betrieben des Öffentlichen Personenverkehrs, Krankenhäusern, dem Postdienst und der Telekom.[11] Für die Leistungen dieser öffentlichen Betriebe ist nach alternativen Größen zum Zielverkaufspreis zu suchen. So existieren für einige Leistungen durchaus Vorstellungen von der Zahlungsbereitschaft, die aber nach obiger Abgrenzung nicht unter den Zielverkaufspreis zu fassen sind. Können die Vorstellungen von der Zahlungsbereitschaft trotzdem als Ausgangspunkt für die Ermittlung der Zielkosten angesetzt werden? Dieser Frage ist im Rahmen der Behandlung alternativer Größen zum Zielverkaufspreis öffentlicher Betriebe und Verwaltungen in Abschnitt A.II.b)2. dieses Kapitels, S. 92-100, nachzugehen.

Als *wichtiges Ergebnis* läßt sich festhalten, daß für *nichtmarktgängige* Leistungen, für *unentgeltlich* abgegebene Leistungen und für Leistungen mit *administrierten Preisen* keine Zielverkaufspreise zu ermitteln sind und nach *alternativen Größen zum Zielverkaufspreis* zu suchen ist. Diese Analyse erfolgt im nächsten Gliederungspunkt.

Für die übrigen Leistungen öffentlicher Betriebe lassen sich Zielverkaufspreise feststellen. Zur Ermittlung des Zielverkaufspreises sind solche Marktforschungsmethoden einzusetzen, die ebenso zur Feststellung der Kundenanforderungen an das Produkt genutzt werden. Im Rahmen des Gliederungspunktes „Feststellung der Kundenwünsche" wird darauf näher eingegangen.[12] Als einfachste Methode bietet sich die Befragung der Bürger an. Erheblich aufwendiger, aber auch genauer, ist die Conjoint-Analyse.[13, 14] Um den Aufwand der Marktforschung möglichst gering zu halten, wird für privatwirtschaftliche Unternehmen vorgeschlagen, die Kundenwünsche anhand von Reklamationsstatistiken, Marketinginformationssystemen und Untersuchungen von Konkurrenzprodukten durch das Unternehmen selbst einzuschätzen.[15] In öffentlichen Betrieben, die in Wett-

---

[11]  Vgl. zu den Beispielen o.V., Der Staat, 1997, S. 6.

[12]  Vgl. Abschnitt A.II.c)2. dieses Kapitels, S. 110-118.

[13]  Vgl. Horváth, Péter / Niemand, Stefan / Wolbold, Markus, Target Costing, 1993, S. 10.

[14]  Zur genauen Vorgehensweise der Conjoint-Analyse vgl. statt vieler Mengen, Andreas / Simon, Hermann, Conjoint Measurement, 1996; Schubert, Bernd, Conjoint-Analyse, 1991.

[15]  Vgl. Gaiser, Bernd / Kieninger, Michael, Fahrplan, 1993, S. 62, sowie Abschnitt C.I.a) des 2. Kapitels, S. 51-59.

bewerb zu anderen Unternehmen stehen, wie zum Beispiel die Sparkassen, können solche Daten vorliegen, und es kann im Rahmen des Zielkostenmanagements darauf zurückgegriffen werden.

## 2. Ermittlung alternativer Größen zum Zielverkaufspreis

Für Leistungen der öffentlichen Verwaltungen, die dem Zielkostenmanagement unterworfen werden sollen, sowie für Leistungen öffentlicher Betriebe, die unentgeltlich oder zu administrierten Preisen abgegeben werden, sind alternative Größen zum Zielverkaufspreis als Ausgangspunkt der Ermittlung der Zielkosten anzusetzen. Als Minimalanforderung muß die Ausgangsgröße für die Ermittlung der Zielkosten so beschaffen sein, daß dadurch ein Druck zur Kostensenkung ausgeübt wird. Das Nebenziel der Orientierung an den Wünschen der Leistungsabnehmer ist über die Gestaltung der Produkte gemäß den Anforderungen der Leistungsabnehmer zu berücksichtigen. Noch besser wäre es, wenn bereits durch die gewählte Ausgangsgröße zur Ermittlung der Zielkosten auf die Wünsche der Leistungsabnehmer eingegangen werden könnte, so wie es im Rahmen des für privatwirtschaftliche Unternehmen diskutierten Zielkostenmanagements geschieht.

Für die öffentlichen Einrichtungen sind die folgenden Möglichkeiten als Alternative zum Zielverkaufspreis denkbar:

1. der monetäre Wert des Nutzens der Leistung,
2. eine aufgrund von Kosten anderer öffentlicher Einrichtungen ermittelte Kostengröße,
3. die eigenen Standardkosten abzüglich eines Senkungsabschlags (Out of Standard Costs),
4. das vom Träger zur Verfügung gestellte Budget,
5. eine von der Leitung der öffentlichen Einrichtung festgelegte Ausgangsgröße zur Ermittlung der Zielkosten des Produktes.

Aufgrund der Nähe zum Zielverkaufspreis wäre es am sinnvollsten, als Ausgangsgröße für die Ermittlung der Zielkosten den **monetären Wert des Nutzens einer Leistung** zu wählen. Ziel wirtschaftlichen Handelns ist es, ein optimales Verhältnis von Nutzen (Handlungsergebnis) zu Kosten

(Mitteleinsatz) zu erreichen.[16] Die Kosten sollten höchstens so groß sein wie der Nutzen. In der Privatwirtschaft wird der mit der Herstellung eines Produktes bewirkte Nutzen (bei vollkommener Konkurrenz) durch den Preis ausgedrückt. Somit stellt in der Reinform des Zielkostenmanagement-konzepts der Preis bei vollkommener Konkurrenz die Ausgangsgröße für die Ermittlung der Zielkosten dar. In der öffentlichen Verwaltung und in den öffentlichen Unternehmen, die ihre Leistungen unentgeltlich oder zu administrierten Preisen abgeben, tritt das schon erwähnte *Problem* auf, daß *keine Bewertung über den Markt* wie bei privatwirtschaftlichen Unternehmen erfolgt. Damit in den betroffenen öffentlichen Einrichtungen im Rahmen des Zielkostenmanagements die Kosten aus dem Nutzen abgeleitet werden können, ist der monetäre Wert des Nutzens festzustellen. Dieser kann dann anstelle des Zielverkaufspreises im Rahmen des Zielkostenmanagements eingesetzt werden.

Allerdings fehlen aufgrund der mangelnden Operationalität gemeinwohl-orientierter Ziele verläßliche Informationen über den *Nutzen* der von den Verwaltungen und vielen öffentlichen Betrieben erstellten Leistungen. Der Nutzen läßt sich nur vage beschreiben.[17] Um den Nutzen von einzelnen öffentlichen Leistungen monetär zu bewerten, ist zu untersuchen, ob auf Bewertungsverfahren des Nutzens zurückgegriffen werden kann, die im Rahmen der Nutzen-Kosten-Analyse diskutiert werden, um zum Beispiel „die Zahlungsbereitschaft der Konsumenten für öffentliche Leistungen zu ermitteln."[18] Die Nutzen-Kosten-Analyse stellt ein Instrument zur Bewertung der Vorteilhaftigkeit öffentlicher Maßnahmen dar und gehört neben der Nutzwertanalyse und der Kostenwirksamkeitsanalyse zu den Verfahren der Nutzen-Kosten-Untersuchungen, die nach dem HGrG für geeignete Maßnahmen von erheblicher finanzieller Bedeutung durchzuführen sind.[19] Bei der Nutzen-Kosten-Analyse sind sowohl die Kosten als auch der Nutzen monetär zu bewerten,[20] wobei im Zusammenhang mit dem Zielkostenmanagement lediglich die Verfahren zur monetären Bewertung des Nutzens interessieren.

---

[16]  Vgl. Brede, Helmut, Beurteilung, 1968, S. 56, sowie ders., Interne Budgets, 1991, S. 170.

[17]  Vgl. Brede, Helmut, Ziele, 1989, Sp. 1870-1872; ders., Interne Budgets, 1991, S. 170.

[18]  Arnold, Volker, Nutzen-Kosten-Analyse, 1980, S. 382.

[19]  Vgl. Hanusch, Horst / Schlumberger, Manfred, Nutzen-Kosten-Analyse, 1989, Sp. 993.

[20]  Vgl. Mühlenkamp, Holger, Nutzen-Kosten-Analyse, 1994, S. 7.

Um den Nutzen monetär zu bewerten, werden in der Literatur Ansätze diskutiert, die von vollkommener Konkurrenz der Güter- und Faktormärkte ausgehen und von der Existenz externer Effekte und öffentlicher Güter absehen.[21] Da in der Praxis diese Annahmen im allgemeinen nicht zutreffen - gerade die Leistungen öffentlicher Verwaltungen weisen vielfach die Eigenschaften öffentlicher Güter[22] und externer Effekte auf[23] -, werden die so ermittelten Nutzenwerte immer ungenau sein. Für die Anwendung des Zielkostenmanagements ist es aber notwendig, genaue Werte zu erhalten. Auf ungenaue Ausgangsgrößen zur Bestimmung der Zielkosten sollte besser verzichtet werden, so daß die auf den stringenten Annahmen beruhenden Ansätze im Rahmen der vorliegenden Arbeit nicht weiter verfolgt werden.

Um dennoch den Nutzen öffentlicher Güter und externer Effekte monetär zu bewerten, werden in der Literatur pragmatische Bewertungsverfahren vorgestellt. Die Verfahren reichen von der Befragung über die Marktpreismethode, Aufwandmethode und Alternativkostenmethode bis hin zur Bewertung des Nutzens über Kostenersparnisse.[24]

Bei einigen *Leistungen öffentlicher Betriebe, deren Entgelt einen administrierten Preis* darstellt, ist davon auszugehen, daß relativ genaue Zahlungsbereitschaften der (potentiellen) Leistungsabnehmer feststellbar sind. Dies trifft allerdings nur für die Leistungen zu, bei denen die *Leistungsabnehmer Vorstellungen bezüglich des Preisniveaus* der Leistungen haben, wie zum Beispiel bei Leistungen der Betriebe des Öffentlichen Personennahverkehrs[25] oder bei Theaterleistungen. Lassen sich Zahlungsbereitschaften ermitteln, ist anzunehmen, daß sich die (potentiellen) Leistungsabnehmer bei der Äußerung ihrer Zahlungsbereitschaft an den bisherigen Preisen ori-

---

21  Vgl. zu den einzelnen Verfahren Hanusch, Horst, Nutzen-Kosten-Analyse, 1994, S. 21-57.

22  Vgl. Reichard, Christoph, Betriebswirtschaftslehre, 1987, S. 17.

23  Vgl. Hirsch, Hans, Öffentliche Güter, 1989, Sp. 1082; Reichard, Christoph, Betriebswirtschaftslehre, 1987, S. 308 f.

24  Vgl. zu den einzelnen pragmatischen Bewertungsverfahren Arnold, Volker, Nutzen-Kosten-Analyse, 1980, S. 387-398; Hanusch, Horst, Nutzen-Kosten-Analyse, 1994, S. 76-95; Mühlenkamp, Holger, Kosten-Nutzen-Analyse, 1994, S. 194-261.

25  Vgl. zur Äußerung von Zahlungsbereitschaften in Abhängigkeit von verschiedenen Leistungsmerkmalen für einen Betrieb des ÖPNV Herrmann, Andreas / Bauer, Hans H. / Herrmann, Sabine, Kundenorientierte Gestaltung, 1996, S. 329-337.

entieren. Selbst wenn besondere Befragungstechniken eingesetzt werden,[26] um die Vorstellungen der Zahlungsbereitschaft für den reinen Nutzen festzustellen, ist stets davon auszugehen, daß sich die Bürger bei der Äußerung ihrer Zahlungsbereitschaft nicht von den bisherigen Preisen frei machen können. In bezug auf das Zielkostenmanagement ist dieser Tatbestand bei Leistungen unproblematisch, deren Einnahmen die Kosten voll decken oder sogar zu einer Gewinnerzielung führen. Obwohl sich die (potentiellen) Leistungsabnehmer an den bisherigen Preisen orientieren, ist davon auszugehen, daß Kostensenkungsdruck vorliegt. Der Grund liegt darin, daß die (potentiellen) Leistungsabnehmer ihre Zahlungsbereitschaft relativ niedrig angeben werden, wenn sie für die Leistung direkt bezahlen müssen.[27] So ist anzunehmen, daß die geäußerte Zahlungsbereitschaft unter den bisherigen Preisen liegen wird. Der anhand der Zahlungsbereitschaft ermittelte monetäre Nutzen der Leistung kann daher in diesem Fall als Ausgangsgröße zur Ermittlung der Zielkosten angesetzt werden. Decken die Einnahmen der Leistungen die Kosten nicht, wie zum Beispiel bei Leistungen der Betriebe des Öffentlichen Personennahverkehrs, der Theater oder Schwimmbäder, so ist zum monetären Wert des Nutzens der Leistung der maximal zulässige Verlust zu addieren.[28] Ausgehend von der sich ergebenden Summe sind dann die Zielkosten der Leistungskomponenten zu ermitteln.

Bei anderen *Leistungen öffentlicher Betriebe*, wie zum Beispiel bei Leistungen der Ver- und Entsorgungsbetriebe, deren Entgelte ebenfalls *administrierte Preise* darstellen, sowie bei Leistungen öffentlicher Verwaltungen ist anzunehmen, daß die Leistungsabnehmer *keine Vorstellungen vom Wert der Leistung* haben und sich folglich nur sehr ungenaue Zahlungsbereitschaften ermitteln lassen oder der Aufwand zur Ermittlung der individuellen Zahlungsbereitschaften relativ hoch sein wird.[29] Dann sollte überprüft werden, ob nicht andere Größen zur Ermittlung des Zielverkaufspreises heranzuziehen sind.

Entsprechendes gilt für alle anderen pragmatischen Bewertungsverfahren, wie der Marktpreis-, Aufwand- und Alternativkostenmethode sowie der

---

26  Vgl. zu verschiedenen Befragungsmethoden Hanusch, Horst, Nutzen-Kosten-Analyse, 1994, S. 78 f; Mühlenkamp, Holger, Kosten-Nutzen-Analyse, 1994, S. 238-241.
27  Vgl. Hanusch, Horst, Nutzen-Kosten-Analyse, 1994, S. 77.
28  Vgl. Abschnitt A.II.c)4. dieses Kapitels, S. 120-122.
29  Vgl. Hanusch, Horst, Nutzen-Kosten-Analyse, 1994, S. 77; Mühlenkamp, Holger, Kosten-Nutzen-Analyse, 1994, S. 244 f.

Bewertung des Nutzens über Kostenersparnisse: Allen Verfahren ist gemeinsam, daß der monetäre Wert des Nutzens einer Leistung nur unter strengen Vorausetzungen, mit sehr viel Aufwand oder nur ungenau ermittelt werden kann. Wie bereits oben erläutert, ist auf den Ansatz ungenauer Ausgangsgrößen zur Ermittlung der Zielkosten zu verzichten. Zudem ist fraglich, ob der mit der Bestimmung des monetären Nutzenwertes verbundene Aufwand wirklich für die Anwendung von Zielkostenmanagement in den öffentlichen Einrichtungen notwendig ist. Lassen sich nicht andere Größen als Ausgangsgröße zur Festlegung der Zielkosten ansetzen, von denen ebenfalls Kostensenkungsdruck ausgeht, die aber im Gegensatz zum Nutzen meßbar und somit leichter zu ermitteln sind?

Eine solche Möglichkeit stellt die aufgrund von **Kosten anderer öffentlicher Einrichtungen vorgegebene Kostengröße** dar. Werden die Kosten anderer öffentlicher Einrichtungen als Ausgangspunkt für die Ermittlung der Zielkosten herangezogen, so erinnert dies an den Out of Competitor-Ansatz des Zielkostenmanagements. Dort werden die Zielkosten aus den Kosten der Konkurrenz abgeleitet.[30] Öffentliche Verwaltungen verschiedener Gebietskörperschaften sind als räumlich beschränkte Monopole[31] zwar keine Konkurrenten, die auf einem gemeinsamen Markt agieren, aber da sie gleichartige Produkte in benachbarten Regionen anbieten, können sie wie Konkurrenten miteinander verglichen werden. Entsprechend können öffentliche Unternehmen, die nicht in unmittelbarer Konkurrenz zueinander stehen, verglichen werden. So bilden anstelle der Kosten der Konkurrenten die Kosten vergleichbarer öffentlicher Betriebe bzw. Verwaltungen die Ausgangsbasis zur Ermittlung der Zielkosten. Der Out of Competitor-Ansatz setzt voraus, daß keine innovativen Produkte vorliegen, sondern die Produkte bereits existieren.[32] In öffentlichen Einrichtungen ist diese Bedingung in der Regel erfüllt.

Das mit dem Zielkostenmanagementkonzept verfolgte Ziel der Kostensenkung läßt sich nur erreichen, wenn die Selbstkosten einer vergleichbaren Einrichtung geringer sind als die eigenen Selbstkosten für das Produkt. Sind Daten mehrerer öffentlicher Institutionen zugänglich, ist es denkbar, eine

---

30  Vgl. Abschnitt A.III.d) des 2. Kapitels, S. 46 f.
31  Vgl. Bargehr, Brigitte, Marketing, 1991, S. 57 f; Reichard, Christoph, Betriebswirtschaftslehre, 1987, S. 59.
32  Vgl. Seidenschwarz, Werner, Target Costing, 1993, S. 128; Horváth, Péter / Niemand, Stefan / Wolbold, Markus, Target Costing, 1993, S. 10 f.

Durchschnittsgröße von Kosten vergleichbarer Einrichtungen zu bilden und diese als Basis heranzuziehen. Somit können Zufälligkeiten am ehesten ausgeglichen werden. Der größte Kostendruck herrscht allerdings, wenn man die Daten der öffentlichen Einrichtung mit den geringsten Selbstkosten als Vergleichsbasis wählt. Da es gerade das Ziel ist, mittels des Zielkostenmanagements in öffentlichen Betrieben und Verwaltungen ein möglichst hohes Kostensenkungspotential auszuschöpfen, empfiehlt es sich, die Kostengröße dieser öffentlichen Institution anzusetzen. Die das Zielkostenmanagement anwendende öffentliche Einrichtung verfährt also ganz im Sinne des *Benchmarking*[33] und orientiert sich an der öffentlichen Einrichtung mit der „besten" Kostensituation, um daraus Schlüsse zur Verbesserung der eigenen Verwaltungs- bzw. Unternehmenstätigkeit zu ziehen.

Als unabdingbare Voraussetzung für den Ansatz einer Kostengröße, die sich aus den Kosten anderer Einrichtungen ergibt, müssen die zu vergleichenden Einrichtungen ihre Produkte in derselben Art und Weise abgrenzen. In öffentlichen Unternehmen, die ihre Leistungen gegen ein Entgelt abgeben, ist diese Forderung in der Regel erfüllt. In den anderen öffentlichen Betrieben und den öffentlichen Verwaltungen ist eine *Zusammenarbeit* gefordert, um ihre Produkte nach einem einheitlichen Produktplan festzulegen. Ferner dürfen nur Kosten vergleichbarer Einrichtungen herangezogen werden. Das heißt, nur Kosten von öffentlichen Institutionen vergleichbarer Größe sind als Ausgangsbasis anzusetzen.

Problematisch wird es sein, Kosteninformationen anderer öffentlicher Verwaltungen zu erhalten. Voraussetzung ist, daß diese über eine ausgebaute Kostenrechnung verfügen.[34] Darüber hinaus müssen sie bereit sein, ihre Kostensituation anderen öffentlichen Verwaltungen offenzulegen. Allerdings ist hier im Vergleich zu privatwirtschaftlichen Unternehmen, die in Konkurrenz zueinander stehen und aus Wettbewerbsgründen ihre Kosten Dritten nicht mitteilen wollen, kein so großer Widerstand zu erwarten. Auch in öffentlichen Unternehmen ist anzunehmen, daß sich der Widerstand zur Weitergabe von Kosteninformationen in Grenzen halten wird, weil die öffentlichen Unternehmen untereinander kaum im Wettbewerb stehen.

---

33  Zum Konzept des Benchmarking vgl. Abschnitt C.III. des 2. Kapitels, S. 75-81, sowie Hillen, Jürgen, Benchmarking, 1997, S. 54-62; Horváth, Péter / Herter, Ronald N., Benchmarking, 1992, S. 4-11; Töpfer, Armin, Benchmarking, 1997, S. 202-205 m.w.N.

34  Vgl. Abschnitt A.II.c)5.aa) dieses Kapitels, S. 122-127.

Eine weitere Alternative zum Zielverkaufspreis im Rahmen eines modifizierten Zielkostenmanagementkonzepts stellen **die eigenen Standardkosten abzüglich eines Senkungsabschlags** dar. Diese Variante entspricht dem Out of Standard Costs-Ansatz.[35] Die öffentliche Einrichtung muß ermitteln, wieviel die Herstellung ihres Produktes kosten wird. Bei innovativen „Produkten" (z.B. Eheschließungen am Samstag) sind Standardkosten, das heißt *Plankosten* auf Vollkostenbasis, festzustellen. Existieren hingegen die Produkte bereits, so können auch die Selbstkosten der Vergangenheit, die *Istkosten*, herangezogen werden. Als Voraussetzung dafür muß die öffentliche Einrichtung in der Vergangenheit über eine Kostenrechnung verfügt haben.

Um einen Kostensenkungsdruck auszuüben, ist von den Selbstkosten auf Plan- bzw. Istkostenbasis ein Senkungsabschlag abzuziehen. Je höher dieser gewählt wird, desto größere Kostenreduktionen sind vorzunehmen. Die *Wahl des „richtigen" Senkungsabschlags* stellt das eigentliche Problem dieser Variante dar. Wird er zu niedrig angesetzt, bleibt vorhandenes Kostensenkungspotential unter Umständen unausgeschöpft. Wählt man ihn zu hoch, so daß es sehr unrealistisch ist, die daraus abgeleiteten Zielkosten zu erreichen, kann sich dies negativ auf das ursprüngliche Ziel der Kostensenkung auswirken: Wenn die Aussicht auf Erfolg sehr gering ist, sind die Mitarbeiter wenig motiviert, Anstrengungen zur Kosteneinsparung vorzunehmen. Ein allgemeingültiger Prozentsatz kann nicht angegeben werden. Die öffentliche Einrichtung muß im Einzelfall entscheiden, wie hoch der Senkungsabschlag anzusetzen ist. Als Handlungsempfehlung ist lediglich festzuhalten, den Senkungsabschlag zunächst niedriger anzusetzen, damit Kostensenkungserfolge eher sichtbar werden. In den folgenden Perioden ist er gegebenenfalls sukzessive anzuheben.

Liegen Informationen über die Selbstkosten von vergleichbaren Verwaltungen vor und sind diese niedriger als die eigenen Selbstkosten, so bietet es sich an, diese als Orientierungshilfe für die Festlegung des Senkungsabschlags heranzuziehen. Die sich daraus ergebende Kostengröße als Ausgangsbasis für die Ermittlung der Zielkosten stellt eine Kombination des Out of Standard Costs-Ansatzes mit der vorherigen Alternative dar.

---

[35] Vgl. Abschnitt A.III.e) des 2. Kapitels, S. 47 f.

Als weitere Alternative zum Zielverkaufspreis könnte für *Leistungen öffentlicher Verwaltungen*, für *unentgeltliche Leistungen öffentlicher Betriebe* und für Leistungen öffentlicher Betriebe, *die administrierte Preise aufweisen und ihre Kosten nicht durch ihre Einnahmen decken*, **das vom Träger zur Verfügung gestellte Budget** in Frage kommen. Budget heißt: vom Träger wird ein bestimmtes Ausgabenvolumen vorgegeben, das maximal ausgegeben werden darf. Durch die einzelnen Komponenten der Leistung dürfen insgesamt nicht mehr Ausgaben verursacht werden, als durch die Budgetgrenze vorgegeben ist. Allerdings ist im folgenden zu untersuchen, ob durch diese Größe Kostensenkungsdruck auf die öffentliche Einrichtung ausgeübt wird. Andernfalls scheidet diese Größe als Alternative aus.

Bei der Aufstellung des Haushaltsplanes machen die einzelnen haushaltsmittelbewirtschaftenden Stellen Angaben über ihre zu erwartenden Einnahmen und Ausgaben. Auf dieser Grundlage wird der Haushaltsplan aufgestellt und der Vertretungskörperschaft übergeben. Diese beschließt den Haushaltsplan. Darüber hinaus hat sie die Befugnis, die Entwürfe zu ändern. Insgesamt müssen die Einnahmen und Ausgaben des Haushaltsplanes ausgeglichen sein.[36] Betrachtet man die Einnahmen und Ausgaben, die direkt zu einem Produkt gehören, so zeigt sich häufig, daß die Ausgaben nicht oder nur zum Teil durch die Einnahmen gedeckt sind. Die Höhe der Differenz zwischen den Einnahmen und Ausgaben entspricht dem vom Träger zur Verfügung gestellten Budget. Dieses wird durch Steuereinnahmen oder Kredit finanziert. Vom Haushaltsplan ausgehend ist es problematisch, Einnahme- und Ausgabegrößen auf einzelne Produkte zurückzurechnen. Der Grund liegt darin, daß der Haushaltsplan nicht nach Produkten, sondern nach Aufgabenbereichen gegliedert und nach Einnahme- und Ausgabearten gruppiert ist.[37] Hat die Vertretungskörperschaft Änderungen an einzelnen Titeln des Haushaltsplanes vorgenommen, lassen sich auch diese Änderungen nur schwer einem bestimmten Produkt zuordnen, so daß sich das vom Träger für genau dieses Produkt zur Verfügung gestellte Budget kaum ermitteln läßt. Bereits aus diesem Grund sollte auf den Ansatz des vom Träger zur Verfügung gestellten Budgets als Ausgangsgröße zur Ermittlung der Zielkosten eines Produktes verzichtet werden.

---

36  Vgl. Dettmer, Harald / Prophete, Walter / Wegmeyer, Klaus, Haushalts- und Kassenwesen, 1995, S. 86.

37  Vgl. Dettmer, Harald / Prophete, Walter / Wegmeyer, Klaus, Haushalts- und Kassenwesen, 1995, S. 107-126.

Die Begriffe „Ausgaben" und „Kosten" werden oftmals nicht sauber voneinander getrennt, sondern synonym verwendet. Dieser betriebswirtschaftlich nicht korrekten Begriffsverwendung wird hier nicht gefolgt. Der Ansatz von Ausgaben vernachlässigt insbesondere kalkulatorische Kostengrößen mit der Folge, daß die Herstellungskosten des Produktes zu niedrig ausfallen. Der Einsatz von Zielkostenmanagement soll in öffentlichen Einrichtungen zum *Kosten*senkungsdruck beitragen, so daß als Ausgangspunkt zur Ermittlung der Zielkosten besser die Standardkosten bzw. Selbstkosten auf Istkostenbasis abzüglich eines Senkungsabschlags anstelle einer auf Ausgaben basierenden Ausgangsgröße heranzuziehen sind.

Als eine andere Alternative zum Zielverkaufspreis ist es denkbar, daß die **Verwaltungsleitung bzw. Leitung des öffentlichen Unternehmens einfach verfügt, wie hoch die Ausgangsgröße zur Ermittlung der Zielkosten eines Produktes sein soll.** Da davon auszugehen ist, daß die Verwaltungsleitung/Unternehmensleitung die Ausgangsgröße nicht willkürlich bestimmt, wird sie sich bei der Festlegung dieser Größe an den bisherigen Kosten für die Herstellung des Produktes orientieren. Als Voraussetzung dafür muß die öffentliche Einrichtung über eine Kostenrechnung verfügen. Diese Möglichkeit zur Festlegung der Ausgangsgröße zur Ermittlung der Zielkosten entspricht der bereits weiter oben erläuterten Möglichkeit, die Selbstkosten auf Istkostenbasis des Produktes abzüglich eines Senkungsabschlags anzusetzen.

## 3. Ermittlung alternativer Größen zum Zielverkaufspreis im Spezialfall öffentlicher Krankenhäuser

In *Krankenhäusern* ist hinsichtlich der Entgeltsituation eine Besonderheit festzustellen, die sich auf das Zielkostenmanagement auswirkt. Wie bei anderen öffentlichen Unternehmen, die ihre Leistungen zu administrierten Preisen abgeben, kommt auch bei Krankenhausleistungen der *Preis nicht über den Markt* zustande. Der Patient zahlt nicht direkt für vom Krankenhaus erbrachte Leistungen, sondern die Abrechnung erfolgt über die verschiedenen Krankenkassen. Der Patient zahlt für die in Anspruch genommenen Leistungen nur indirekt über die Krankenkassenbeiträge. Mit der BPflV 1995 wurde ein *differenziertes Entgeltsystem mit Fallpauschalen, Sonderentgelten und tagesgleichen Pflegesätzen* (Abteilungspflegesätze, Basispflegesatz) eingeführt. Die Sonderentgelte und Fallpauschalen sind für bestimmte Behandlungsfälle vom Gesetzgeber landesweit vorgegeben. Fallpauschalen vergüten alle Leistungen eines bestimmten Behandlungsfalles, Sonderentgelte hingegen nur einen Teil, z.B. die Operation. Deshalb erfolgt neben Sonderentgelten eine Vergütung über die Abteilungspflegesätze und den Basispflegesatz. Durch die Abteilungspflegesätze werden die ärztlichen und pflegerischen Leistungen der jeweiligen Abteilungen vergütet. Der Basispflegesatz beinhaltet die Bezahlung der nichtärztlich und nichtpflegerisch veranlaßten Leistungen, das heißt der sogenannten Vorhalteleistungen. Die tagesgleichen Pflegesätze werden krankenhausindividuell zwischen den Krankenhäusern und den Krankenkassenverbänden vereinbart. Die Abrechnung über Fallpauschalen hat vorrangig vor den anderen Entgeltformen zu erfolgen.[38]

In der Literatur wird zum Teil die Meinung vertreten, daß die verschiedenen Entgeltformen als Zielverkaufspreis im Rahmen des Zielkostenmanagements zu verstehen sind.[39] Dieser Auffassung wird in der vorliegenden Arbeit im großen und ganzen gefolgt. Allerdings sind nach der hier vertretenen Meinung - wie die folgende Untersuchung zeigt - von den einzelnen Entgeltformen gegebenenfalls Senkungsabschläge vorzunehmen.

Das Krankenhaus bekommt für seine erbrachten Leistungen nicht mehr von den Krankenkassen vergütet, als es die dazugehörigen Fallpauschalen oder die dazugehörigen Sonderentgelte erlauben. Obwohl die *Fallpauschalen und Sonderentgelte* nach Maßgabe der Kosten festgelegt wurden, können sie nach der hier vertretenen Auffassung von einem Großteil der Krankenhäuser als Ausgangspunkt für die Ermittlung der Zielkosten herangezogen werden.[40] Die Festlegung der Fallpauschalen basiert auf einer empirischen Untersuchung in lediglich 33 Krankenhäusern, wobei für jede Position des Fallpauschalenkatalogs ungefähr 20-30 Krankenakten untersucht wurden.[41] Um die Sonderentgelte zu bestimmen, wurden in nur 40 Krankenhäusern empirische Untersuchungen vorgenommen und insgesamt 50-200 Fälle je

---

[38]  Vgl. Lenke, Norbert / Graf, Klara, BPflV '95, 1994, S. 466 f.

[39]  Vgl. Eiff, Wilfried von, Benchmarking, 1994, S. 859; Eichhorn, Siegfried, Management, 1996, S. 180; o.V., Fachgespräch, 1994, S. 667.

[40]  Zur gleichen Auffassung - sogar ohne Einschränkung auf eine Teil der Krankenhäuser - vgl. Eiff, Wilfried von, Benchmarking, 1994, S. 859; Eichhorn, Siegfried, Management, 1996, S. 180; o.V., Fachgespräch, 1994, S. 667.

[41]  Vgl. Düsseldorfer Kommentar, S. 161.

Sonderentgelt in die Bestimmung der Sonderentgelte einbezogen.[42] Aus den durchschnittlichen Kosten der betrachteten Fälle wurden die Fallpauschalen und Sonderentgelte festgelegt, die allerdings auf einer sehr inhomogenen Gruppe basierten, da die Kosten der einbezogenen Fälle zum Teil erhebliche Differenzen aufwiesen. Im Einzelfall lag zum Beispiel der höchste Betrag um das 3 ½fache höher als der niedrigste Betrag.[43] So ist davon auszugehen, daß die tatsächlichen Kosten vieler Krankenhäuser über den entsprechend den Mittelwerten gebildeten Fallpauschalen und über den entsprechend den Mittelwerten gebildeten Sonderentgelten liegen. In diesen Krankenhäusern geht von den Zielkosten, die aus den Fallpauschalen und Sonderentgelten abgeleitet wurden, Kostensenkungsdruck aus. In den anderen Krankenhäusern ist von den Fallpauschalen und Sonderentgelten ein Senkungsabschlag vorzunehmen, um auf die Krankenhäuser Kostensenkungsdruck auszuüben.

In der Literatur wird die Meinung vertreten, daß auch der *Abteilungspflegesatz* als Zielpreis anzusehen ist.[44] Dies muß differenziert betrachtet werden. Abteilungspflegesätze weisen durch die individuelle Vereinbarung des Krankenhauses mit den Krankenkassen einen gewissen Gestaltungsspielraum seitens der Krankenhäuser auf. Das Krankenhaus wird versuchen, einen möglichst hohen Abteilungspflegesatz auszuhandeln. Bei den Verhandlungen berücksichtigt es selbstverständlich auch Kostengesichtspunkte. Folglich wird der Kostensenkungsdruck durch die Vorgabe eines Abteilungspflegesatzes nicht so stark sein wie bei rein externer Vorgabe von Kostengrößen. Ist der Abteilungspflegesatz ausgehandelt und dient er dem Krankenhaus als Abrechnungsgröße für erbrachte Leistungen, muß das Krankenhaus versuchen, daß seine Kosten diese Größe nicht überschreiten. Soll darüber hinaus Kostensenkungsdruck ausgeübt werden, sind, von den Abteilungspflegesätzen ausgehend, *Senkungsabschläge* vorzunehmen und die sich ergebenden Größen als Zielpreise zu interpretieren. Entsprechendes gilt für den *Basispflegesatz*.

---

42    Vgl. Düsseldorfer Kommentar, S. 165.
43    Vgl. Düsseldorfer Kommentar, S. 163.
44    Vgl. Eiff, Wilfried von, Benchmarking, 1994, S. 859.

## 4. Zwischenergebnis

Die bisherigen Ausführungen haben gezeigt, daß sich in der Regel sowohl für Leistungen öffentlicher Verwaltungen als auch für Leistungen öffentlicher Betriebe Ausgangsgrößen zur Bestimmung der Zielkosten finden lassen. Damit ist ein wichtiger Bestandteil des Zielkostenmanagements gesichert.

Versteht man unter dem Zielverkaufspreis entsprechend dem Verständnis des Zielkostenmanagements den Preis, der sich für ein Produkt aus dem Zusammenspiel von Angebot und Nachfrage ergibt und den somit die (potentiellen) Abnehmer zu bezahlen bereit sind und der sich am Markt durchsetzen läßt, so kann *kein Zielverkaufspreis* für *nichtmarktgängige, unentgeltlich abgegebene oder zu administrierten Preisen abgegebene Leistungen* ermittelt werden.

Liegen Leistungen mit mindestens einer dieser Besonderheiten vor, so sind *alternative Größen* zum Zielverkaufspreis anzusetzen. Da der *monetäre Wert des Nutzens* der einzelnen Leistungen dem Verständnis des Zielverkaufspreises am nächsten kommt, sollte er zur Bestimmung der Zielkosten herangezogen werden. Führt die monetäre Bewertung aufgrund der mangelnden Quantifizierung des Nutzens aber nur zu ungenauen Größen bzw. ist die Ermittlung der Größen mit zu viel Aufwand verbunden, ist auf meßbare Größen auszuweichen, wobei bevorzugt *Kosten vergleichbarer Einrichtungen* angesetzt werden sollten. Stehen keine Daten anderer öffentlicher Einrichtungen zur Verfügung, muß auf die *eigenen Standardkosten bzw. Selbstkosten auf Istkostenbasis abzüglich eines Senkungsabschlags* zurückgegriffen werden.

Die Ausgangsgrößen zur Ermittlung der Zielkosten lassen sich damit in die folgende Rangfolge bringen:

1. Zielverkaufspreis,
2. monetärer Wert des Nutzens der Leistung,
3. Kosten der Leistungen vergleichbarer Einrichtungen,
4. eigene Standardkosten bzw. Selbstkosten auf Istkostenbasis abzüglich eines Senkungsabschlags.

In den bisherigen Ausführungen wurden *allgemein die Besonderheiten her-ausgearbeitet*, die dazu führen, daß das für privatwirtschaftliche Unternehmen diskutierte Zielkostenmanagement in bezug auf den Zielverkaufspreis zu modifzieren ist.

Um bereits für ein gewisses Leistungsspektrum öffentlicher Betriebe die Möglichkeiten und Grenzen der Anwendung des Zielkostenmanagements anhand von Beispielen aufzuzeigen, werden sowohl am Ende dieses Abschnitts als auch bei der Klassifizierung von Anwendungsbereichen die jeweiligen Auswirkungen auf das Zielkostenmanagement für die folgenden Beispiele aufgezeigt: Müllabfuhr, Elektrizitätsunternehmen, Theater, Sparkasse, Schule, Krankenhaus, Betrieb des Öffentlichen Personennahverkehrs und Deutsche Post AG. Die Beispiele wurden so gewählt, daß zum einen die Möglichkeiten und Grenzen des Zielkostenmanagements aufgezeigt werden können. Zum anderen gehören die Beispiele verschiedenen Branchen an. Da Unternehmen gleicher Branchen häufig ähnliche Besonderheiten aufweisen, können sich die öffentlichen Unternehmen der jeweiligen Branche an dem für sie passenden Beispiel orientieren. Bei den öffentlichen Verwaltungen ist es ausreichend, zwischen Eingriffs- und Leistungsverwaltungen[45] zu unterscheiden. Die zur Übertragbarkeit des Zielkostenmanagements auf verschiedene Bereiche öffentlicher Verwaltungen maßgeblichen Besonderheiten lassen sich anhand dieser beiden Gruppen zusammenfassen.

In bezug auf die Rangfolge von Größen, aus denen die Zielkosten abzuleiten sind, ergibt sich für die Leistungen öffentlicher Verwaltungen und die Leistungen der ausgewählten öffentlichen Betriebe folgendes Bild:

---

[45]   Eine Eingriffsverwaltung liegt vor, wenn sie in die Rechte des Bürgers eingreifen kann. Bietet die Verwaltung dem Bürger Leistungen oder sonstige Vergünstigungen an, spricht man von einer Leistungsverwaltung (vgl. Gröttrup, Hendrik, Leistungsverwaltung, 1976, S. 80 f; Maurer, Hartmut, Allgemeines Verwaltungsrecht, 1995, S. 8).

| In bezug auf den Zielverkaufspreis relevante Besonderheiten gegenüber privatwirtschaftlichen Unternehmen | Beispiele | Zielverkaufspreis | Monetärer Wert des Nutzens der Leistung | Kostengröße vergleichbarer Einrichtungen | Eigene Standardkosten bzw. Selbstkosten auf Istkostenbasis abzüglich eines Senkungsabschlags |
|---|---|---|---|---|---|
| Nichtmarktgängige Leistungen öffentlicher Verwaltungen | Leistungsverwaltungen | | (1) | (2) | (3) |
| | Eingriffsverwaltungen | | (1) | (2) | (3) |
| Unentgeltliche Leistungen öffentlicher Betriebe | Schule | | (1) | (2) | (3) |
| | Müllabfuhr | | (1) | (2) | (3) |
| | Elektrizitätsunternehmen | | (1) | (2) | (3) |
| Zu administrierten Preisen abgegebene Leistungen öffentlicher Betriebe | Theater | | (1) | (2) | (3) |
| | Krankenhaus[46] | | (1) | (2) | (3) |
| | Betrieb des ÖPNV | | (1) | (2) | (3) |
| | Deutsche Post AG | | (1) | (2) | (3) |
| - | Sparkasse | (1) | (2) | (3) | (4) |

(1) bis (4)  Prioritätenskala          mit (1) = oberste Priorität

**Abb. 12: Alternative Größen zum Zielverkaufspreis in öffentlichen Betrieben und Verwaltungen**

Eigene Darstellung, basierend auf den Ausführungen der Abschnitte A.II.b)1. und 2. dieses Kapitels, S. 88-100.

---

46 Bei Krankenhäusern wird in der Literatur auch davon gesprochen, Fallpauschalen, Sonderentgelte, Abteilungspflegesätze und den Basispflegesatz als Ausgangsgrößen für die Ermittlung der Zielkosten anzusetzen (Vgl. Eiff, Wilfried von, Benchmarking, 1994, S. 859; Eichhorn, Siegfried, Management, 1996, S. 180; o.V., Fachgespräch, 1994, S. 667). Darauf wurde in Abschnitt A.II.b)3. dieses Kapitels, S. 100-102, näher eingegangen.

## c) Ausgestaltung weiterer Bestandteile des Zielkostenmanagements in öffentlichen Betrieben und Verwaltungen

### 1. Eindeutige Abgrenzung der einzelnen Produkte

Um das Zielkostenmanagement sinnvoll anwenden zu können, muß sich das *Produkt eindeutig von anderen Produkten abgrenzen* lassen. Genauso wie in privatwirtschaftlichen Unternehmen ist das Zielkostenmanagement nur für die Produkte sinnvoll, die sich *genau festlegen* lassen. So kann zum Beispiel Zielkostenmanagement nicht für eine gesamte Versicherungsleistung von der Vertragsabwicklung bis zur Schadensregulierung als Produkt definiert werden, da nicht von vornherein absehbar ist, ob bzw. wie oft ein Schadenfall eintritt. Es können nur Teilleistungen, wie zum Beispiel die Abwicklung eines Schadenfalls oder der Vertragsabschluß, als Produkte definiert und dem Zielkostenmanagement unterworfen werden.[47]

Ferner ist bei Anwendung des Zielkostenmanagements wichtig, daß die *Grundfunktion jedes einzelnen Produktes klar* ist. Weitere eng mit dem Produkt zusammenhängende Funktionen werden später aus den Wünschen der Leistungsabnehmer abgeleitet. Da durch das Zielkostenmanagement ein Overengineering[48] vermieden werden soll, dürfen die verschiedenen Funktionen nicht von der Betriebs- oder Verwaltungsseite vorgegeben werden, um zu verhindern, daß unnötige Kosten für vom Markt nicht geforderte Funktionen entstehen.

So genügt es zum Beispiel als Ausgangspunkt für die Anwendung des Zielkostenmanagements, die Leistung der Müllabfuhr als „Müllentsorgung" zu bezeichnen und als Produkt zu definieren. Das Produkt ist gegenüber dem Bürger eindeutig gegenüber anderen Produkten abgegrenzt, und er kann seine Wünsche bezüglich einzelner Funktionen äußern, zum Beispiel: Trennung in kompostierbare Abfälle, Kunststoffe, Altpapier, Glas und Restmüll, Abholung des kompostierbaren Abfalls einmal die Woche, Abholung des

---

[47] Als Ausgangspunkt zur Ermittlung der Zielkosten sollten die Kosten vergleichbarer Versicherungen angesetzt werden. Zwar existiert für die Versicherungsleistungen ein Entgelt in Form der Versicherungsprämie, aber diese läßt sich nur schwer bzw. gar nicht auf die einzelnen im Rahmen des Zielkostenmanagements zu definierenden Produkte zurechnen.

[48] Overengineering bedeutet, daß die Produkte mit Funktionen ausgestattet werden, die die Kunden nicht fordern.

Restmülls und der Kunststoffe alle zwei Wochen, Container für Altpapier und Altglas im Umkreis von 500 m, Zurückstellen der Mülltonnen auf ihren ursprünglichen Platz. Erst nachdem die Wünsche der Abnehmer festgestellt worden sind, wird die genaue Ausstattung des Produktes beschrieben.

Bei der Abgrenzung der Produkte ist bei öffentlichen Betrieben und Verwaltungen die Besonderheit zu beachten, daß überwiegend *Dienstleistungen* vorliegen, die sich eindeutig voneinander abgrenzen müssen. Bei Sachgütern ist es in der Regel relativ einfach, das Gut genau zu bestimmen. Bei Dienstleistungen fällt dies aufgrund der Immaterialität schwerer, ist grundsätzlich aber möglich.

Trotzdem bereitet es den öffentlichen Verwaltungen oder auch den öffentlichen Betrieben oftmals Probleme, ihr Produkt genau zu definieren. So stellt sich zum Beispiel in einer Bezirksregierung die Frage, ob als Produkte die „Bündelungsentscheidungen, Aufsichtsentscheidungen, Vollzugsmaßnahmen, Serviceleistungen der Vorprüfung, Besoldung, Kasse ...“ oder die „Befriedung, Ordnung eines Lebenssachverhaltes bezogen auf eine Person, Entscheidung über einen Standort oder ein Vorhaben“ oder die „Auszahlungen, Zahlungseinnahmen, Gehaltsfestsetzungen, Beihilfebescheide, Planfeststellungsbeschlüsse, Zuwendungsbescheide ...“[49] anzusehen sind. Diese Frage kann nicht allgemeingültig beantwortet werden.[50] Im Zuge der Verwaltungsreform werden die Leistungen der öffentlichen Verwaltung oft als Produkte aufgefaßt.[51] So wird auch im folgenden verfahren: Der Begriff „Produkt“ beschreibt die Leistungen, die von der öffentlichen Verwaltung als ein Produkt festgelegt wurden.

Seit der Diskussion um das Neue Steuerungsmodell der Kommunalen Gemeinschaftsstelle für Verwaltungsvereinfachung (KGSt)[52] beschäftigt sich die *öffentliche Verwaltung* mit der Definition von Produkten. Bisher sind Aktivitäten in dieser Richtung überwiegend auf kommunaler Ebene festzustellen. In der Kommunalverwaltung werden zum Teil bereits Workshops zur Erarbeitung von Produktplänen eingesetzt.[53] Bei der Abgrenzung der

---

49  Freudenberg, Dierk, Value for money 2, 1994, S. 205.
50  Vgl. Freudenberg, Dierk, Value for money 2, 1994, S. 205.
51  Vgl. KGSt, Definition, 1994.
52  Vgl. KGSt-Bericht Nr. 5/1993: Das Neue Steuerungsmodell: Begründung, Konturen, Umsetzung, Köln 1993.
53  Vgl. Grömig, Erko / Thielen, Hartmut, Reformweg, 1996, S. 598.

einzelnen Produkte von öffentlichen Verwaltungen für die Anwendung von Zielkostenmanagement läßt sich auf bereits in diesem Zusammenhang diskutierte Anforderungen der Produktdefinition zurückgreifen. Als Anhaltspunkt kann das Gutachten Nr. 8/1994 der Kommunalen Gemeinschaftsstelle für Verwaltungsvereinfachung zur Definition und Beschreibung von Produkten im Neuen Steuerungsmodell herangezogen werden.[54]

Danach ist ein *Produkt* jede Leistung oder jedes Bündel von Leistungen, das andere Stellen außerhalb des eigenen Fachbereiches benötigen. Man muß zwischen *verwaltungsinternen Produkten*, die von Stellen innerhalb der öffentlichen Verwaltung, und *verwaltungsexternen Produkten*, die von Stellen außerhalb der öffentlichen Verwaltung benötigt werden, differenzieren. Bei der Produktdefinition ist darauf zu achten, daß es oftmals nicht sinnvoll ist, jedes einzelne Arbeitsergebnis als eigenständiges Produkt anzusehen. Die Vielzahl von Leistungen ist zu einigen wenigen Produkten zusammenzufassen, um zielorientiertes Verwaltungshandeln zu ermöglichen.[55] Zum Beispiel werden die beim Melderegister anfallenden Leistungen (z.B. Anmeldungen, Abmeldungen, Ummeldungen, Führungszeugnisse) als ein Produkt „Melderegisterangelegenheiten" zusammengefaßt.[56] Basis für jede Produktgestaltung sind die Erwartungen der Leistungsabnehmer. Gerade die Zusammenfassung von Leistungen muß aus dem Blickwinkel des Leistungsabnehmers geschehen, so daß der Leistungsabnehmer die sich ergebenden Produkte nachvollziehen kann. Es ist vor allem darauf zu achten, daß den Produkten die jeweiligen Verbräuche an Produktionsfaktoren und somit die Kosten möglichst eindeutig zugerechnet werden können.[57]

Da das Zielkostenmanagement als Nebenziel in öffentlichen Betrieben und Verwaltungen versucht, die Bürgerwünsche in seinen Entscheidungen zu berücksichtigen, interessieren bei der Abgrenzung der Produkte nur die verwaltungsexternen Produkte. Die Arbeitsergebnisse einzelner Stellen innerhalb der Verwaltung (die sog. internen Verwaltungsleistungen) entsprechen im Rahmen des Zielkostenmanagements einzelnen Teilleistungen des verwaltungsexternen Produktes, denen durch die Zielkostenspaltung eine bestimmte Kostenvorgabe gemacht wird. Die Ausgestaltung der internen Ver-

---

54  Vgl. zu den folgenden Aussagen: KGSt, Definition, 1994, S. 7-17.
55  Vgl. Furch, Kristian / Hauser, Thomas / Pätzold, Erich, Steuerung, 1995, S. 234.
56  Vgl. Siepmann, Heinrich / Siepmann, Ursula, Verwaltungsorganisation, 1996, S. 262; KGSt, Definition, 1994, S. 11.
57  Vgl. dazu auch Mahnkopf, Rudolf, Umbruchsituation, 1994, S. 176.

waltungsleistungen bestimmt sich durch die Anforderungen an das verwaltungsexterne Produkt.

Die im Rahmen des Zielkostenmanagements notwendige Transparenz und Abgrenzung der Produkte werden zwar auch beim *Neuen Steuerungsmodell* gefordert, aber in erster Linie geht es dort darum, die *Produkte aufgrund von Steuerungszwecken zu bilden.* Wie bereits weiter oben festgehalten, heißt auch dort dies sinnvollerweise, daß nicht für jedes einzelne Arbeitsergebnis ein Produkt zu definieren ist.[58] Wie viele Arbeitsergebnisse ein Produkt bei Anwendung des Zielkostenmanagements zu umfassen hat, läßt sich nicht allgemeingültig bestimmen. Solange die Anforderungen an die Produktdefinition, wie die eindeutige Abgrenzung gegenüber anderen Produkten, die Zerlegbarkeit des Produktes in seine Komponenten, die Existenz verschiedener, über die Grundfunktion der Produkte hinausgehender Produktmerkmale und die Vermeidung von Overengineering, erfüllt sind, ist jegliche Abgrenzung denkbar. Wurde bereits für andere Zwecke, wie zum Beispiel für Steuerungszwecke im Rahmen des Einsatzes des Neuen Steuerungsmodells, ein Produktkatalog aufgestellt, sprechen Wirtschaftlichkeitsgesichtspunkte dafür, diesen soweit wie möglich für den Einsatz des Zielkostenmanagements zu übernehmen.

In den *öffentlichen Betrieben* müssen die Produkte aufgrund ihrer *Entgeltlichkeit* eindeutig voneinander abgegrenzt sein. Sie sind von den Abnehmern als eigenständiges Produkt erkennbar. Die Produkte sind daraufhin zu prüfen, ob sie den Anforderungen des Zielkostenmanagements, wie der Zerlegung in einzelne Produktkomponenten, das Aufweisen verschiedener, über die Grundfunktionen der Produkte hinausgehender Produktmerkmale und der Vermeidung von Overengineering, genügen. Trifft dies zu, ist die Definition der Produkte der Einfachheit halber bei der Anwendung des Zielkostenmanagements zu übernehmen. Die *öffentlichen Unternehmen mit unentgeltlichen Leistungen* müssen vor der Anwendung des Zielkostenmanagements Produkte definieren, die dem Zielkostenmanagement unterworfen werden sollen.

Für die Anwendung wäre es sehr sinnvoll, wenn vergleichbare öffentliche Verwaltungen und vergleichbare öffentliche Betriebe *einheitliche Produkt-*

---

[58]  Vgl. Siepmann, Heinrich / Siepmann, Ursula, Verwaltungsorganisation, 1996, S. 262 und 268; KGSt, Definition, 1994, S. 11 f.

*definitionen* vornehmen würden. Nur dann wäre der Einsatz von Benchmarking als unterstützendes Instrument des Zielkostenmanagements[59] möglich.

Um die Anforderungen der Leistungsabnehmer an die einzelnen Produktmerkmale festzustellen, ist auf die entsprechenden Methoden der Privatwirtschaft zurückzugreifen. Inwieweit wiederum die Besonderheiten der öffentlichen Betriebe und Verwaltungen Einfluß auf das Feststellen der Kundenwünsche haben, wird im folgenden Abschnitt A.II.c)2., S. 110-118, behandelt, wenn der Zielkostenmanagementbestandteil „Feststellung der Kundenwünsche" in bezug auf die öffentlichen Betriebe und Verwaltungen näher analysiert wird.

## 2. Feststellung der Kundenwünsche

Bevor näher darauf eingegangen werden kann, wie die einzelnen Kundenwünsche festzustellen sind, muß geklärt werden, was bei Anwendung des Zielkostenmanagements in öffentlichen Betrieben und Verwaltungen unter einem „Kunden" zu verstehen ist und ob überhaupt Kundenwünsche vorliegen, so daß der Einsatz von Zielkostenmanagement sinnvoll ist. Die Untersuchung des Gliederungspunktes „Feststellung der Kundenwünsche" gliedert sich vor dem Hintergrund der Besonderheiten öffentlicher Betriebe und Verwaltungen mithin in drei Bereiche:

1. Definition des Begriffs „Kunde" bei Anwendung des Zielkostenmanagements in öffentlichen Betrieben und Verwaltungen,
2. Überprüfung der Leistungen öffentlicher Betriebe und Verwaltungen im Hinblick auf das Vorliegen von Kundenwünschen,
3. Möglichkeiten der Feststellung von Kundenwünschen in öffentlichen Betrieben und Verwaltungen.

### aa) Definition des Begriffs „Kunde" bei Anwendung des Zielkostenmanagements in öffentlichen Betrieben und Verwaltungen

Ein wesentlicher Bestandteil des Zielkostenmanagements ist es, daß die Produkte mit den *von den Kunden gewünschten Funktionen* ausgestattet

---

[59] Vgl. Abschnitt C.III. des 2. Kapitels, S. 75-81.

werden sollen. Bevor allerdings die Wünsche der einzelnen Kunden ermittelt werden können, benötigt man Kenntnis darüber, *wer als Kunde in Frage kommt*. Nach DILLER wird der Kunde als eine tatsächliche bzw. potentielle Marktpartei auf der Marktnachfrageseite charakterisiert. Die Marktpartei kann sich aus Einzelpersonen, Institutionen oder Organisationen mit mehreren Entscheidungsträgern zusammensetzen. Als ein wichtiges Merkmal des Kunden hebt DILLER hervor, daß der Kunde selbst über den Kauf eines Produktes entscheidet.[60] Bei einigen Leistungen öffentlicher Betriebe und Verwaltungen liegt allerdings die Besonderheit einer *Pflicht zur Abnahme* vor.[61] Dies trifft bei Eingriffsverwaltungen und Betrieben mit hoheitlichen Befugnissen zu, deren Leistungen einem Anschluß-, Benutzungs- oder Abnahmezwang unterliegen. Nach obiger Definition liegt dann kein Kunde, sondern ein bloßer *Leistungsempfänger* vor. Würde man hier streng der Definition des Kunden als *freiwilligem* Leistungsabnehmer folgen, dürfte Zielkostenmanagement bei dieser Art von Leistungen nicht angewendet werden. Aber auch derjenige, der zur Leistungsabnahme verpflichtet ist, hat bestimmte Vorstellungen bezüglich einzelner Leistungsfunktionen. Warum sollte der Abnehmer der Leistung nicht wenigstens Wünsche äußern dürfen, wenn er schon zur Leistungsabnahme verpflichtet ist? Schließlich zahlt er zum Teil ein Entgelt für die abgenommene Leistung und sollte die Möglichkeit haben, seine Anforderungen an die Leistung zu nennen. Folglich ist der Begriff „Kunde" bei Einsatz des Zielkostenmanagements in öffentlichen Betrieben und Verwaltungen weiter zu fassen. Unter *Kunden* sind dann sowohl *freiwillige Leistungsabnehmer* als auch *Leistungsabnehmer aufgrund einer Abnahmeverpflichtung* zu verstehen. Der Kunde ist also im Rahmen der vorliegenden Arbeit mit dem Leistungsabnehmer gleichzusetzen.

Viele Leistungen öffentlicher Betriebe und Verwaltungen sind mit *externen Effekten* verbunden.[62] Leistungen mit positiven externen Effekten führen nicht nur zu Nutzen beim Leistungsabnehmer, sondern auch bei einem darüber hinausgehenden Personenkreis. Für die Anwendung des Zielkostenmanagements in öffentlichen Betrieben und Verwaltungen, deren Leistungserstellung externe Effekte bewirken, stellt sich die Frage, ob auch die Bürger, die nicht direkte (potentielle) Abnehmer der Leistung sind, trotzdem Wünsche hinsichtlich der Leistungsfunktionen äußern dürfen. So hat zum

---

60  Vgl. Diller, Hermann, Kunde, 1992, S. 583.
61  Vgl. Reichard, Christoph, Betriebswirtschaftslehre, 1987, S. 17.
62  Vgl. Hirsch, Hans, Öffentliche Güter, 1989, Sp. 1083; Reichard, Christoph, Betriebswirtschaftslehre, 1987, S. 308 f..

Beispiel bei einem Parkhausbau in der Innenstadt nicht nur der Autofahrer, der das Parkhaus benutzen will (direkter Leistungsabnehmer), sondern auch der Einzelhandel (Nutznießer des positiven externen Effekts) Vorstellungen bezüglich des Parkhausbaus. Prinzipiell sollten beim Zielkostenmanagement alle Wünsche der von der Leistung betroffenen Personen und somit auch die Wünsche der Nutznießer des positiven externen Effekts berücksichtigt werden. Dies kann allerdings zu großem Erhebungsaufwand führen. Unter Wirtschaftlichkeitsgesichtspunkten muß im Rahmen des Zielkostenmanagements unter Umständen darauf verzichtet werden, die Wünsche aller von der Leistung betroffenen Personen zu berücksichtigen. Es sollten daher neben den direkten Leistungsabnehmern nur die Personenkreise befragt werden, deren Anforderungen an die Leistung maßgeblich die Leistungsgestaltung bestimmen. Hier ergibt sich das Problem, objektive Kriterien zu finden, anhand derer die Auswahl relevanter Personenkreise vorzunehmen ist. Um dennoch die Wünsche der Nutznießer positiver externer Effekte soweit wie möglich zu erfassen, bietet es sich an, auf Erfahrungswerte der am Zielkostenmanagement beteiligten Mitarbeiter zurückzugreifen. Bezogen auf das Beispiel des Parkhausbaus dürfte es unproblematisch sein, aus eigenen früheren Projekten oder gleichen Projekten anderer Verwaltungen Informationen darüber zu erhalten, welche Interessengruppen beim Bau eines Parkhauses angehört werden sollten.

Handelt es sich um Leistungen, die gerade „wegen ihrer Fähigkeit, von mehreren Nutzern gleichzeitig konsumiert werden zu können, hergestellt werden"[63], so ist zu analysieren, ob dann nicht die *Gesellschaft insgesamt* als Kunde anzusehen ist. Beispiele für diese Art von Leistungen sind Theatervorstellungen, Leistungen von Bildungseinrichtungen, Krankenhausleistungen, Fahrten des Öffentlichen Personennahverkehrs und Polizeileistungen. Zwar können auch Leistungen mit positiven externen Effekten von mehreren Personen genutzt werden, aber nicht alle Leistungen mit positiven externen Effekten werden hergestellt, um von mehreren Personen genutzt zu werden.[64] Die Leistungscharakterisierung der mehrfachen Nutzung schließt nicht aus, daß die Leistung gleichzeitg mit externen Effekten verbunden ist. Der Adressat, für den die Leistung erstellt wird, kann die gesamte Bürgerschaft oder zumindest ein größerer Personenkreis sein. Innerhalb des Personenkreises ist jede einzelne Person direkter Leistungsabneh-

---

63 Rittig, Gisbert, Öffentliche Güter, 1984, S. 18.
64 Vgl. Rittig, Gisbert, Öffentliche Güter, 1984, S. 18.

mer, der bestimmte Anforderungen an die Leistung hat. Der Konsum der Leistung ist in einem gewissen Rahmen nicht rivalisierend. In diesem Fall wäre es ineffizient, das Ausschlußprinzip anzuwenden, und der Preis sollte gleich Null sein[65] (z.B. Leistungen der Polizei). Zum Teil wird aber das Ausschlußprinzip auch bei Nutzern von Gütern gemeinsamen Konsums angewandt[66] (z.B. Theatervorstellung). Der Nutzer nimmt die Leistung direkt ab und zahlt ein Entgelt. Sowohl bei entgeltlichen als auch bei unentgeltlichen Leistungen nichtrivalisierenden Konsums wird die Leistung für einen größeren Personenkreis erbracht, und der einzelne (potentielle) Leistungsabnehmer ist im Rahmen des Zielkostenmanagements berechtigt, Wünsche bezüglich einzelner Leistungsfunktionen zu äußern. Dabei ist es unerheblich, ob er dafür ein Entgelt zahlt oder nicht.

Im Zusammenhang mit der Reform in der öffentlichen Verwaltung wird auch der *Rat einer Gemeinde* als Kunde von Leistungen öffentlicher Verwaltungen genannt. Schließlich zahlt er bei für den Leistungsabnehmer unentgeltlichen Leistungen in Form des zur Verfügung gestellten Budgets für die Leistung. Dies wird damit begründet, daß der Rat bei nicht zu kostendeckenden Preisen angebotenen Leistungen die notwendigen - über die Einnahmen hinausgehenden - Mittel zur Herstellung der Leistung bereitstellt.[67] Die Einbeziehung des Rates als Kunde verspricht aber im Hinblick auf die mit dem Einsatz von Zielkostenmanagement verfolgten Zwecke keinen zusätzlichen Nutzen. Es ist nicht zu erwarten, daß dadurch ein erhöhter Kostensenkungsdruck ausgeübt wird oder neue Kostensenkungspotentiale aufgedeckt werden. Im Sinne der Stärkung des Dienstleistungsgedankens in der öffentlichen Verwaltung interessieren nicht die Vorstellungen des Rates der öffentlichen Verwaltung, sondern die Wünsche der Bürger als den direkten (potentiellen) Leistungsabnehmern.

### bb) Überprüfung der Leistungen öffentlicher Betriebe und Verwaltungen im Hinblick auf das Vorliegen von Kundenwünschen

Wie bereits im zweiten Kapitel, Abschnitt A.I., S. 35-42, festgehalten, interessiert beim Zielkostenmanagement nicht die eigentliche Grundfunktion

---

[65] Vgl. Musgrave, Richard A. / Musgrave, Peggy B. / Kullmer, Lore, Finanzen, 1994, S. 69.
[66] Vgl. Rittig, Gisbert, Öffentliche Güter, 1984, S. 18.
[67] Vgl. Wolters, Jan, Das Tilburger Modell, 1994, S. 86.

eines Produktes, sondern ob über die Grundfunktion hinaus Kundenanforderungen festgestellt werden können. Daher ist der Einsatz von Zielkostenmanagement nur für Produkte sinnvoll, für die *Gestaltungsspielräume bezüglich der Ausgestaltung einzelner Produktmerkmale* vorliegen, wie zum Beispiel für Busfahrten, an die die Leistungsabnehmer Anforderungen bezüglich der Taktzeit, des Sitzkomforts, der Streckenführung usw. stellen. Das Zielkostenmanagement baut darauf auf, die Produkte so zu gestalten, daß sie von den Kunden akzeptiert werden. Unter diesen Umständen ist davon auszugehen, daß die (potentiellen) Kunden das Produkt abnehmen werden und ein Overengineering der Produkte vermieden wird.

Existiert *nur eine Anforderung an das Produkt*, die die *Grundfunktion des Produktes* darstellt, wie zum Beispiel bei den Leistungen der Abwasserunternehmen, von denen die Leistungsabnehmer lediglich fordern, daß das Abwasser entsorgt wird, können keine besonderen Wünsche der Leistungsabnehmer festgestellt werden. Folglich kann für diese Leistungen nicht die Funktionsbereichsmethode[68] zur Zielkostenspaltung eingesetzt werden. Der Grund liegt darin, daß die Funktionsbereichsmethode durch das Herunterbrechen der Gesamtzielkosten entsprechend den von den Leistungsabnehmern geforderten Produktfunktionen gekennzeichnet ist. Aufgrund mangelnder Produktfunktionen kommt lediglich die Komponentenmethode[69] zur Zielkostenspaltung in Frage, bei der sich die Zielkostenspaltung an den eigenen Kostenstrukturen oder den Kostenstrukturen vergleichbarer Unternehmen orientiert. Ohne Berücksichtigung von Anforderungen der Leistungsabnehmer reduziert sich das Zielkostenmanagement zu einem reinen Kostensenkungsinstrument, bei dem ausgehend von einer Gesamtzielgröße den einzelnen Produktkomponenten Zielkosten zugeordnet werden.

Ein ähnliches Problem ergibt sich zum Beispiel bei den Leistungen der Elektrizitätsunternehmen. Die Anforderungen, die die Kunden an das Elektrizitätsunternehmen stellen, beziehen sich nicht direkt auf die Leistung „Strom", sondern auf die damit zusammenhängende Energiedienstleistung, wie zum Beispiel das Leuchten einer Glühbirne oder das Funktionieren eines Gefrierschranks. Das Gut „Strom" stellt lediglich eine mittelbare Leistung dar und führt erst durch seine Verwendung zu Nutzen beim Abnehmer. Aus den Anforderungen der Leistungsabnehmer an die Energiedienst-

---

68 Zur Funktionsbereichsmethode vgl. Abschnitt C.II. des 2. Kapitels, S. 60-75.
69 Zur Komponentenmethode vgl. Abschnitt C.II. des 2. Kapitels, S. 60-75.

leistung kann kaum im Sinne des Zielkostenmanagements auf Kostensenkungspotentiale des Produktes „Strom" geschlossen werden, weil die verschiedenen Anforderungen an die Energiedienstleistungen zu einer Mengenveränderung, aber nicht zu einer unterschiedlichen Ausgestaltung bezüglich einzelner Produktmerkmale der Leistung „Strom" führen.

Mangelnde Gestaltungsspielräume bezüglich einzelner Produktmerkmale weisen zum Beispiel auch die Leistungen der Wasserversorgung auf.

Da bei den Leistungen, bei denen kein Gestaltungsspielraum bezüglich einzelner Produktmerkmale vorhanden ist, eine wichtige Komponente des Zielkostenmanagements, die Orientierung an den Kundenwünschen, fehlt, kann nicht mehr von Zielkostenmanagement gesprochen werden. Durch die Einbeziehung von Anforderungen der Leistungsabnehmer in die Kostensenkungsüberlegungen grenzt sich das Zielkostenmanagement gerade von anderen Kostensenkungsinstrumenten ab. *Zielkostenmanagement stellt also bei Leistungen der öffentlichen Betriebe und Verwaltungen, die keinen Gestaltungsspielraum bezüglich einzelner Produktmerkmale aufweisen, kein sinnvolles Konzept dar.*

Diese öffentlichen Einrichtungen können zwar die Komponentenmethode des Zielkostenmanagements einsetzen. Da sie aber keine Anforderungen der Leistungsabnehmer zu berücksichtigen haben, bedienen sie sich lediglich eines Grundgedankens des Zielkostenmanagements, der Dekomposition einer vorgegebenen Gesamtzielgröße in Zielgrößen für Produktkomponenten, um dadurch die Ausschöpfung von Kostensenkungspotentialen zu unterstützen.

Nun müssen sich die folgenden Ausführungen der noch offenen Frage widmen, *wie* Kundenwünsche an Leistungen öffentlicher Betriebe und Verwaltungen festgestellt werden können.

### cc) Möglichkeiten der Feststellung von Kundenwünschen in öffentlichen Betrieben und Verwaltungen

Bisher sind in den öffentlichen Betrieben und vor allem in den öffentlichen Verwaltungen noch relativ wenig *Marktforschungsaktivitäten* festzustellen.[70] Soll der Dienstleistungsgedanke durch den Einsatz des Ziel-kostenmanagements mehr berücksichtigt werden, muß hier eine Änderung erfolgen. Zwar gewinnt die Kundenorientierung in jüngster Zeit nicht nur in öffentlichen Unternehmen, sondern auch in öffentlichen Verwaltungen immer mehr an Bedeutung.[71] Dies zeigt sich unter anderem darin, daß die *Einrichtung von Bürgerbüros* gemäß dem „One Stop Agency"[72]-Prinzip vermehrt von Städten angestrebt wird und Bürgerbefragungen zur Ermittlung der Kundenwünsche durchgeführt werden. Bei den bisherigen Tätig-keiten geht es in der Regel um die Öffnungszeiten der einzelnen Ämter, die Freundlichkeit des Verwaltungspersonals, die Raumsituation und die Existenz eines Ansprechpartners für mehrere Leistungen eines Bürgers.[73] Kenntnis über diese Kundenwünsche sind auch für das Zielkostenmanage-ment von entscheidender Bedeutung. Gerade unter dem Blickwinkel der Wirtschaftlichkeit ist es sogar sinnvoll, daß einzelne Marktforschungsaktivi-täten sowohl im Bereich der Bürgerbüros als auch für das Zielkosten-management genutzt werden. Aber zusätzlich ist zu analysieren, ob die Bür-ger noch über die obigen Kundenwünsche hinausgehende Anforderungen an die jeweilige Leistung stellen. Bei Einsatz des Zielkostenmanagements müs-sen die bisherigen Bestrebungen der Kundenorientierung folglich konse-quent weiterverfolgt und vertieft werden. In welcher Weise dies zu gesche-hen hat, wird im folgenden vorgestellt.

Zur Feststellung der Kundenwünsche sind *Marktforschungsmethoden* einzu-setzen.[74] Diese Aufgabe sollte von Spezialisten einer Marketingabteilung übernommen werden.[75] Nur diese sind kompetent genug, um zwischen den

[70]  Vgl. Raffée, Hans / Fritz, Wolfgang / Wiedmann, Klaus-Peter, Marketing, 1994, S. 38 f.
[71]  Vgl. z.B. Bogumil, Jörg / Kißler, Leo / Wiechmann, Elke, Kundenorientierung, 1993; Grenacher, Heinz, BürgerBüro, 1996, S. 43-47; Homann, Klaus, Bürgernähe, 1986, S. 607-610; Kertscher, Klaus, Bürgerbefragung, 1996, S. 49-51.
[72]  Grenacher, Heinz, BürgerBüro, 1996, S. 44.
[73]  Vgl. Grenacher, Heinz, BürgerBüro, 1996, S. 43-47; Kißler, Leo / Bogumil, Jörg / Wiechmann, Elke, Das kleine Rathaus, 1994, S. 37-40, S. 63 f.
[74]  Vgl. Raffée, Hans / Fritz, Wolfgang / Wiedmann, Klaus-Peter, Marketing, 1994, S. 74.
[75]  Vgl. Jentzsch, Klaus / Weidt, Thorsten, Target Costing-Unternehmen, 1995, S. 369.

verschiedenen Verfahren der Datenerhebung und Datenanalyse[76] das geeignetste auszuwählen und durchzuführen.

In den öffentlichen Betrieben und Verwaltungen, in denen bereits eine Marketingabteilung besteht, ist zu untersuchen, ob die dortigen Tätigkeiten ausreichen, um die Anforderungen der Abnehmer an das Produkt und gegebenenfalls die dafür bestehende Zahlungsbereitschaft zu ermitteln. Andernfalls sollte diese Abteilung um Experten auf diesem Gebiet erweitert werden. Existiert keine Gruppe von Mitarbeitern, die sich mit diesen Aufgaben beschäftigt, so ist es sinnvoll, eine solche aufzubauen oder einen externen Dienstleister damit zu beauftragen. Hier handelt es sich um eine sogenannte Make or buy-Entscheidung. Im ersten Fall kann dies dazu führen, daß neues Personal mit entsprechenden Kenntnissen einzustellen oder vorhandenes Personal zu schulen ist. Damit sind hohe Kosten verbunden.[77] Auch der zweite Fall führt zu hohen Kosten. Allerdings sollte der öffentliche Betrieb bzw. die öffentliche Verwaltung nicht nur anhand der Kosten entscheiden, sondern auch berücksichtigen, daß der externe Dienstleister einerseits zwar über spezielle Fachkenntnisse bezüglich der Marktforschung verfügt, andererseits aber kaum etwas über das Produkt selbst und die bisherigen Absatzerfahrungen mit dem Produkt der öffentlichen Einrichtung weiß.

### dd) Zwischenergebnis

Der Begriff „Kunde" umfaßt alle Leistungsabnehmer, das heißt auch eventuell zur Leistungsabnahme verpflichtete Leistungsabnehmer. Dies trifft bei den Leistungen der öffentlichen Betriebe und Verwaltungen zu, die die Besonderheit des Anschluß-, Annahme- oder Benutzungszwanges aufweisen.

Produkte öffentlicher Einrichtungen, die über die Grundfunktion hinaus keine Gestaltungsspielräume bezüglich einzelner Produktmerkmale aufweisen, können sich lediglich eines Grundgedankens des Zielkostenmanage-

---

[76] Zur ausführlichen Behandlung der einzelnen Verfahren vgl. Berekhoven, Ludwig / Eckert, Werner / Ellenrieder, Peter, Marktforschung, 1996, S. 91-253; Hüttner, Manfred, Marktforschung, 1989, S. 39-278; Meffert, Heribert, Marketingforschung, 1992, S. 182-328.

[77] Auf das Problem der Abwägung von Nutzen und Kosten des Zielkostenmanagements wird in Abschnitt B.I.a) dieses Kapitels, S. 155-159, näher eingegangen.

ments, der Dekomposition einer Gesamtzielgröße in Zielgrößen einzelner Produktkomponenten, bedienen.

## 3. Zerlegung des Produktes in einzelne Komponenten

Um die Zielkosten den *einzelnen Komponenten des Produktes* zurechnen zu können, muß sich das Produkt in einzelne Teile zerlegen lassen. Dies ist bei materiellen Gegenständen in der Regel unproblematisch. Bei *Dienstleistungen* - wie sie überwiegend in öffentlichen Betrieben und Verwaltungen auftreten - lassen sich die einzelnen Komponenten der Dienstleistung nicht ohne weiteres feststellen. Es ist zu untersuchen, was alles als Komponente zu einer Dienstleistung dazugehört. Dieser Punkt muß in befriedigender Weise - möglichst realitätsnah - gelöst werden. Unstrittige Komponenten eines Produktes in Form einer Dienstleistung sind die bis zur Fertigstellung der Dienstleistung einzeln durchzuführenden Tätigkeiten. Fraglich ist, ob auch die zur Erstellung der Dienstleistung benötigten sachlichen Hilfsmittel als Produktkomponenten anzusehen sind. Diese Problematik sei am sinnvollsten anhand eines Beispiels erläutert.

Als Beispiel soll die Leistung der Volkshochschulen (VHS), die Weiterbildung[78], herangezogen werden. Es sei angenommen, daß für die Anwendung des Zielkostenmanagements ein Produkt „Weiterbildungskurs in Englisch" definiert wurde, das zum Beispiel folgende Tätigkeiten umfaßt:

- Terminliche Planung des Weiterbildungskurses,
- Raumplanung des Weiterbildungskurses,
- Suche eines geeigneten Fachlehrers,
- Einstellen eines geeignetes Fachlehrers,
- Entgegennahme von Anmeldungen,
- Unterricht,
- Prüfung der Kursteilnehmer.

Diese aufgeführten Teilleistungen sind unbestritten Komponenten des Produktes „Weiterbildungskurs in Englisch".

---

[78]  Vgl. Raffée, Hans / Gottmann, Gosbert, Marketing-Management, 1982, S. 5 f.

118

Zur Erstellung der Dienstleistung sind entsprechende Räumlichkeiten notwendig. Es ist zu untersuchen, ob auch die Räumlichkeiten als eine Produktkomponente anzusehen sind. Ist dies zu bejahen, so kann die Zuordnung einiger von den Leistungsabnehmern gewünschten Funktionen des Produktes leichter vorgenommen werden. So können zum Beispiel zwei von den Leistungsabnehmern gewünschte Funktionen folgendermaßen lauten:

- Zentrale Lage der Räumlichkeiten der VHS für alle Bürger,
- Gute Ausstattung der Räumlichkeiten der VHS.

Setzt man die Räumlichkeiten als Produktkomponente an, hat man keine Probleme, die eben genannten Funktionen einzelnen Produktkomponenten zuzuordnen. Die Produktfunktionen „Zentrale Lage der Räumlichkeiten der VHS für alle Bürger" und „Gute Ausstattung der Räumlichkeiten der VHS" können durch die Produktkomponente „Räumlichkeiten" erfüllt werden. Je nach Gewichtung der einzelnen Funktionen lassen sich unter Berücksichtigung der anderen Produktkomponenten die Zielkostenanteile bestimmen. Was an dem Ansatz der Räumlichkeiten als Produktkomponente stört, ist die Tatsache, daß in diesem Fall bei der Unterteilung des Produktes in einzelne Komponenten nicht nach einheitlichen Einteilungskriterien vorgegangen wird. So existieren dann neben immateriellen Komponenten auch materielle Komponenten.

Um diesen Sachverhalt zu vermeiden, ist zu überlegen, die beiden oben genannten Produktfunktionen anderen Produktkomponenten zuzuordnen. Die geforderte Funktion der guten Ausstattung der Räumlichkeiten könnte durch die Produktkomponente „Unterricht" verwirklicht werden. Je besser der Unterrichtsraum mit verschiedenartigen Medien ausgestattet ist, desto abwechslungsreicher kann der Unterricht gestaltet werden. Im Gegensatz dazu ist es nicht möglich, die geforderte Funktion der zentralen Lage der VHS für alle Bürger durch eine andere Produktkomponente zu realisieren. Sofern die das Zielkostenmanagement anwendende öffentliche Einrichtung auf diese Produktfunktion nicht verzichten will, muß die Funktion von mindestens einer Produktkomponente realisiert werden.[79] Dementsprechend muß an der materiellen Produktkomponente „Räumlichkeiten" festgehalten werden. Folglich ist der Nachteil, daß bei Dienstleistungen die Produktkomponenten

---

[79]  Vgl. Horváth, Péter / Seidenschwarz, Werner, Zielkostenmanagement, 1992, S. 147.

nicht nach einheitlichen Einteilungskriterien abgegrenzt werden, in Kauf zu nehmen.

## 4. Ermittlung des geplanten Gewinns

Das Zielkostenmanagement in seiner Reinform fordert, daß bei der Ermittlung der Zielkosten ausgehend von dem am Markt erzielbaren Preis der vom Unternehmen gewünschte *Gewinn* abgezogen werden soll. Gewinn soll hier als formale Regel definiert werden: Der Gewinn entspricht der Differenz zwischen den Erlösen und Kosten.

In welcher Form auch immer die Höhe des geplanten Gewinns festzulegen ist,[80] wird im für privatwirtschaftliche Unternehmen diskutierten Zielkostenmanagement stets davon ausgegangen, daß ein positiver Gewinn vorliegt. Darin spiegelt sich die privatwirtschaftliche Zielsetzung wider, daß der Gewinn des Unternehmens zu maximieren ist. Im Vergleich zu den privaten Unternehmen ist allerdings die Zielsetzung der öffentlichen Betriebe und Verwaltungen in der Regel durch das *Gemeinwohl* geprägt.[81] Als Folge dürfen ihre Leistungen meist nur zu sozial verträglichen Preisen abgegeben werden. Zum Teil ist völlig auf ein Entgelt zu verzichten. Bis auf wenige Leistungen öffentlicher Betriebe, bei denen eine positive Gewinnerzielung „erlaubt" ist, dürfen mit den Leistungen öffentlicher Betriebe keine positiven Gewinne erzielt werden.[82] Öffentlichen Verwaltungen ist positive Gewinnerzielung stets untersagt.

Soll Zielkostenmanagement in öffentlichen Einrichtungen eingesetzt werden, ist der Gewinn so aufzufassen, daß er positiv, negativ oder gleich Null sein kann. Der Begriff „Gewinn" ist bei den öffentlichen Einrichtungen, deren Leistungen mit einem Gewinn von Null oder mit einem negativem Gewinn verbunden sind, im Rahmen des Zielkostenmanagements gegenüber dem für privatwirtschaftliche Unternehmen diskutierten Zielkostenmanagementkonzept um die negative Komponente und die Komponente gleich Null zu erweitern.

---

[80]  Vgl. Abschnitt C.I.a) des 2. Kapitels, S. 51-59.
[81]  Zur Zielsetzung öffentlicher Betriebe und Verwaltungen vgl. Abschnitt C. des 1. Kapitels, S. 27-34.
[82]  Vgl. Thiemeyer, Theo, Wirtschaftslehre, 1975, S. 164-167.

Ein positiver geplanter Gewinn ist bei *Produkten der öffentlichen Unternehmen* zu ermitteln, die einen Zielverkaufspreis als Ausgangsgröße zur Bestimmung der Zielkosten ansetzen. Bei Produkten, wie zum Beispiel solchen von Sparkassen oder Industrieunternehmen mit öffentlicher Beteiligung, deren Preise sich über Angebot und Nachfrage bilden, und die somit einen Zielverkaufspreis zur Ermittlung der Zielkosten ansetzen,[83] ist davon auszugehen, daß durch ihren Absatz positive Gewinne erzielt werden. Der geplante Gewinn ist entsprechend den geplanten Gewinnen von Produkten privatwirtschaftlicher Unternehmen zu ermitteln, so daß auf die Ausführungen des Abschnitt C.I.a) des zweiten Kapitels, S. 51-59, zu verweisen ist.

Bei allen anderen Leistungen öffentlicher Einrichtungen ist der Gewinn weiter zu definieren als im für privatwirtschaftliche Unternehmen diskutierten Zielkostenmanagement üblich. Für diese Leistungen öffentlicher Einrichtungen ist das Zielkostenmanagement zu modifizieren. In der vorliegenden Arbeit werden erweiterte Definitionen wichtiger im Rahmen des Zielkostenmanagements verwendeter Begriffe als Modifikationen am Zielkostenmanagementkonzept aufgefaßt.[84]

Da die erweiterte Definition des Gewinns als formale Regel einen Gewinn von Null einschließt, sind dadurch auch die Fälle abgedeckt, bei denen die Ermittlung des Gewinns entfällt. Dies trifft zum Beispiel für die Produkte zu, bei denen als Ausgangsgröße zur Ermittlung der Zielkosten von den *Kosten vergleichbarer Einrichtungen* oder den *eigenen Standardkosten bzw. Selbstkosten auf Istkostenbasis abzüglich eines Senkungsabschlags* auszugehen ist.[85] Die eigenen Standardkosten bzw. Selbstkosten auf Istkostenbasis und die aufgrund von Kosten vergleichbarer Einrichtungen ermittelte Kostengröße beschränken sich auf die reine Kostenseite. Ein Gewinn oder Verlust wird von der Betrachtung ausgeklammert. Kostensenkungsdruck ergibt sich durch den Senkungsabschlag bzw. den Ansatz von Kosten vergleichbarer Einrichtungen.

Es stellt sich die Frage, *wie* die *Höhe eines negativen Gewinns* zu bemessen ist. Ein negativer Gewinn (Verlust) ergibt sich, falls die Kosten größer sind als die Erlöse. Der jeweilige Zuschußbetrieb wird auf die Höhe des maximal zulässigen Verlustes keinen Einfluß haben, da davon auszugehen ist, daß in

---

83  Vgl. Abschnitt A.II.b)1. dieses Kapitels, S. 88-92.
84  Vgl. Abschnitt A.II.a) dieses Kapitels, S. 88.
85  Vgl. Abschnitt A.II.b)2. dieses Kapitels, S. 92-100.

praxi der maximale Verlust durch den Träger vorgegeben wird. Der Träger wird den Verlust aufgrund finanz- und sozialpolitischer Überlegungen festlegen. Bei der heutigen angespannten Finanzlage der öffentlichen Haushalte ist anzunehmen, daß durch den vorgegebenen Verlust Kostensenkungsdruck ausgeübt wird.

## 5. Einsatz von Controllinginstrumenten zur Ermittlung der Standard- und Zielkosten sowie zur Zielkostenerreichung

### aa) Aufbau einer leistungsfähigen Kostenarten-, Kostenstellen- und Kostenträgerrechnung

Um die Standard- und Zielkosten zu ermitteln, muß die Kostenrechnung in öffentlichen Betrieben und Verwaltungen folgendes leisten können:

- Mittels der Kostenrechnung müssen sämtliche Kosten zu erfassen sein, da das Zielkostenmanagement eine Vollkostenbetrachtung vornimmt.

- Zur Ermittlung der Standardkosten für das Produkt ist eine Plankostenrechnung auf Vollkostenbasis notwendig, die zu einer Plankalkulation ausgebaut sein muß. Dies erfordert eine Kostenarten-, Kostenstellen- und Kostenträgerrechnung auf Plankostenbasis, wobei die Plankalkulation grundsätzlich gemäß allen in der Literatur diskutierten Verfahren der Kostenträgerrechnung vorgenommen werden kann.[86] Allerdings wird zumeist „die Bezugsgrößenkalkulation angewandt, da dieses Verfahren unabhängig von der Art und der Zusammensetzung des Produktionsprogramms anwendbar ist und die übrigen Kalkulationsverfahren als Spezialfälle enthält."[87] Die Bezugsgrößenkalkulation stellt eine Variante der differenzierten Zuschlagskalkulation dar.[88]

- Die Anwendung der Prozeßkostenrechnung sollte möglich sein.

---

[86] Vgl. Haberstock, Lothar, Kostenrechnung II, 1986, S. 368; Kilger, Wolfgang, Flexible Plankostenrechnung und Deckungsbeitragsrechnung, 1993, S. 677.

[87] Kilger, Wolfgang, Flexible Plankostenrechnung und Deckungsbeitragsrechnung, 1993, S. 682 f.

[88] Vgl. zur Bezugsgrößenkalkulation im einzelnen Eisele, Wolfgang, Technik, 1993, S. 662-664; Haberstock, Lothar, Kostenrechnung II, 1986, S. 370-375.

In diesem Gliederungspunkt wird der Aufbau einer traditionellen Kostenrechnung in öffentlichen Einrichtungen untersucht, bevor in einem gesonderten, sich an diesen Abschnitt anschließenden Gliederungspunkt die Anwendung der Prozeßkostenrechnung in öffentlichen Betrieben und Verwaltungen sowie der Zusammenhang zwischen der Prozeßkostenrechnung und dem Zielkostenmanagement diskutiert wird.

Soweit in öffentlichen Verwaltungen und Teilen der öffentlichen Betriebe gegenüber der Privatwirtschaft ein besonderes Rechnungswesensystem, die Kameralistik, eingesetzt wird, muß die Kameralistik zu einer Erweiterten Kameralistik ausgebaut sein, da nur aufbauend auf dieser Form des kameralen Rechnungsstils eine Kostenarten-, Kostenstellen- und Kostenträgerrechnung durchgeführt werden kann.[89] Eine Kostenarten-, Kostenstellen- und Kostenträgerrechnung stellen unerläßliche Bestandteile einer funktionsfähigen Kostenrechnung dar.[90] Auf Grundlage dieser drei Teilbereiche der Kostenrechnung kann die Kostenrechnung dann zu einer Plankostenrechnung auf Vollkostenbasis ausgebaut werden.

In den *öffentlichen Betrieben*, in denen die *kaufmännische Buchführung* eingesetzt wird, kann die Kostenrechnung auf dieselben Daten zurückgreifen wie die Kostenrechnung der Unternehmen in der Privatwirtschaft. Bei der Ableitung der Daten für die Kostenrechnung treten dieselben Probleme auf.[91] Auf der Grundlage einer kaufmännischen Buchführung läßt sich in privatwirtschaftlichen Unternehmen eine Kostenarten-, Kostenstellen- und Kostenträgerrechnung aufbauen. Die oben genannten Anforderungen an die Kostenrechnung können folglich auch in den öffentlichen Unternehmen erreicht werden, die sich der kaufmännischen Buchführung als Ausgangslage der Datenermittlung bedienen. Die kaufmännische Buchführung ist zum einen für Eigenbetriebe vorgeschrieben.[92] Zum anderen müssen die Eigengesellschaften und gemischtwirtschaftlichen Unternehmen aufgrund ihrer privatrechtlichen Rechtsform (AG oder GmbH) die kaufmännische Buch-

---

[89] Vgl. Fleige, Thomas, Zielbezogene Rechnungslegung, 1989, S. 87 f.

[90] Vgl. Kilger, Wolfgang, Flexible Plankostenrechnung und Deckungsbeitragsrechnung, 1993, S. 6.

[91] Auf die dortige Literatur wird verwiesen. Vgl. zur Ableitung der Kosten aus den Aufwendungen z.B. Eisele, Wolfgang, Technik, 1993, S. 569-573; Weber, Helmut Kurt, Kosten- und Leistungsrechnung, 1991, S. 26-37; Zimmermann, Gebhard, Kostenrechnung, 1996, S. 16-22.

[92] Vgl. § 16 Abs. 1 EigBetrVO; Hafner, Wolfgang, Kameralistik, 1995, S. 121; Thiemeyer, Theo, Betriebswirtschaftslehre, Teil 2, 1981, S. 422.

führung anwenden (§§ 242, 264 HGB). *In den anderen öffentlichen Betrieben und den öffentlichen Verwaltungen* wird überwiegend der *kamerale Rechnungsstil* eingesetzt, auch wenn seit einiger Zeit der Übergang zur Doppik diskutiert wird.[93]

Bezüglich des Aufbaus einer leistungsfähigen Kostenrechnung ist festzuhalten, daß sowohl mit der Erweiterten Kameralistik als auch mit der kaufmännischen Buchführung als zugrundeliegendem Rechnungsstil eine den Anforderungen des Zielkostenmanagements genügende Kostenrechnung aufgebaut werden kann. Liegt lediglich eine einfache Verwaltungskameralistik vor, sollte entweder die kaufmännische Buchführung als neues Rechnungswesensystem eingeführt oder die bisher bestehende Kameralistik zu einer Erweiterten Kameralistik ausgebaut werden. Der Übergang zu einer kaufmännischen Buchführung erfordert im Gegensatz zum Ausbau einer Erweiterten Kameralistik einen relativ großen Schritt für die jeweilige öffentliche Verwaltung bzw. den jeweiligen öffentlichen Betrieb.

Die Entscheidung für einen Rechnungsstil als Grundlage für den Aufbau einer leistungsfähigen Kosten- und Leistungsrechnung sollte von Fall zu Fall getroffen werden.[94] Die Entscheidung ist von der personellen, finanziellen und gesetzlich vorgeschriebenen Situation sowie anderweitigen Zwecken der jeweiligen öffentlichen Verwaltung beziehungsweise des jeweiligen öffentlichen Betriebes abhängig. In der Literatur finden sich zahlreiche Argumente zur Entscheidungserleichterung,[95] auf die wegen der in dieser Arbeit zugrundeliegenden Themenstellung nicht näher eingegangen werden kann.

---

[93]   Zur Diskussion und Modellen des Neuen Öffentlichen Rechnungswesens vgl. Brede, Helmut / Buschor, Ernst (Hrsg.), Rechnungswesen, 1993; Lüder, Klaus (Hrsg.), Entwicklungsperspektiven, 1986; ders., Öffentliches Rechnungswesen 2000, 1994; ders., Speyerer Verfahren, 1996; Lüder, Klaus u.a., Querschnittsanalyse, 1993; Lüder, Klaus u.a., Konzeptionelle Grundlagen, 1991.

[94]   Zu den bereits durchgeführten bzw. noch laufenden Reformen öffentlicher Einrichtungen im Bereich der Kosten- und Leistungsrechnung vgl. z.B. Gornas, Jürgen, Verwaltungskostenrechnung, 1992; Grömig, Erko / Thielen, Hartmut, Reformweg, 1996, S. 597 f; Künzer, Arnold, Kostenrechnung, 1997; Lüder, Klaus, Kosten- und Leistungsrechnung, 1993.

[95]   Vgl. zu den einzelnen Pro- und Contra-Argumenten für die beiden in Frage kommenden Rechnungsstile Brede, Helmut, Reform, 1994, S. 90 f; Freudenberg, Dierk, Kameralistik, 1994, S. 408 f; Hafner, Wolfgang, Kameralistik, 1995, S. 125 f; Lüder, Klaus, Plädoyer, 1987, S. 256-258; ders., Kosten- und Leistungsrechnung, 1993, S. 31-34; Mülhaupt, Ludwig, Theorie und Praxis, 1987, S. 137; Reichard, Christoph, Betriebswirtschaftslehre, 1987, S. 297 f.

Da als ein besonderes Merkmal die Leistungen öffentlicher Betriebe und Verwaltungen vielfach mit externen Effekten verbunden sind,[96] stellt sich im Zusammenhang mit der Kostenartenrechnung öffentlicher Betriebe und Verwaltungen immer wieder die Frage, ob auch *externe Effekte* in der Kostenrechnung zu berücksichtigen sind. Die öffentlichen Betriebe und Verwaltungen haben bei ihrer Zielsetzung das Gemeinwohl zu beachten. Aus der Gemeinwohlorientierung ergeben sich vielfach Leistungen, die *positiv im sozialen Interesse* zu bewerten sind, die aber den ökonomischen Erfolg der öffentlichen Einrichtung vermindern. Die Leistungen wirken vielfach nicht nur positiv auf den einzelnen Leistungsabnehmer, sondern auf die gesamte Bevölkerung (z.b. ÖPNV $\Rightarrow$ Verringerung der Luftverschmutzung, Müllentsorgung $\Rightarrow$ Vermeidung wilder Müllkippen). Weiter oben wurde festgehalten, daß die Wünsche der Nutznießer des positiven externen Effekts bezüglich der Ausgestaltung des Produktes im Rahmen des Zielkostenmanagements soweit wie möglich berücksichtigt werden sollten.[97] Darüber hinaus wurde im Zusammenhang mit der Ermittlung alternativer Größen zum Zielverkaufspreis diskutiert, wie positive externe Effekte monetär bewertet werden können,[98] um der besonderen Zielsetzung öffentlicher Betriebe und Verwaltungen mehr Beachtung zu schenken. Die dortige Untersuchung hat gezeigt, daß der monetäre Wert des Nutzens einer Leistung als Ausgangspunkt zur Ermittlung der Zielkosten die beste Alternative zum Zielverkaufspreis darstellt. Für die Ermittlung des monetären Nutzenwertes einer mit externen Effekten verbundenen Leistung stehen pragmatische Bewertungsverfahren, wie die Befragung, Marktpreismethode, Aufwandmethode, Alternativkostenmethode und die Bewertung über Kostenersparnisse, zur Verfügung. Da bei den Verfahren der monetäre Nutzenwert einer Leistung vielfach nur unter strengen Voraussetzungen, mit sehr viel Aufwand oder nur ungenau ermittelt werden kann, wurde im obigen Abschnitt festgehalten, daß dann auf den Ansatz dieses Wertes zu verzichten ist. Obwohl eine monetäre Bewertung der positiven externen Effekte prinzipiell möglich ist und im Rahmen des Zielkostenmanagements sinnvoll wäre, muß in der Regel aus praktischen Gründen darauf verzichtet werden.

---

[96] Vgl. Hirsch, Hans, Öffentliche Güter, 1989, Sp. 1083; Reichard, Christoph, Betriebswirtschaftslehre, 1987, S. 308 f.

[97] Vgl. Abschnitt A.II.c)2.aa) dieses Kapitels, S. 110-113.

[98] Vgl. Abschnitt A.II.b)2. dieses Kapitels, S. 92-100.

Wie verhält sich der Sachverhalt aber bei negativen externen Effekten? Im folgenden soll auf das nicht nur für öffentliche Betriebe und Verwaltungen geltende Problem der Internalisierung *negativer externer Effekte* in die Kostenrechnung eingegangen werden. Negative externe Effekte zeigen sich zum Beispiel bei Kraftwerken in der Umweltbelastung, die durch das Betreiben des Kraftwerks entsteht. Negative externe Effekte verursachen soziale Kosten.[99] Das Zielkostenmanagement ist ein Konzept, das auf Vollkostenrechnung aufbaut. Somit sind alle Kosten in die Betrachtung einzubeziehen. Es stellt sich hier die Frage, wie weit der Begriff „alle" zu ziehen ist. Sind auch die Kosten zu berücksichtigen, die durch negative externe Effekte entstehen?

Beim Zielkostenmanagement sind die Kosten vollständig in die Kostenrechnung einzubeziehen, die dem Unternehmen durch die Herstellung des Produktes entstehen. Im allgemeinen werden somit im internen Rechnungswesen genau die Kosten erfaßt, die direkt durch die Produktion entstehen. Werden andere Unternehmen und Haushalte durch die Produktion belastet und fallen bei ihnen Kosten durch die Herstellung des Produktes an, so werden diese üblicherweise nicht in die Kostenrechnung des Unternehmens miteinbezogen, da das Unternehmen nicht für diese Kosten aufkommen muß. Man bezeichnet sie als volkswirtschaftliche Kosten. Sicherlich wäre es gesamtwirtschaftlich sinnvoll, das Unternehmen auch mit den durch die Produktion verursachten volkswirtschaftlichen Kosten zu belasten.

In der Literatur werden verschiedene Möglichkeiten zur Internalisierung volkwirtschaftlicher Kosten in die Kostenrechnung vorgeschlagen: So ist es prinzipiell möglich, die negativen externen Effekte über

1. Steuern,
2. Gebühren,
3. Auflagen oder
4. die Institutionalisierung von Verhandlungslösungen

zu internalisieren.[100] Abgesehen davon, daß es schwierig ist, die Art der einzubeziehenden negativen externen Effekte zu messen, sind auch die

---

[99]  Vgl. zur ausführlichen Behandlung negativer externer Effekte Brockhoff, Klaus, Soziale Kosten, 1982, S. 282-286, sowie Schmidberger, Jürgen, Soziale und volkswirtschaftliche Kosten, 1992, S. 436-445 m.w.N.

[100]  Vgl. Eichhorn, Peter (Hrsg.), Verwaltungslexikon, 1991, S. 416.

Verfahren der Internalisierung mit erheblichen Problemen verbunden:[101] Bei der Lösung über Steuern ist es problematisch, den optimalen Steuersatz zu ermitteln. Werden von staatlicher Seite bestimmte Auflagen vorgeschrieben, wie zum Beispiel Höchstwerte für Emissionen, besteht langfristig die Gefahr, daß auf die Unternehmen zu wenig Anreiz zur Kostensenkung und zum Einsatz verbesserter Technologie ausgeht.[102] Die Internalisierung über Verhandlungen zwischen Verursacher und Empfänger des negativen externen Effekts ist nur möglich, wenn relativ geringe Transaktions- und Verhandlungskosten vorliegen.[103] So bleibt als beste Lösung die Internalisierung der negativen externen Effekte über Gebühren übrig.[104] Diese Lösung kommt nur bei entgeltlichen Leistungen in Frage.[105] Aber wie hoch sollen die durch die negativen externen Effekte verursachten Zusatzkosten der Gebühr sein? Solange dafür keine genauen Vorschriften von staatlicher Seite vorliegen und die betroffenen öffentlichen Einrichtungen die Höhe selbst festlegen können, besteht bei Anwendung des Zielkostenmanagements die Gefahr, daß der Ansatz von Zusatzkosten zur Internalisierung negativer externer Effekte von der Verwaltung oder vom Unternehmen zur Erhöhung von Kostensenkungspotentialen mißbraucht wird. Legt die öffentliche Einrichtung die Höhe der Zusatzkosten selbst fest, kann sie den Betrag beliebig senken, um die Zielkosten zu erreichen. Bei anderen Kostenarten der öffentlichen Einrichtung wird dann unter Umständen nicht konsequent genug nach Kostensenkungspotentialen gesucht.

Um dieser Gefahr entgegenzuwirken, bietet es sich an, die öffentliche Einrichtung mit einer Nachweispflicht zu belegen: Sie muß ihrem Träger von Zeit zu Zeit den Nachweis erbringen, daß sie den Ansatz der Zusatzkosten zur Internalisierung externer Effekte nicht willkürlich gekürzt, sondern sämtliche Kostensenkungsinstrumente zur Ausschöpfung von Kostensenkungspotentialen angewendet hat. So ist es trotz der Probleme, die mit der Internalisierung externer Effekte verbunden sind, bei entgeltlichen Leistungen grundsätzlich möglich, volkswirtschaftliche Kosten im Rahmen des Zielkostenmanagements einzubeziehen.

---

101 Vgl. Bals, Hansjürgen / Nölke, Andereas, Volkswirtschaftliche Kosten, 1990, S. 204; Reichard, Christoph, Betriebswirtschaftslehre, 1987, S. 309.
102 Vgl. Eichhorn, Peter (Hrsg.), Verwaltungslexikon, 1991, S. 280.
103 Vgl. Gawel, Erik, Die kommunalen Gebühren, 1995, S. 231; Eichhorn, Peter (Hrsg.), Verwaltungslexikon, 1991, S. 280.
104 Vgl. Bals, Hansjürgen / Nölke, Andereas, Volkswirtschaftliche Kosten, 1990, S. 205.
105 Vgl. Gawel, Erik, Die kommunalen Gebühren, 1995, S. 223.

## bb) Aufbau einer Prozeßkostenrechnung

Die Prozeßkostenrechnung ist ein Kostenrechnungskonzept, das in der Literatur vielfach - in verschiedenen Varianten - diskutiert wird.[106] Im folgenden wird das Konzept von HORVÁTH / MAYER[107] zugrunde gelegt, dem in Deutschland herausragende Bedeutung beigemessen wird.[108]

Die Prozeßkostenrechnung basiert auf einer Vollkostenrechnung. Sie ist kein neues eigenständiges Kostenrechnungssystem, da sie Elemente der traditionellen Kostenrechnungssysteme, wie die Kostenarten- und Kostenstellenrechnung, nutzt. Die Prozeßkostenrechnung erhöht die Kostentransparenz der Gemeinkostenbereiche und hilft, Rationalisierungsreserven zu entdecken.[109] *Zwecke* dieses strategisch orientierten Kostenrechnungsinstruments sind mithin die Steigerung der Wirtschaftlichkeit in den Gemeinkostenbereichen und die exakte Kalkulation der Stückkosten der Produkte.[110]

Da im Rahmen des Zielkostenmanagements Kostensenkungspotentiale in den Gemeinkostenbereichen aufzudecken und die Stückkosten der Produkte möglichst genau zu kalkulieren sind, stellt die Prozeßkostenrechnung ein wichtiges Instrument dar, das zur Ermittlung der Standard- und Zielkosten sowie zur Zielkostenerreichung angewendet werden sollte.

Die Standardkosten des Gesamtproduktes sind im Rahmen des Zielkostenmanagements möglichst genau und verursachungsgerecht zu bestimmen, um aus ihnen und den vom Markt erlaubten Kosten die Zielkosten zu ermitteln. Nur wenn man genaue Kenntnis darüber hat, wie weit die eigenen Standardkosten für das Produkt von den allowable costs entfernt sind, können realistische Zielkosten gesetzt werden. Erst dann lassen sich Kostensenkungsmaßnahmen zielgerichtet einsetzen.[111]

---

[106] Vgl. Mittendorf, Christoph, Industrielle Verwaltungskostenrechnung, 1996, S. 219 m.w.N.

[107] Vgl. Horváth, Péter / Mayer, Reinhold, Prozeßkostenrechnung, 1989.

[108] Vgl. Lorson, Peter, Anforderungen, 1993, S. 260.

[109] Vgl. statt vieler Götze, Uwe / Meyerhoff, Jens Christian, Prozeßkostenrechnung, 1993, S. 65 f; Horváth, Péter / Renner, Andreas, Prozeßkostenrechnung, 1990, S. 101.

[110] Vgl. Franz, Klaus-Peter, Prozeßkostenrechnung, 1990, S. 115 f.

[111] Vgl. Freidank, Carl-Christian, Kostenrechnung, 1994, S. 367 f.

Über die Ermittlung der Standardkosten hinaus unterstützt die Prozeßkostenrechnung das Zielkostenmanagement bei Grundsatzentscheidungen über das Produkt in den frühen Phasen des Produktlebenszyklus. Die Prozeßkostenrechnung informiert über die in unterschiedlicher Höhe anfallenden Prozeßkosten, die entstünden, wenn das Produkt in verschiedenen Ausgestaltungen hergestellt würde. Ferner liefert die Prozeßkostenrechnung Informationen über Rationalisierungsmöglichkeiten.[112] Durch die genaue Analyse der Tätigkeiten werden unwirtschaftliche Abläufe aufgedeckt und können abgeschafft oder wirtschaftlicher gestaltet werden. Da man Kenntnis über die Faktoren erhält, die die Gemeinkosten in die Höhe treiben, können zielgerichtet Kostensenkungsmaßnahmen eingeleitet werden. Es können für zukünftige Planungen relevante Aussagen aus der Gegenüberstellung von Ist- und Plankosten, die aufgrund einer Prozeßkostenrechnung ermittelt wurden, gewonnen werden. Zusätzlich wird eine höhere Wirtschaftlichkeit durch das höhere Kostenbewußtsein der Verantwortlichen aufgrund gestiegener Kostentransparenz und durch Kostenvorgaben und -kontrollen auf Hauptprozeßebene und auf der auf Prozeßkostenstellenrechnung basierenden Kostenstellenebene erreicht.[113]

Für die meisten Leistungen öffentlicher Betriebe und Verwaltungen bietet sich die Prozeßkostenrechnung geradezu an: Die Prozeßkostenrechnung ist vor allem für Produkte mit hohem Gemeinkostenanteil interessant.[114] Gerade in der öffentlichen Verwaltung ist der Anteil der Gemeinkosten relativ hoch. Ursache dafür ist die Art der für die Leistungserstellung erforderlichen Tätigkeiten. Von den Mitarbeitern vorherrschend durchzuführen sind „vorbereitende, planende, steuernde, ausführende, überwachende, informierende und koordinierende Tätigkeiten"[115]. Die in diesem Zusammenhang anfallenden Kosten sind nicht zwangsläufig mit der Leistungsmenge verbunden. Der hohe Anteil der Gemeinkosten kann bei alleiniger Anwendung der traditionellen Vollkostenrechnungssysteme zu Fehlentscheidungen führen,[116] da die Gemeinkosten bei dieser Verfahrensweise relativ undifferenziert gemäß den Material-, Fertigungs- oder Herstellkosten auf die Kosten-

---

112 Vgl. Seidenschwarz, Werner, Prozeßkostenrechnung, 1991, S. 64.

113 Vgl. Horváth, Péter / Mayer, Reinhold, Prozeßkostenrechnung, 1989, S. 217; Löffler, Joachim, Prozeßkostenrechnung, 1991, S. 199; Cervellini, Udo, Prozeßkostenrechnung, 1991, S. 247.

114 Vgl. Mayer, Reinhold, Prozeßkostenrechnung, 1991, S. 75.

115 Zimmermann, Gebhard, Leistungsfähigkeit, 1993, S. 173.

116 Vgl. Zimmermann, Gebhard, Leistungsfähigkeit, 1993, S. 173.

träger verteilt werden.[117] Das Wesen der Prozeßkostenrechnung liegt in der Analyse der einzelnen Tätigkeiten, die für die Leistungserstellung notwendig sind. Gerade auch bei der Erstellung von Dienstleistungen, wie sie überwiegend in öffentlichen Betrieben und Verwaltungen vorkommen, besteht der Leistungsprozeß aus einer Vielzahl von einzelnen Tätigkeiten.

Bisher wird die Prozeßkostenrechnung allerdings nur für relativ wenige Leistungen der öffentlichen Einrichtungen genutzt. Sie wird höchstens vereinzelt in öffentlichen Betrieben in privatrechtlicher Rechtsform eingesetzt.

Da die Prozeßkostenrechnung aber ein *wichtiges Instrument zur Unterstützung des Zielkostenmanagements* darstellt, soll im folgenden der Einsatz der Prozeßkostenrechnung für Leistungen öffentlicher Einrichtungen in groben Zügen dargestellt werden. Dabei beschränken sich die Ausführungen auf den Einsatz der Prozeßkostenrechnung für Leistungen öffentlicher Verwaltungen. Ähneln die Leistungen öffentlicher Betriebe eher den Leistungen der Privatwirtschaft, so wird auf die dortige Literatur zur Anwendung der Prozeßkostenrechnung verwiesen.[118] Weisen die Leistungen des öffentlichen Unternehmens aber mehr Gemeinsamkeiten mit den Leistungen der öffentlichen Verwaltung auf, so können sich die öffentlichen Betriebe bei der Einführung einer Prozeßkostenrechnung an den folgenden Ausführungen orientieren.

In einem ersten Schritt der Prozeßkostenrechnung sind die *Tätigkeiten* der einzelnen Kostenstellen in den verschiedenen Verwaltungsbereichen festzustellen.[119, 120] Dabei bezeichnet die Tätigkeit einen "Vorgang auf einer Kostenstelle, durch den Produktionsfaktoren verzehrt werden".[121] Synonym

---

[117] Vgl. Horváth, Péter / Renner, Andreas, Prozeßkostenrechnung, 1990, S. 101.

[118] Vgl. statt vieler Götze, Uwe / Meyerhoff, Jens Christian, Prozeßkostenrechnung, 1993; Horváth, Péter / Mayer, Reinhold, Prozeßkostenrechnung, 1989; Mayer, Reinhold, Prozeßkostenrechnung, 1991.

[119] Vgl. Götze, Uwe / Meyerhoff, Jens Christian, Prozeßkostenrechnung, 1993, S. 70; Horváth, Péter / Mayer, Reinhold, Prozeßkostenrechnung, 1989, S. 216; Zimmermann, Gebhard, Leistungsfähigkeit, 1993, S. 183.

[120] Zu den verschiedenen Möglichkeiten der Tätigkeitsanalyse vgl. Horváth, Péter / Renner, Andreas, Prozeßkostenrechnung, 1990, S. 102.

[121] Franz, Klaus-Peter, Prozeßkostenrechnung, 1990, S. 116.

zum Begriff Tätigkeit werden die Begriffe Aktivität, Transaktion oder Teilprozeß verwendet.[122, 123]

Die Prozesse müssen eindeutig sein, um ihnen Prozeßkosten zuordnen zu können. Bei der Festlegung der einzelnen Prozesse kann man sich an den Wünschen der Bürger oder an verwaltungsinternen Vorgängen orientieren.[124] Die Tätigkeiten werden zumeist durch ein (zum Teil substantiviertes) Verb beschrieben.[125] Sie umfassen sowohl physische als auch wertbezogene Vorgänge. Als Beispiele für physische Tätigkeiten einer Kostenstelle „Bearbeiten von Familienstammbüchern" im Standesamt sind folgende anzuführen:[126]

1. Anlegen eines Familienstammbuches,
2. Eintragen eines Ehepartners,
3. Eintragen einer Geburt,
4. Eintragen eines Todesfalls,
5. Erstellen eines Auszugs aus dem Familienstammbuch.

Unter wertbezogenen Vorgängen sind zum Beispiel Abschreibungen und Verzinsungen zu verstehen.[127] Als Beispiel für einen wertbezogenen Vorgang der Kostenstelle eines Standesamtes kann die Abschreibung einer von den Mitarbeitern dieser Kostenstelle benutzten Computeranlage angeführt werden.

Aus wirtschaftlichen und praktischen Gesichtspunkten sollte die Prozeßkostenrechnung insbesondere für formalisierte, repetitive und meßbare Tätigkeiten eingesetzt werden.[128] Dieser Tatbestand ist in den überwiegenden

---

[122] Vgl. Franz, Klaus-Peter, Prozeßkostenrechnung, 1990, S. 116 m.w.N.

[123] Allerdings werden zum Teil die Aktivitäten und die Tätigkeiten auf zwei verschiedenen Stufen gesehen, nämlich in der Weise, daß sich eine Aktivität aus mehreren Tätigkeiten zusammensetzt (vgl. Küting, Karlheinz / Lorson, Peter, Prozeßkostenrechnung, 1993, S. 30 sowie Küting, Karlheinz, Probleme der Prozeßkostenrechnung (Teil I), 1993, S. 339).

[124] Vgl. Furch, Kristian / Hauser, Thomas / Pätzold, Erich, Steuerung, 1995, S. 231.

[125] Vgl. Zimmermann, Gebhard, Leistungsfähigkeit, 1993, S. 183.

[126] In Anlehnung an Zimmermann, Gebhard, Leistungsfähigkeit, 1993, S. 185.

[127] Vgl. Horváth, Péter / Mayer, Reinhold, Prozeßkostenrechnung, 1989, S. 216.

[128] Vgl. Coenenberg, Adolf G., Kostenrechnung, 1993, S. 199; Franz, Klaus-Peter, Proezßkostenrechnung, 1990, S. 118; Freidank, Carl-Christian, Target Costing, 1993, S. 213; ders., Unterstützung, 1994, S. 231 f.

Bereichen der öffentlichen Verwaltung erfüllt. Die dort ablaufenden Tätigkeiten sind vielfach stark formalisiert und routinisiert.[129]

Wurde die Analyse der Tätigkeiten erfolgreich abgeschlossen, sind die Ergebnisse für jede einzelne Kostenstelle in einer *Tätigkeitsübersicht* zusammenzufassen. In dieser werden die jeweiligen Teilprozesse mit der ihnen zugeordneten Anzahl an Mitarbeitern sowie - wenn möglich - mit den zugehörigen Kosten festgehalten.[130]

| Teilprozeß | Mitarbeiter (Anzahl) | Aktivitäts-kosten |
|---|---|---|
| 1. Anlegen eines Familienstammbuches | ... | ... |
| 2. Eintragen eines Ehepartners | ... | ... |
| 3. Eintragen einer Geburt | ... | ... |
| 4. Eintragen eines Todesfalls | ... | ... |
| 5. Erstellen eines Auszugs aus dem Familien-stammbuch | ... | ... |
| ... | ... | ... |
| Σ | | |

**Abb. 13: Tätigkeitsübersicht der Kostenstelle „Bearbeiten von Familienstammbüchern" des Standesamtes**
In Anlehnung an: Zimmermann, Gebhard, Leistungsfähigkeit, 1993, S. 186.

Die Teilprozesse innerhalb der einzelnen Kostenstellen sind daraufhin zu untersuchen, ob sie leistungsmengenvariabel oder -fix sind. Man spricht im Rahmen der Prozeßkostenrechnung von *leistungsmengeninduzierten (lmi)* und *leistungsmengenneutralen (lmn) Prozessen.*[131] Es muß also in der öffentlichen Verwaltung untersucht werden, welche Tätigkeiten der verschiedenen Kostenstellen in Abhängigkeit von der zu erbringenden Leistungsmenge und welche Teilprozesse unabhängig davon anfallen. Die in der obigen Abbildung aufgeführten Tätigkeiten fallen sämtlich in Abhängigkeit von der Leistungsmenge an und sind somit leistungsmengeninduzierte Teilpro-

---

[129] Vgl. Zimmermann, Gebhard, Leistungsfähigkeit, 1993, S. 178.
[130] Vgl. Franz, Klaus-Peter, Prozeßkostenrechnung, 1990, S. 121.
[131] Vgl. Horváth, Péter / Renner, Andreas, Prozeßkostenrechnung, 1990, S. 102 f; Horváth, Péter / Mayer, Reinhold, Prozeßkostenrechnung, 1989, S. 216.

zesse. Die Tätigkeit des Leitens der Abteilung ist ein Beispiel für einen leistungsmengenneutralen Teilprozeß dieser Kostenstelle.

Bei Anwendung der Prozeßkostenrechnung im Zusammenhang mit dem Zielkostenmanagement bietet es sich an, die Teilprozesse so zu definieren, daß sie den einzelnen Leistungskomponenten entsprechen bzw. daß sie zu einzelnen Leistungskomponenten zusammengefaßt werden können. Dann lassen sich nicht nur die gesamten Standardkosten, sondern auch die Standardkosten der einzelnen Leistungskomponenten mittels der Prozeßkostenrechnung relativ leicht ermitteln.

Die leistungsmengeninduzierten Teilprozesse sind zu übergeordneten *Hauptprozessen* zu aggregieren.[132] Dabei können die in einem Hauptprozeß zusammengefaßten Tätigkeiten aus verschiedenen Kostenstellen kommen. Im Beispiel könnte ein Hauptprozeß die „Eheschließung" sein. Dazu gehören die Teilprozesse „Anlegen eines Familienstammbuches" und „Eintragen eines Ehepartners" der oben angeführten Kostenstelle. Dieser Hauptprozeß umfaßt aber auch Teilprozesse anderer Kostenstellen, wie zum Beispiel die Teilprozesse „Aufstellen eines Aufgebots", „Vorbereiten der Trauzeremonie" und „Durchführen der Trauzeremonie".

Für alle leistungsmengeninduzierten Teilprozesse und Hauptprozesse sind *Kostenbestimmungsfaktoren* als Bezugsgrößen festzulegen. Die Bezugsgrößen[133] dienen der Zuordnung der Kosten zu den Prozessen[134] und der Bestimmung der einzelnen Prozeßmengen.[135]

Für die oben aufgeführten Teilprozesse kämen zum Beispiel die folgenden Kostenbestimmungsfaktoren in Frage:

---

[132] Vgl. Götze, Uwe / Meyerhoff, Jens Christian, Prozeßkostenrechnung, 1993, S. 68.

[133] Zu den Anforderungen an die Bestimmung der Bezugsgrößen vgl. Cooper, R., The Rise of Activity-Based Costing - Part Three: How Many Cost Drivers Do You Need, and How Do You Select Them?, in: Journal of Cost Management, Vol. 3, 1989, Winter, S. 34-46, S. 42 zitiert bei Coenenberg, Adolf G. / Fischer, Thomas M., Prozeßkostenrechnung, 1991, S. 26.

[134] Zur Bestimmung der Planprozeßkosten vgl. Glaser, Horst, Prozeßkostenrechnung, 1993, Sp. 1645 f; Horváth, Péter / Mayer, Reinhold, Prozeßkostenrechnung, 1989, S. 217.

[135] Vgl. Götze, Uwe / Meyerhoff, Jens Christian, Prozeßkostenrechnung, 1993, S. 68 und 71; Horváth, Péter / Mayer, Reinhold, Prozeßkostenrechnung, 1989, S. 217.

| Teilprozeß | Bezugsgröße |
|---|---|
| Anlegen eines Familienstammbuches | Anzahl der Eheschließungen |
| Eintragen eines Ehepartners | Anzahl der Eheschließungen |
| Eintragen einer Geburt | Anzahl der Geburten |
| Eintragen eines Todesfalls | Anzahl der Todesfälle |
| Erstellen eines Auszugs aus dem Familien-stammbuch | Anzahl der Auszüge |

**Abb. 14: Beispiele von Bezugsgrößen zu einzelnen Teilprozessen der Kostenstelle „Bearbeiten von Familienstammbüchern" des Standesamtes**
Eigene Darstellung

Da jeder Hauptprozeß einen einheitlichen Kostenbestimmungsfaktor aufweisen sollte, sind sinnvollerweise Teilprozesse mit gleichen Kostenbestimmungsfaktoren zu Hauptprozessen zusammenzufassen.[136]

Hat man Kenntnis über die Planprozeßmengen und Prozeßkosten, ist der *Prozeßkostensatz* für die leistungsmengeninduzierten Prozesse durch Division der jeweiligen Prozeßkosten durch die entsprechende Planprozeßmenge zu bilden.[137] Dies gilt sowohl für die Prozeßkostensätze der Teilprozesse als auch für die Prozeßkostensätze der Hauptprozesse.[138] Der Prozeßkostensatz gibt die Kosten für die einmalige Ausführung des leistungsmengeninduzierten Prozesses an. Für die leistungsmengenneutralen Teilprozesse sind ebenfalls die Kosten festzustellen. Diese werden proportional auf die leistungsmengeninduzierten Teilprozesse verteilt (*Umlagesatz*). Die Summe aus Prozeßkostensatz (lmi) und Umlagesatz (lmn) ergibt den *Gesamtprozeßkostensatz.*[139]

---

[136] Vgl. Glaser, Horst, Prozeßkostenrechnung, 1993, Sp. 1645; Götze, Uwe / Meyerhoff, Jens Christian, Prozeßkostenrechnung, 1993, S. 74.

[137] Vgl. Horváth, Péter / Mayer, Reinhold, Prozeßkostenrechnung, 1989, S. 217.

[138] Vgl. Götze, Uwe / Meyerhoff, Jens Christian, Prozeßkostenrechnung, 1993, S. 77.

[139] Vgl. Götze, Uwe / Meyerhoff, Jens Christian, Prozeßkostenrechnung, 1993, S. 72-74; Horváth, Péter / Mayer, Reinhold, Prozeßkostenrechnung, 1989, S. 217; Horváth, Péter / Renner, Andreas, Prozeßkostenrechnung, 1990, S. 103; Küting, Karlheinz, Probleme der Prozeßkostenrechnung (Teil II), 1993, S. 370 f.

In einer Abbildung zusammengefaßt, kann eine Prozeßkosten-
(stellen)rechnung für das obige Beispiel der Kostenstelle „Bearbeiten von
Familienstammbüchern" des Standesamtes folgendes Bild haben:[140]

| (1) | | (2) | (3) | (4) | (5a) =<br>(4) / (3) | (5b) = (5a) *<br>Σ Plankosten lmn Prozesse / Σ Plankosten lmi Prozesse | (5c) =<br>(5a) + (5b) |
|---|---|---|---|---|---|---|---|
| Teilprozeß | | Bezugs-größe | Plan-prozeß-menge | Plan-kosten | Prozeß-kosten-satz (lmi) | Umlagesatz (lmn) | Gesamt-prozeß-kostensatz |
| Anlegen eines Familien-stammbuches | lmi | Anzahl der Ehe-schlie-ßungen | 800 | 9.600 | 12,- | 21,43 | 33,43 |
| Eintragen eines Ehepartners | lmi | Anzahl der Ehe-schlie-ßungen | 1.600 | 6.400 | 4,- | 7,14 | 11,14 |
| Eintragen einer Geburt | lmi | Anzahl der Geburten | 500 | 3.000 | 6,- | 10,72 | 16,72 |
| Eintragen eines Todesfalls | lmi | Anzahl der Todes-fälle | 700 | 3.500 | 5,- | 8,93 | 13,93 |
| Erstellen eines Auszugs aus dem Familien-stammbuch | lmi | Anzahl der Auszüge | 1.000 | 5.500 | 5,50 | 9,82 | 15,32 |
| Summe | | | | 28.000 | | | |
| Abteilung leiten | lmn | - | | 50.000 | - | - | - |
| Summe | | | | 78.000 | | | |

**Abb. 15:  Prozeßkosten(stellen)rechnung: Kostenstelle „Bearbeiten
von Familienstammbüchern" des Standesamtes"**
In Anlehnung an: Zimmermann, Gebhard, Leistungsfähigkeit, 1993, S. 189.

---

[140] In Anlehnung an Horváth, Péter / Mayer, Reinhold, Prozeßkostenrechnung, 1989,
S. 217 sowie Zimmermann, Gebhard, Prozeßorientierte Kostenrechnung, 1992, S. 200.

Dem Wesen der Prozeßkostenrechnung nach werden die Gemeinkosten nicht mehr undifferenziert wie bei den traditionellen Kostenrechnungsverfahren mit Zuschlagssätzen, sondern entsprechend der in Anspruch genommenen Leistungen über Prozeßkostensätze auf die Produkte verrechnet,[141] so daß die Standardkosten eines Produktes relativ genau zu ermitteln sind.

Das *Grundprinzip der Kalkulation* im Rahmen der Prozeßkostenrechnung sieht so aus, daß die einzelnen Prozeßkostensätze mit den jeweiligen Prozeßkoeffizienten multipliziert werden. Dabei gibt der Prozeßkoeffizient für den jeweils betrachteten Prozeß die Höhe der Prozeßmenge an, die für eine Mengeneinheit eines Produktes benötigt wird.[142] Die Ermittlung der Prozeßkoeffizienten bereitet keine Schwierigkeiten, wenn die Kostenbestimmungsfaktoren einen direkten Bezug zur Produktmenge aufweisen. Ist dieser Tatbestand nicht gegeben, ist ein Zwischenschritt erforderlich. Die Kosten je Kostenbestimmungsfakor sind auf die Produkteinheiten je Kostenbestimmungsfaktor umzurechnen.[143] Für den Teilprozeß „Eintragen eines Ehepartners" beträgt zum Beispiel der Prozeßkostensatz 4,- DM. Pro Eheschließung sind zwei Ehepartner in das Familienstammbuch einzutragen. Es ergeben sich für diesen Teilprozeß prozeßorientierte Stückkosten in Höhe von 8,- DM.

Dieses Grundprinzip liegt allen in der Literatur diskutierten Varianten der Prozeßkostenrechnung zugrunde. Die Verfahren werden dadurch unterschieden, in welchem Umfang sie die Kalkulation der Stückkosten mit Hilfe der Prozeßkostensätze vornehmen.[144]

Bei der *prozeßspezifischen Kalkulation* erfolgt die Kalkulation ausschließlich über die Prozeßkostensätze. Zum einen wird davon ausgegangen, daß zwischen allen Prozeßkosten und den Produkten ein direkter Zusammenhang besteht.[145] Zum anderen wird von Abhängigkeitsbeziehungen innerhalb einer Kostenstelle ausgegangen. Diese Möglichkeit stammt von HORVÁTH und MAYER, die annehmen, daß die Prozeßkosten sowohl von

---

141 Vgl. Horváth, Péter / Renner, Andreas, Prozeßkostenrechnung, 1990, S. 104; Horváth, Péter / Mayer, Reinhold, Prozeßkostenrechnung, 1989, S. 218.
142 Vgl. Glaser, Horst, Darstellung, 1992, S. 282.
143 Vgl. Franz, Klaus-Peter, Prozeßkostenrechnung, 1990, S. 127.
144 Vgl. zu verschiedenen möglichen Verfahren Franz, Klaus-Peter, Prozeßkostenrechnung, 1990, S. 127.
145 Vgl. dazu ein Beispiel bei Cooper, Robin / Kaplan, Robert S., Costs, 1988, S. 99.

der Variantenzahl des Produktes als auch vom Mengenvolumen der Varianten abhängen.[146].

Ein direkter Zusammenhang zwischen allen Prozeßkosten und den Produkten findet sich meistens nur bei in Arbeitsplänen definierten Fertigungsprozessen. Laut ZIMMERMANN ist diese Anwendungsbedingung in der öffentlichen Verwaltung in der Regel nicht gegeben, so daß die Anwendung dieser Variante der Prozeßkostenrechnung in der öffentlichen Verwaltung ausscheidet und allein die Variantenkalkulation nach HORVÁTH / MAYER in der öffentlichen Verwaltung eingesetzt werden sollte.[147]

Der in der vorliegenden Arbeit gewählte Fall „Bearbeiten von Familienstammbüchern" stellt ein Beispiel dafür dar, daß die Prozeßkosten allein von der Menge abhängen: Die Kostenhöhe verändert sich beispielsweise durch die Häufigkeit der Eintragungen in das Stammbuch oder Auszüge aus dem Stammbuch. Varianten liegen in diesem Fall nicht vor. Der hier gewählte Fall ist gerade ein Beispiel für einen Ausnahmefall von ZIMMERMANNs Annahme und zeigt, daß auch in der öffentlichen Verwaltung zwischen den Prozeßkosten und Produkten ein direkter Zusammenhang bestehen kann.

Für eine Vielzahl von Leistungen der öffentlichen Verwaltung ist aber davon auszugehen, daß ihre Prozeßkosten sowohl vom Mengenvolumen als auch von der Anzahl der Varianten abhängen. Vielfach werden für eine Verwaltungsleistung die Ressourcen der öffentlichen Verwaltung unterschiedlich stark beansprucht. Daher ist anzunehmen, daß das Verfahren der strategischen Variantenkalkulation nach HORVÁTH / MAYER in vielen Bereichen der öffentlichen Verwaltung besonders geeignet ist. So kann zum Beispiel die Entscheidung über den Bauantrag eines Einfamilienhauses weniger Ressourcen beanspruchen als die Entscheidung über den Bauantrag eines Hochhauses.

Bei der strategischen Variantenkalkulation ist für jeden Prozeß der variantenabhängige und der volumenabhängige Anteil der Planprozeßmenge zu schätzen. Jedem Produkt werden entsprechend diesem Verhältnis varianten-

---

[146] Vgl. Horváth, Péter / Mayer, Reinhold, Prozeßkostenrechnung, 1989, S. 218.
[147] Vgl. Zimmermann, Gebhard, Leistungsfähigkeit, 1993, S. 191 f.

und volumenabhängige Prozeßkosten zugerechnet.[148] Dieser Sachverhalt läßt sich gut am Beispiel des Bearbeitens von Bauanträgen erläutern.[149] Bezogen auf die Kostenstelle „Vorprüfung" des Bauordnungsamtes kann die Zurechnung der Prozeßkosten auf die Varianten, wie in Abbildung 16 dargestellt, aussehen.

Die volumenabhängigen Prozeßkosten ergeben sich durch Multiplikation der Planprozeßmenge mit dem Prozeßkostensatz und dem Anteil der volumenabhängigen Prozeßmengen sowie anschließender Division durch das Mengenvolumen aller Varianten. Die variantenabhängigen Prozeßkosten werden ermittelt, indem zuerst die Planprozeßmenge, der Prozeßkostensatz und der Anteil der variantenabhängigen Prozeßmengen multipliziert werden. Die sich ergebende Größe ist zuerst durch die Anzahl an Varianten und anschließend durch das Mengenvolumen der jeweiligen Variante zu teilen.

Zu kritisieren ist, daß von HORVÁTH / MAYER keinerlei Hinweise gegeben werden, in welcher Weise der volumen- und der variantenabhängige Teil geschätzt werden soll.[150]

---

[148] Zur Vorgehensweise der strategischen Variantenkalkulation nach HORVÁTH / MAYER vgl. Horváth, Péter / Mayer, Reinhold, Prozeßkostenrechnung, 1989, S. 217-219.

[149] Das Beispiel stammt von ZIMMERMANN (vgl. Zimmermann, Gebhard, Leistungsfähigkeit, 1993, S. 185-194).

[150] Vgl. Glaser, Horst, Prozeßkostenrechnung, 1993, Sp. 1649.

| Teilprozeß | Planprozeßmengen | Prozeßkostensatz (lmi) | Volumenabhängige Prozeßmengen | Variantenabhängige Prozeßmengen | Variante A | Variante B |
|---|---|---|---|---|---|---|
| Registrierung eingehender Bauanträge | 4.000 | 5,40 | 70% | 30% | 3,78+2,70 | 3,78+1,16 |
| Überprüfung der Unterlagen auf Vollständigkeit | 12.000 | 1,30 | 100% | 0% | 3,90+0 | 3,90+0 |
| Zurückweisung von Anträgen, die so unvollständig sind, daß sie nicht bearbeitet werden können | 500 | 21,60 | 80% | 20% | 2,16+0,90 | 2,16+0,39 |
| Prüfung nachbarlicher Einwände | 900 | 47,10 | 40% | 60% | 4,24+10,60 | 4,24+4,54 |
| Prüfung der Bauzeichnung | 7.600.000 | 0,027 | 65% | 35% | 33,35+29,93 | 33,35+12,83 |
| Ausnahmen und Befreiung vorbereiten | 500 | 62,64 | 30% | 70% | 2,35+9,14 | 2,35+3,92 |
| Genehmigung von Bauvoranfragen vorbereiten | 750 | 20,16 | 60% | 40% | 2,27+2,52 | 2,27+1,08 |
| | | | | | 107,84 | 75,97 |

Variante A: 1.200 Ein- und Zweifamilienhäuser
Variante B: 2.800 Reihenhäuser

**Abb. 16: Zurechnung von Prozeßkosten auf Varianten bei der Kostenstelle „Vorprüfung" des Bauordnungsamtes**
Aus: Zimmermann, Gebhard, Leistungsfähigkeit, 1993, S. 193.

Um die gesamten Produktkosten zu ermitteln, werden zu den Einzelkosten die berechneten Prozeßkosten der für die Herstellung des Produktes relevanten Prozesse addiert:

| Erzeugnis: Baugenehmigung für 1 Reihenhaus | |
|---|---|
| Prozeß | Prozeßkosten |
| Registrierung eingehender Bauanträge | 4,94 DM |
| Überprüfung der Unterlagen auf Vollständigkeit | 3,90 DM |
| Zurückweisung von Anträgen, die so unvollständig sind, daß nicht bearbeitet werden können | 2,55 DM |
| • | • |
| • | • |
| • | • |
| Prozeßkosten für 1 Baugenehmigung (Reihenhaus) | 750,58 DM |
| Einzelkosten | 15,00 DM |
| = durchschnittliche Selbstkosten einer Baugenehmigung (Reihenhaus) | 765,58 DM |

**Abb. 17:  Beispiel zur Produktkalkulation im Rahmen der Prozeß-kostenrechnung**
In Anlehnung an: Zimmermann, Gebhard, Entgeltkalkulation, 1997, S. 77; von Zwehl, Wolfgang, Prozeßkostenrechnung, 1997, S. 208.

Von der bisher beschriebenen reinen prozeßspezifischen Kalkulation muß abgesehen werden, wenn nicht nur repetitive, sondern auch zum Beispiel auf Kreativität beruhende Tätigkeiten bzw. leistungsmengenneutrale Prozesse vorliegen. Da dies in der Praxis häufiger der Fall sein wird, ist die reine pro-zeßspezifische Kalkulation zu einer *kombinierten prozeßorientierten Kalku-lation* auszubauen, nach der eine Mischung aus prozeßspezifischer Kalkula-tion für die wichtigen Prozesse und einer prozeßorientierten Zuschlags-kalkulation für weniger wichtige Prozesse und für leistungsmengenneutrale Prozesse erfolgt.[151] Bei einer prozeßorientierten Zuschlagskalkulation werden die Gemeinkosten „mit proportionalen, aber nach Prozessen

---

[151] Vgl. Zimmermann, Gebhard, Kostenrechnung, 1996, S. 216.

aufgebauten, pauschalen Zuschlägen"[152] umgelegt. In bezug auf die leistungsmengenneutralen Prozesse heißt dies, daß sie proportional zu den Prozeßkosten der leistungsmengeninduzierten Prozesse umgelegt werden.[153] In Abbildung 15, S. 135, wurde dies für den leistungsmengenneutralen Prozeß „Abteilung leiten" durchgeführt.

### cc) Einsatz weiterer Controllinginstrumente

Die alleinige Anwendung des Zielkostenmanagementkonzepts reicht nicht aus, um sämtliche zielkostenmanagementrelevanten Informationen zu ermitteln. Gerade zur Ausnutzung des Kostensenkungspotentials sind weitere Informationen notwendig. Die Anwendung des Zielkostenmanagements erfordert somit zusätzlich den *Einsatz weiterer Controllinginstrumente*.[154]

In der Literatur und in der Praxis werden eine Vielzahl von Controllingkonzepten und -instrumenten für die verschiedensten Unternehmensbereiche diskutiert.[155] Im Rahmen dieser Arbeit muß aufgrund der Themenstellung auf eine ausführliche Behandlung des Themenkomplexes „Controlling" verzichtet werden. Lediglich die für das Zielkostenmanagement relevanten Aspekte, insbesondere in bezug auf die öffentlichen Verwaltungen und Betriebe, sind zu betrachten. Es ist jedoch wichtig zu erwähnen, daß sich die jeweilige öffentliche Einrichtung vor Einführung des Controlling im klaren darüber sein muß, welche Aufgabe das Controlling übernehmen und welche Controllingkonzeption zugrunde gelegt werden soll. Nur dann kann der Einsatz des Controlling zum Erfolg führen.

Aufgrund der prekären finanziellen Lage der öffentlichen Haushalte wird das Controlling auch in öffentlichen Unternehmen und Verwaltungen immer mehr eingesetzt. Allerdings werden die Anwendungsmöglichkeiten noch längst nicht in dem Maße genutzt wie in der privaten Wirtschaft. In den öffentlichen Institutionen kann und sollte Controlling also noch weiter ausgebaut werden.

---

152  Zimmermann, Gebhard, Leistungsfähigkeit, 1993, S. 195.
153  Vgl. Hováth, Péter / Mayer, Reinhold, Prozeßkostenrechnung, 1989, S. 217; Horváth, Péter / Renner, Andreas, Prozeßkostenrechnung, 1990, S. 103.
154  Vgl. Jentzsch, Klaus / Weidt, Thorsten, Target Costing-Implementation, 1996, S. 247.
155  Eine Übersicht über verschiedene Konzeptionen von Controlling findet sich bei Küpper, Hans-Ulrich, Controlling, 1995, S. 8 f m.w.N.

Im Rahmen des Zielkostenmanagements benötigt man das Controlling zum *Aufdecken des möglichen Kostensenkungspotentials*. Neben der Prozeßkostenrechnung sollten die öffentlichen Betriebe und Verwaltungen von den für privatwirtschaftliche Unternehmen diskutierten Controllinginstrumenten, die den Prozeß der Zielkostenerreichung unterstützen,[156] vor allem das Benchmarking[157] nutzen. Das Benchmarking wird für die Erreichung der Zielkosten benötigt, da durch den Vergleich mit den Besten die eigenen Schwächen der Verwaltungs- bzw. Unternehmenstätigkeit aufgedeckt werden, und sich Kostensenkungspotentiale zeigen.

Aber auch die Wertzuwachskurve, Wertanalyse i.e.S., Cost Tables, das Time Based Management, Qualitätsmanagement, Erfahrungskurvenkonzept und die Grenzplankostenrechnung in Verbindung mit der stufenweisen Fixkostendeckungsrechnung sollten die öffentlichen Betriebe und Verwaltungen nutzen, um die Zielkosten ihrer Leistungen zu erreichen. Da davon auszugehen ist, daß viele Leistungen öffentlicher Unternehmen und Verwaltungen bereits existieren, kommen weniger die Instrumente Wertgestaltung, Design to Cost und Simultaneous Engineering in Frage, die sich vor allem auf innovative Produkte beziehen. Die Zulieferer sind in das Zielkostenmanagement einzubeziehen, sofern die öffentliche Verwaltung bzw. der öffentliche Betrieb Güter zur Leistungserstellung in nennenswertem Umfang fremdbezieht.[158]

Die meisten der zur Erreichung der Zielkosten in den öffentlichen Betrieben und Verwaltungen einzusetzenden Controllinginstrumente kommen bisher kaum zum Einsatz. Lediglich dem Qualitätsmanagement[159], dem

---

[156]  Vgl. zu den einzelnen Controllinginstrumenten Abschnitt C.III. des 2. Kapitels, S. 75-81.

[157]  Benchmarking ist nicht nur zur Zielkostenerreichung, sondern auch zur Ermittlung alternativer Größen zum Zielverkaufspreis einzusetzen (Vgl. Abschnitt A.II.b)2. dieses Kapitels, S. 92-100).

[158]  Zur Charakterisierung der einzelnen Instrumente vgl. Abschnitt C.III. des 2. Kapitels, S. 75-81.

[159]  Vgl. z.B. Hill, Hermann / Klages, Helmut (Hrsg.), Spitzenverwaltungen, 1995; dies., Verwaltungsmanagement, 1993; Raulf, Martin, Qualitätsmanagement, 1995; Schimmelpfennig, Jörg, Verhandlungsprozesse, 1994; Wien, Karl-Gerhard, Qualitätssicherung, 1996.

Benchmarking[160], der Plankostenrechnung[161] und der Prozeßkosten-rechnung[162] wird sowohl in der Literatur als auch in der Praxis gewisse Aufmerksamkeit gewidmet.

## 6. Möglichkeit des Verzichts auf das Produkt bei Nichterreichen der Zielkosten

Ein Spannungsverhältnis zwischen den Besonderheiten öffentlicher Betriebe und Verwaltungen und dem Zielkostenmanagement ergibt sich auch am Ende des Prozesses der Zielkostenerreichung. Nachdem die Zielkosten fest-gelegt wurden, ist zu untersuchen, ob sie erreicht werden können. Ist dies nicht der Fall, sind weitere Kostenreduktionsmaßnahmen durchzuführen, bis schließlich die Zielkosten erreicht werden. Kann man trotz aller Anstren-gungen nicht das angestrebte Zielkostenniveau erreichen, so steht einem Unternehmen im allgemeinen offen, das *Produkt nicht herzustellen* oder bei bereits bestehenden Produkten das Produkt aus dem Markt zu nehmen. Öf-fentliche Betriebe und Verwaltungen unterliegen aber oftmals einer gesetz-lichen *Leistungsverpflichtung*,[163] so daß bei ihnen diese Wahlmöglichkeit nicht gegeben ist. Bei öffentlichen Einrichtungen mit Leistungsverpflichtung kann das Konzept des Zielkostenmanagements also nicht dazu eingesetzt werden, um nach Ausschöpfung aller Kostensenkungsmaßnahmen zu ent-scheiden, ob eine Leistung hergestellt werden soll oder nicht. Auch wenn bei ihnen diese abschließende Entscheidung nicht möglich ist, so ist im folgen-den zu untersuchen, ob das Zielkostenmanagement für sie trotzdem ein sinnvolles Kostenmanagementinstrument darstellt, das dazu dient, sich Klarheit über die Kostenstruktur und die Abnehmerwünsche der Leistung zu verschaffen, und das dazu zwingt, alle möglichen Kostenreduktions-maßnahmen vorzunehmen.

---

160 Vgl. z.B. Eiff, Wilfried von, Benchmarking, 1994; Foltys-Schmidt, Cornelia, Benchmarking, 1995; Hoffjan, Andreas, Effizienzvergleiche, 1994; Reichard, Christoph, Umdenken im Rathaus, 1994, S. 61.

161 Vgl. z.B. Leonhardt, Jochen, Grenzplankostenrechnung, 1988; Vikas, Kurt, Grenz-plankostenrechnung, 1988.

162 Vgl. Abschnitt A.II.c)5.bb) dieses Kapitels, S. 128-141, und die dort angegebene Lite-ratur.

163 Vgl. Reichard, Christoph, Betriebswirtschaftslehre, 1987, S. 17.

KELLER ist der Meinung, daß der Einsatz von Zielkostenmanagement aufgrund seiner Markt- und Wettbewerbsorientierung bei gesetzlichen Pflichtleistungen ungeeignet ist.[164] Diese Auffassung wird hier nicht vertreten. Als Konsequenz wäre Zielkostenmanagement im öffentlichen Bereich kaum anzuwenden, da ein Großteil der Leistungen öffentlicher Betriebe und Verwaltungen einer Leistungsverpflichtung unterliegt.

Wenn sichergestellt ist, daß der Prozeß des Zielkostenmanagements bis zu dem Punkt, an dem festgestellt wird, daß die Zielkosten trotz Ausschöpfen aller Kostensenkungsmöglichkeiten nicht zu erreichen sind, konsequent verfolgt wurde, wird dem vorrangigen Ziel von Zielkostenmanagement, der Kostensenkung, auch bei Pflichtleistungen genügt, und gleichzeitig werden die Wünsche der Abnehmer berücksichtigt. Da Pflichtleistungen nicht der Verfolgung der Zielkostenmanagementziele entgegenstehen, kann nach der hier vertretenen Auffassung auch bei Pflichtleistungen das Zielkostenmanagement angewendet werden.

Nachdem bei einer Leistung festgestellt wurde, daß ihre Zielkosten nicht zu erreichen sind, sollte zuerst überprüft werden, ob diese Leistung - obwohl für sie bisher eine Leistungsverpflichtung bestand - tatsächlich von der öffentlichen Hand selbst hergestellt werden muß. Wenn ja, ist die Leistung trotz Nichterreichen der Zielkosten herzustellen, und die nach Ausschöpfung aller Kostensenkungsmöglichkeiten verbleibenden Kosten sind über Subventionen des Trägers zu finanzieren. Allerdings ist die *Gefahr* zu berücksichtigen, daß von vornherein nicht alle Kostensenkungspotentiale ausgeschöpft und die Prozesse des Zielkostenmanagements nicht konsequent genug verfolgt werden.

Um der Gefahr entgegenzuwirken, bietet es sich an, die öffentlichen Einrichtungen bei Zweifeln des Trägers im Hinblick auf die konsequente Ausschöpfung von Kostensenkungspotentialen mit einer Nachweispflicht zu belegen, daß sämtliche Kostensenkungsinstrumente angewendet wurden.[165] Von seiten der Unternehmens- bzw. Verwaltungsleitung ist das Bewußtsein der Mitarbeiter für das Wesen des Zielkostenmanagements durch Fortbildungen und durch Formulierung eines Unternehmens- bzw. Verwaltungs-

---

164  Vgl. Keller, Martin, Kommunal-Controlling, 1995, S. 385.
165  Diese Lösungsmöglichkeit wurde bereits im Zusammenhang mit der Internalisierung externer Effekte vorgeschlagen (vgl. Abschnitt A.II.c)5.aa) dieses Kapitels, S. 122-127).

leitbildes[166] so zu schulen, daß die Mitarbeiter auch bei Pflichtleistungen den Prozeß des Zielkostenmanagements bis zu diesem Schritt streng verfolgen. Die Mitarbeiter können aber auch über finanzielle und nichtfinanzielle Anreize von Unternehmens-/Verwaltungsseite dazu angehalten werden, unter Berücksichtigung von Wünschen der Abnehmer nach Kostensenkungspotentialen zu suchen. Auf diesem Weg könnte man die mit dem Zielkostenmanagement verfolgte Marktorientierung und Kostensenkung erreichen, und gleichzeitig würden wesentliche Elemente des Zielkostenmanagements nicht beeinträchtigt.

## 7. Kundenorientierung in allen Funktionsbereichen der öffentlichen Verwaltung bzw. des öffentlichen Betriebs

Ein zentrales Merkmal des Zielkostenmanagements ist die Orientierung an den Kundenanforderungen. Bei konsequenter Umsetzung muß sich diese *Marktorientierung durch alle Funktionsbereiche der öffentlichen Einrichtung* ziehen. Gerade in den öffentlichen Verwaltungen ist die Kundenorientierung ein Problem. Aufgrund der Besonderheiten der Leistungen öffentlicher Verwaltungen, wie des Kollektivcharakters öffentlicher Leistungen, der Leistungsverpflichtung gegenüber den Bürgern, des Abnahmezwanges seitens der Bürger und der unentgeltlichen Leistungsabgabe, wird *Marketing* von den öffentlichen Verwaltungen noch immer „stiefmütterlich" behandelt.[167] Da bereits die Kundenorientierung im Absatzbereich der öffentlichen Verwaltung nur schwach ausgeprägt ist, kann von einer Marktorientierung über alle Funktionsbereiche hinweg keine Rede sein. In öffentlichen Betrieben wird dem Marketing im allgemeinen zwar mehr Beachtung geschenkt,[168] aber in jedem Fall ist bei Anwendung des Zielkostenmanagements ein stärkeres Umdenken in den öffentlichen Betrieben und Verwaltungen notwendig. Kundenorientierung in allen Funktionsbereichen ist aber erreichbar, wie die folgenden Hinweise zeigen.

Bei sinnvollem Einsatz von Zielkostenmanagement sollte die *Kundenorientierung in den Köpfen aller Mitarbeiter* verankert sein und deren Handlungsweise bestimmen. Die *Mitarbeiter sollten entsprechend geschult wer-*

---

[166] Vgl. dazu ausführlicher Abschnitt A.II.c)7. dieses Kapitels, S. 145-147.
[167] Vgl. Reichard, Christoph, Betriebswirtschaftslehre, 1987, S. 59 f.
[168] Vgl. Raffée, Hans / Fritz, Wolfgang / Wiedmann, Klaus-Peter, Marketing, 1994, S. 38 f.

*den.* Durch die Formulierung eines *marktorientierten*[169] *Verwaltungs- bzw. Unternehmensleitbildes* kann den Mitarbeitern jederzeit vor Augen geführt werden, wie wichtig die Kundenorientierung ist. Die Implementierung bzw. der Ausbau einer Marketingabteilung fördert ebenfalls diese Denkweise. Marketing verspricht „ein besseres Verständnis für die Bedürfnisse und Wünsche der Kunden"[170]. Die *Einrichtung oder der Ausbau einer Marketingabteilung* zeigt den Mitarbeitern, daß es die Unternehmens- oder Verwaltungsleitung ernst mit der Kundenorientierung meint. Sie sind dann eher dazu geneigt, dem Verwaltungs-/Unternehmensleitbild zu folgen.

Das marktorientierte Verwaltungs-/Unternehmensleitbild sollte um ein *kostenorientiertes Verwaltungs-/Unternehmensleitbild* erweitert werden, da die Mitarbeiter bei ihrer Handlungsweise stets auch Kostengesichtspunkte berücksichtigen müssen.

Allgemein bezieht sich ein Verwaltungs-/Unternehmensleitbild sowohl auf das Innen- als auch auf das Außenverhältnis einer öffentlichen Verwaltung bzw. eines öffentlichen Unternehmens. Das Leitbild vermittelt die Zwecksetzungen und allgemeinen Verhaltensregeln und Handlungsprinzipien für die öffentliche Einrichtung.[171] Die Formulierung eines markt- und kostenorientierten Leitbildes im Zusammenhang mit der Anwendung des Zielkostenmanagements zielt auf die Beziehungen und Tätigkeiten der Mitarbeiter innerhalb des öffentlichen Betriebs bzw. der öffentlichen Verwaltung ab.

Gleichzeitig kann das Leitbild auch Außenwirkung haben. So kann unter Umständen der öffentliche Betrieb oder die öffentliche Verwaltung eher ein positives Image beim „Kunden" aufbauen, wenn bekannt ist, daß diese kosten- und marktorientiert handeln und die allgemeinen Vorurteile, sie arbeiten unwirtschaftlich, nicht gelten. Als Folge davon kann unter Umständen der Abnehmerkreis gesteigert werden. Gerade für öffentliche Betriebe, die im Wettbewerb stehen, ist dies ein wichtiger Aspekt. Aber auch für Teil-

---

169  Um bei den Begriffen nicht zwischen öffentlichen Betrieben und Verwaltungen unterscheiden zu müssen, soll auch in der öffentlichen Verwaltung von einem marktorientierten Leitbild gesprochen werden, obwohl die Leistungen nach der hier vorgenommenen Abgrenzung nicht marktgängig sind. Mit dem Begriff „marktgängig" soll zum Ausdruck gebracht werden, daß sich die öffentliche Verwaltung an den Wünschen der Abnehmer zu orientieren hat.

170  Raffée, Hans / Fritz, Wolfgang / Wiedmann, Klaus-Peter, Marketing, 1994, S. 16.

171  Vgl. Geschka, H. / Hammer, R., Szenario-Technik, 1990, S. 326 f.

bereiche der öffentlichen Verwaltung wird die „Werbung um Kunden" interessanter, da sich der Dienstleistungsgedanke immer mehr in den Verwaltungsbereichen durchsetzt und die Bürger entsprechende Ansprüche stellen.

Für den Erfolg des Zielkostenmanagements ist es vor allem wichtig, den Mitarbeitern mittels des Leitbildes transparent zu machen, welche *Philosophie die öffentliche Einrichtung* verfolgt. Bisher ist vielfach die Verwaltungsphilosophie und zum Teil auch die Philosophie der öffentlichen Betriebe noch von einem juristischen Selbstverständnis geprägt.[172] Hier sollte ein Umdenken erfolgen. Es reicht nicht aus, daß die neuen Leitbilder schriftlich fixiert werden, sondern die neue Verwaltungs-/Unternehmenskultur muß von den Institutionsmitgliedern auch „gelebt" werden.[173] Die öffentliche Einrichtung muß sich darüber im klaren sein, daß diese Forderung graue Theorie bleibt, wenn sie ihren Institutionsmitgliedern nicht entsprechende Anreize finanzieller oder nichtfinanzieller Art bietet.

Bei der Festlegung des Verwaltungs-/Unternehmensleitbildes darf der *öffentliche Auftrag* nicht außer acht gelassen werden. Dessen Erfüllung hat oberste Priorität. Das Leitbild ist so zu formulieren, daß bei der Erfüllung des öffentlichen Auftrages kosten- und marktorientierte Gesichtspunkte zu berücksichtigen sind. Den Mitarbeitern ist deutlich zu machen, daß sie entsprechend handeln müssen. Je stärker die öffentliche Aufgabe im Vordergrund steht, desto geringer ist der Spielraum bei der Festlegung des Leitbildes.[174]

## 8.   Arbeit in Produktteams

Bei Einsatz des Zielkostenmanagements ist eine Abstimmung innerhalb der an der Produktentwicklung beteiligten Funktionsbereiche unabdingbar. Am besten erfolgt die Abstimmung im Rahmen von *Produktteams*. Die interdisziplinären Produktteams sollten unter der Leitung eines Produktmanagers stehen. Da die Arbeit in Produktteams nur dann zu brauchbaren Ergebnissen

---

172  Vgl. Eichhorn, Peter, Verwaltung, 1976, S. 12; Raffée, Hans / Fritz, Wolfgang / Wiedmann, Klaus-Peter, Marketing, 1994, S. 100.
173  Vgl. Wiedmann, Klaus-Peter, Corporate Identity, 1988, S. 239.
174  Vgl. Raffée, Hans / Fritz, Wolfgang / Wiedmann, Klaus-Peter, Marketing, 1994, S. 101.

führt, wenn die Organisationsform die Teamarbeit unterstützt, wird im folgenden zuerst die organisatorische Seite bei Einsatz von Zielkostenmanagement untersucht. Mit der Arbeit in Produktteams sind ferner personelle und informationstechnische Anforderungen verbunden, die anschließend analysiert werden.

Um die Arbeit in Produktteams zu erleichtern, sollte die **Organisationsstruktur** der öffentlichen Verwaltung bzw. des öffentlichen Betriebs idealerweise folgende Merkmale aufweisen:[175]

1. Es sollten möglichst *wenige Hierarchieebenen* „in Verbindung mit kurzen vertikalen und horizontalen Berichtswegen"[176] vorliegen.[177] Nur so können Informations- und Entscheidungswege verkürzt und darüber hinaus das „partnerschaftliche Miteinander"[178] der Mitarbeiter gefördert werden.
2. Die *Linieninstanzen sollten nicht zu stark dominieren*, damit die verschiedenen Funktionsbereiche zusammenarbeiten können, ohne daß die Mitarbeiter Angst haben müssen, daß sie interne Informationen der eigenen Abteilung an andere Abteilungen verraten.
3. Die Organisation sollte *Mehrdimensionalität* aufweisen, das heißt zum Beispiel, daß sie gleichzeitig auf ein Produkt und eine Funktion der öffentlichen Einrichtung ausgerichtet ist.

In weiten Teilen öffentlicher Betriebe und Verwaltungen wird die Arbeit in Produktteams durch den *bürokratischen Organisationsaufbau[179]* behindert. Die noch immer vorherrschende Bürokratie und die *zahlreichen rechtlichen Regelungen* in der öffentlichen Verwaltung[180] und einem Teil der öffentlichen Betriebe[181] führen zu langen Instanzenwegen[182], die bei korrekter Anwendung der formalen Dienstwege einer Abstimmung einzelner Funktionsbereiche untereinander im Wege stehen. Dieses Problem kann dadurch

---

175  Vgl. Jentzsch, Klaus / Weidt, Thorsten, Target Costing-Implementation, 1996, S. 249.
176  Jentzsch, Klaus / Weidt, Thorsten, Target Costing-Implementation, 1996, S. 249.
177  Vgl. Jentzsch, Klaus / Weidt, Thorsten, Target Costing-Implementation, 1996, S. 249.
178  Jentzsch, Klaus / Weidt, Thorsten, Target Costing-Unternehmen, 1995, S. 372.
179  Die Organisation vieler öffentlicher Einrichtungen ist durch bürokratische Strukturen gekennzeichnet (Vgl. Dammann, Klaus, Bürokratie, 1989, Sp. 182-190; Reichard, Christoph, Betriebswirtschaftslehre, 1987, S. 186 und 198).
180  Vgl. Reichard, Christoph, Betriebswirtschaftslehre, 1987, S. 25.
181  Vgl. Eichhorn, Peter, Besonderheiten, 1986, S. 28.
182  Vgl. Eiteneyer, Helmut / Witt, Frank-Jürgen, Produktgestaltung, 1989, Sp. 1316.

vermindert werden, daß die bereits heutzutage bestehende informelle Organisationsstruktur[183] zum Austausch von Informationen der Funktionsbereiche untereinander genutzt wird. Allerdings wäre es sinnvoller, die Organisationsstruktur zu ändern, um das Handeln der Funktionsbereiche untereinander zu legitimieren. Schließlich ist der Abstimmungsprozeß verschiedener Bereiche ein wichtiger Teil des Zielkostenmanagements und sollte bei Anwendung dieses Kostenmanagementinstruments nicht nur durch Ausnutzung der informellen Seite der Organisation möglich werden. Nicht alle Mitarbeiter wagen ein Handeln abseits der formalen Regelungen, so daß sich die Unternehmens- oder Verwaltungsleitung bei Anwendung des Zielkostenmanagements nicht darauf verlassen kann, daß alle Mitarbeiter die informelle Organisation für Abstimmungsprozesse mit anderen Funktionsbereichen nutzen. Es könnte dann zu Störungen innerhalb der Abstimmungsprozesse des Zielkostenmanagements kommen. Somit spricht dieser Tatbestand bei konsequenter Anwendung des Zielkostenmanagements für eine Änderung der Organisationsstruktur in der öffentlichen Verwaltung und einigen öffentlichen Betrieben.

Als eine Lösungsmöglichkeit bietet sich die *Matrix-Organisation* an, bei der sich funktionale und objektorientierte Organisationsstrukturen überlagern.[184] Als Objekte sollten bei Anwendung des Zielkostenmanagements die einzelnen Produkte herangezogen werden, die dem Zielkostenmanagement unterworfen sind. Als einzelne Funktionen sind zum Beispiel in einer öffentlichen Verwaltung der Einkauf, das Personalwesen und das Rechnungswesen denkbar, so daß sich für das Beispiel einer öffentlichen Verwaltung folgende Matrix ergibt:

---

183  Zur Problematik der informellen Organisation vgl. Brede, Helmut, Betriebswirtschaftslehre, 1997, S. 87-95.
184  Vgl. Bühner, Rolf, Betriebswirtschaftliche Organisationslehre, 1996, S. 146 f; Wöhe, Günter, Allgemeine Betriebswirtschaftslehre, 1996, S. 194 f.

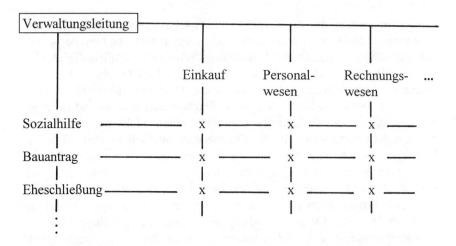

**Abb. 18:  Beispiel einer Matrix-Organisation für die öffentliche Verwaltung**
Eigene Darstellung

Diese Organisationsform weist die geforderte Mehrdimensionalität sowie keine Dominanz der Linie auf und kann mit einer relativ geringen Anzahl von Hierarchiestufen verbunden werden. Die Matrixorganisation begünstigt folglich die Arbeit in Produktteams und stellt eine mögliche Organisationsform bei Anwendung des Zielkostenmanagements dar.

Eine andere Möglichkeit ist es, die öffentliche Einrichtung in *Profit-Center* zu gliedern, die für jeweils eine geringe Anzahl von Produkten verantwortlich sind. Dadurch wird die Überschaubarkeit der einzelnen Produkte erleichtert, und die Mitarbeiter können sich mit ihrem Produktbereich identifizieren. Durch den gezielten Einsatz von Kommunikations- und Informationsmedien ist die Zusammenarbeit und Kooperation zwischen den Profit-Centern sicherzustellen. Nur so ergeben sich langfristig positive Auswirkungen auf die Wirtschaftlichkeit. Werden darüber hinaus von Zeit zu Zeit für die Lösung verschiedener Probleme bereichsübergreifende Projektgruppen gebildet, stärkt dies zusätzlich den Zusammenhalt der Mitarbeiter der öffentlichen Einrichtung. Ferner bietet es sich beim Einsatz des Zielkostenmanagements an, für jeden Verantwortungsbereich ein Zielkostenmanagement-Kernteam und zum Erfahrungsaustausch und zur Abstimmung der Aktivitäten auf Gesamtunternehmensebene eine *Zielkostenmanagement-*

*Koordinationsstelle* zu bilden.[185] Da Zielkostenmanagement zu den Controllinginstrumenten gehört,[186] sollte die Zielkostenmanagement-Koordinationsstelle der Controllingabteilung zugeordnet werden.

*Die öffentlichen Einrichtungen* können sich bei der Umsetzung der zuletzt vorgestellten Organisationsform an den Vorschlägen zur Organisationsänderung im Rahmen des Tilburger Modells[187] und des Neuen Steuerungsmodells der KGSt[188] orientieren. Die Ansätze des Tilburger Modells und des Neuen Steuerungsmodells sind der Privatwirtschaft entlehnt[189] und auf die spezifischen Bedingungen der öffentlichen Verwaltung zugeschnitten. Sie beinhalten betriebswirtschaftliche Organisationselemente der Privatwirtschaft. Aus diesen Gründen soll hier nur auf die beiden für die öffentliche Verwaltung speziell entwickelten Modelle näher eingegangen werden.

Mit der Einführung des Tilburger Modells und des Neuen Steuerungsmodells ist eine Abflachung von Hierarchien und eine Abkehr von technokratisch-bürokratischen Denkweisen verbunden.[190] Diese Organisationsänderungen erfüllen bei Anwendung des Zielkostenmanagements die Forderung nach möglichst kurzen Entscheidungswegen. Ferner sollen in öffentlichen Verwaltungen nach den neuen Organisationsmodellen zunehmend flexible Organisationsformen, wie Projektgruppen und Teams, eingesetzt werden.[191] Dies entspricht der Forderung nach der Bildung von Produktteams im Rahmen des Zielkostenmanagements.

Entsprechend den Modellen ist die öffentliche Verwaltung im Sinne eines Konzerns aufzubauen und von einer zentralistischen Verwaltung für Finanzen, Personal, Organisation und Rechtsangelegenheiten Abstand zu nehmen. Die Organisation sollte dezentrale Strukturen aufweisen. Die einzelnen Fachbereiche sollten die Ressourcenverantwortlichkeit für ihre Produkte übernehmen und im Rahmen der Erstellung ihrer Produkte frei über Perso-

---

[185] Vgl. Jentzsch, Klaus / Weidt, Thorsten, Target Costing-Unternehmen, 1995, S. 372.

[186] Vgl. Gentner, Andreas, Target Costing, 1994, S. 336; Hieke, Hans, Zielkosten, 1994, S. 498.

[187] Zum Tilburger Modell vgl. KGSt, Fallstudie Tilburg, 1993.

[188] Zum Neuen Steuerungsmodell vgl. KGSt, Das Neue Steuerungsmodell, 1993.

[189] Vgl. Wolters, Jan, Das Tilburger Modell, 1994, S. 87.

[190] Vgl. KGSt, Fallstudie Tilburg, 1993, S. 44.

[191] Vgl. Reichard, Christoph, Umdenken im Rathaus, 1994, S. 57 f.

nal und Finanzen verfügen.[192] Für die einzelnen Produktgruppen können Profit-Centers gebildet werden, die für die Herstellung ihrer Produkte verantwortlich sind. Ebenso sollte die Entwicklung von neuen Produkten und deren Umsetzung in einer Hand liegen.[193] Jeder Fachbereich sollte nach seinen Produkten differenzieren und für jedes Produkt das Budget festlegen. Das Fachbereichsbudget ergäbe sich dann aus der Summe der einzelnen Produktbudgets. Dieses Budget ist mit den von der Gebietskörperschaft zur Verfügung stehenden Finanzmitteln abzustimmen.[194]

Die *Bildung von Verantwortungszentren für die einzelnen Produkte* hat im Rahmen des Zielkostenmanagements den Vorteil, daß sich das Produktteam aus Mitarbeitern des Profit-Centers zusammensetzt und um einen Controller sowie einen Mitarbeiter der Marketingabteilung ergänzt wird. Dabei ist positiv anzumerken, daß den Mitgliedern des Produktteams das Produkt vertraut ist und sie über spezifische Kenntnisse zur Herstellung des Produktes verfügen. Außerdem führt die Abgrenzung klarer Kompetenzen dazu, daß sich die einzelnen Mitarbeiter für „ihr" Produkt verantwortlich fühlen und somit mehr auf die Qualität der Produkte achten. Dadurch steigert sich die Zufriedenheit der Kunden, und die Kundenwünsche werden eher von den Mitarbeitern der Verwaltung erfüllt bzw. überhaupt erst wahrgenommen.

Negativ könnte sich auswirken, daß die Mitarbeiter unter Umständen betriebsblind „ihr" Produkt betrachten und Möglichkeiten der Kostensenkung nicht wahrnehmen. Hier ist es wichtig, daß der Controller das Bewußtsein der Mitarbeiter in Richtung Überprüfung der eigenen Handlungsweisen unter wirtschaftlichen Gesichtspunkten schärft. Darüber hinaus könnte zur Vermeidung dieses Problems ein Mitarbeiter eines anderen Fachbereichs Mitglied in dem Produktteam werden.

Ferner ist mit der Dezentralisierung die Gefahr des Ressortegoismus der Profit-Center verbunden, so daß die einzelnen Profit-Center unter Umständen die langfristigen Ziele der gesamten öffentlichen Verwaltung aus den

---

[192] Vgl. Wolter, Jan, Das Tilburger Modell, 1994, S. 86; KGSt, Das Neue Steuerungsmodell, 1993, S. 17-19; Siepmann, Heinrich / Siepmann, Ursula, Verwaltungsorganisation, 1996, S. 260 und 264 f.

[193] Vgl. Wolters, Jan, Das Tilburger Modell, 1994, S. 88.

[194] Vgl. Siepmann, Heinrich / Siepmann, Ursula, Verwaltungsorganisation, 1996, S. 263 f.

Augen verlieren. Als weiterer Nachteil kann es zu einem Verlust an Größenvorteilen kommen.[195]

Diese Gründe führen dazu, daß *trotz Dezentralisierung weiterhin zentrale Strukturen zur Steuerung der Einrichtung* existieren müssen. So sind zum Beispiel zentrale Richtlinien für das Verwaltungshandeln festzulegen, Kontakte zwischen den verschiedenen Fachbereichen zentral zu koordinieren, Leistungsvorgaben für die einzelnen Produktbereiche zu bestimmen und der Ausgleich des Gesamthaushalts zu planen, zu kontrollieren sowie zu sichern. Diese Aufgaben übernimmt sinnvollerweise eine Querschnittsabteilung, wie zum Beispiel eine Controllingabteilung.[196]

Damit die Arbeit in Produktteams dazu führt, daß die Leistungen möglichst optimal entsprechend den Kundenanforderungen gestaltet und die Zielkosten möglichst erreicht werden, sind **qualifizierte Arbeitskräfte** notwendig. Die Arbeitskräfte müssen über eine betriebswirtschaftliche Denk- und Handlungsweise verfügen. In weiten Bereichen der öffentlichen Verwaltung und öffentlichen Betriebe aber fehlt es an *betriebswirtschaftlich qualifiziertem Personal.* Bis auf die Eigengesellschaften und gemischtwirtschaftlichen Unternehmen dominiert die juristische Ausbildung der Mitarbeiter. In der öffentlichen Verwaltung stehen bei der Ausbildung der Verwaltungsangestellten die rechtlichen Regelungen im Vordergrund und die betriebswirtschaftlichen Belange im Hintergrund. Hier muß ein Umdenken im Hinblick auf die Qualifikation der Mitarbeiter in betriebswirtschaftlicher Richtung erfolgen. Nur dann verspricht die Arbeit in Produktteams unter der Leitung eines Produktmanagers erfolgreich zu sein.

Bei Anwendung des Zielkostenmanagements in privaten Unternehmen ist anzunehmen, daß die *Mitglieder des Produktteams aufgrund der Definition der Kostenziele aus dem Markt heraus stark motiviert* sind, diese zu erreichen. In den öffentlichen Betrieben und Verwaltungen ergibt sich das Problem, daß bei ihnen vielfach *gemeinwohlorientierte Ziele* im Vordergrund stehen. Wenn das Formalziel hinter dem Sachziel zurücksteht, brauchten die Mitarbeiter bisher kaum Kostenziele zu beachten, und deshalb war für sie bislang die gesamte Problematik der Ableitung von Kostenzielen uninteressant. Sicher darf diese Situation aufgrund des Vorrangs der Gemeinwohlori-

---

[195] Vgl. KGSt, Fallstudie Tilburg, 1993, S. 145 f.
[196] Vgl. Wolters, Jan, Das Tilburger Modell, 1994, S. 86; KGSt, Das Neue Steuerungsmodell, 1993, S. 19 f.

entierung nicht umgedreht werden. Trotzdem kann eine entsprechende Unternehmens- oder Verwaltungsphilosophie dafür sorgen, daß sich die Mitarbeiter verstärkt an Kostenzielen orientieren. Die Unternehmens- bzw. Verwaltungsphilosophie der öffentlichen Betriebe und Verwaltungen sollte sich in dieser Hinsicht ändern, oder - wenn noch kein Verwaltungs-/Unternehmensleitbild vorhanden ist - sollte erstmalig ein Verwaltungs-/Unternehmensleitbild in einzelnen öffentlichen Unternehmen oder öffentlichen Verwaltungen entwickelt werden.[197, 198]

Ferner sollte die Arbeit in Produktteams durch eine entsprechende Informationstechnik unterstützt werden. Dazu ist das **Informations- und Berichtswesen** in den öffentlichen Betrieben und Verwaltungen zu modernisieren. Ein gut funktionierendes Berichtswesen ist zwingende Voraussetzung für den reibungslosen Austausch von Informationen innerhalb der öffentlichen Verwaltung bzw. des öffentlichen Betriebs. Die **EDV-technische Vernetzung** der einzelnen Funktionsbereiche ist unabdingbar.[199] Ein entsprechend ausgebautes EDV-System ermöglicht eine schnelle Datenübertragung an verschiedene Unternehmens-/Verwaltungsbereiche und gewährleistet somit eine schnelle Verfügbarkeit der Daten in den verschiedenen Abteilungen sowie bei den Mitgliedern des Produktteams. Mittels der EDV können komplexe Datenbestände gesammelt, ausgewertet und graphisch dargestellt werden. Bei Einsatz des Zielkostenmanagements kann auf die bereits in den öffentlichen Betrieben und Verwaltungen vorhandene Computertechnologie zurückgegriffen werden. Allerdings ist sie im Rahmen des Zielkostenmanagements gegebenenfalls entsprechend den genannten Anforderungen an das EDV-System zu verändern.

---

[197] Vgl. zur Änderung bzw. Einführung einer Unternehmensphilosophie in der öffentlichen Verwaltung oder in einem öffentlichen Betrieb Abschnitt A.II.c)7. dieses Kapitels, S. 145-147.

[198] Bereits in Abschnitt A.II.c)7. dieses Kapitels, S. 145-147, wurde darauf hingewiesen, daß die mit einem Verwaltungs-/Unternehmensleitbild verfolgten Ziele nur in Verbindung mit entsprechenden Anreizen für die Mitarbeiter erreicht werden können.

[199] Vgl. Jentzsch, Klaus / Weidt, Thorsten, Target Costing-Implementation, 1996, S. 247.

**B. Probleme im Zusammenhang mit der Realisierung des Zielkosten-managements in öffentlichen Betrieben und Verwaltungen und mögliche Lösungsansätze**

**I. Probleme bei der Einführung des Zielkostenmanagements**

**a) Wirtschaftlichkeitsüberlegungen**

Hat die öffentliche Einrichtung herausgefunden, daß Zielkostenmanagement prinzipiell für ihre Leistungen eingesetzt werden kann, steht sie vor dem Entscheidungsproblem, ob der Einsatz unter wirtschaftlichen Gesichtspunkten sinnvoll ist. Für den Fall, daß der erzielte Nutzen nicht die entstandenen Kosten rechtfertigt, ist auf die Einführung des Zielkostenmanagements aus *wirtschaftlichen Gründen* zu verzichten.

Der *Nutzen* des Zielkostenmanagements für die jeweilige öffentliche Einrichtung entspricht den Kosten, die durch den Einsatz des Zielkostenmanagements eingespart werden können. Allerdings ist es problematisch, vor der Anwendung des Zielkostenmanagements abzusehen, in welcher Höhe sich Kostensenkungen ergeben werden. Da Wirtschaftlichkeitsüberlegungen vor Einsatz des Zielkostenmanagements durchzuführen sind, können bei der Beurteilung der Nutzenseite des Zielkostenmanagements lediglich Schätzungen herangezogen werden. Die beiden folgenden Gesichtspunkte sollen es erleichtern, die Nutzenseite zu beurteilen:

- In der Privatwirtschaft ist bei *bereits bestehenden Produkten* gegenüber innovativen Produkten davon auszugehen, daß ihre grundlegenden Konzeptionen und somit auch ihre groben Kostenstrukturen festliegen. Änderungsspielräume können nur innerhalb dieser Kostenstrukturen bestehen, so daß die mit dem Zielkostenmanagement verfolgten Wirkungen bei existierenden Produkten gegenüber innovativen Produkten geringer ausfallen werden.[200] In öffentlichen Betrieben und Verwaltungen ist anzunehmen, daß aufgrund des geringeren Innovationspotentials[201] im Verhältnis zu privatwirtschaftlichen Unternehmen weniger innovative Produkte vorliegen. Nun ist zunächst zu vermuten, daß auch bei öffentlichen Unternehmen und Verwaltungen aufgrund der geringeren Änderungs-

---

200  Vgl. Horváth, Péter / Niemand, Stefan / Wolbold, Markus, Target Costing, 1993, S. 5.
201  Zum Innovationsverhalten öffentlicher Unternehmen vgl. Niopek, Wolfgang, Innovationsverhalten, 1986.

spielräume die Kostensenkungspotentiale kleiner ausfallen. Da allerdings bisher in vielen öffentlichen Unternehmen und Verwaltungen die Kostenseite zu wenig beachtet wurde, ist davon auszugehen, daß auch bei den bereits bestehenden Produkten im Rahmen der vorgegebenen Kostenstrukturen ein hohes Kostensenkungspotential vorhanden ist.

- Je eindeutiger die *Herstellungsstrukturen des Produktes vorgegeben* bzw. *je geringer das Änderungspotential* der öffentlichen Einrichtung ist, desto weniger wirtschaftlich wird die Implementierung von Zielkostenmanagement sein.[202] Dieser Gesichtspunkt scheint auf den ersten Blick mit dem vorherigen Punkt identisch zu sein, geht aber darüber hinaus: Wenn die grobe Konzeption eines Produktes festliegt, müssen nicht zwangläufig auch die Herstellungsstrukturen des Produktes vorgegeben sein. Die durch die grundlegende Produktkonzeption grob vorgegebene Kostenstruktur kann in Abhängigkeit von dem zugrundeliegenden Herstellungsverfahren unterschiedlich ausgestaltet sein. Wird ein anderes Herstellungsverfahren eingesetzt, führt dies unter Umständen dazu, daß Kostensenkungspotentiale aufgedeckt werden. Kann ein Produkt nur in einer bestimmten Art und Weise hergestellt werden, so liegt das Kostensenkungspotential allein in der Optimierung des bisherigen Verfahrens.

Ist der Nutzen des Zielkostenmanagements ermittelt, gilt es, die für die Einführung und Umsetzung entstandenen *Kosten* zu erfassen. Zu hohen Kosten bei der Implementierung des Zielkostenmanagements kann es vor allem kommen, wenn die öffentliche Einrichtung wichtige *Voraussetzungen* für die Anwendung des Zielkostenmanagements, wie eine Kostenrechnung, Controlling- und Marketingabteilung, ein Informations- und Berichtswesen sowie eine entsprechende Organisationsstruktur, *schaffen* muß.[203] Darüber hinaus sind die Mitarbeiter entsprechend zu schulen, damit sie ergebnisorientiert im Rahmen des Zielkostenmanagements handeln.[204] Problematisch ist, daß in öffentlichen Verwaltungen und einigen öffentlichen Betrieben noch immer eine *Juristendominanz* vorherrscht.[205] Zielkostenmanage-

---

[202] Vgl. Gleich, Ronald, Target Costing, 1996, S. 92 f.

[203] Vgl. dazu die entsprechenden Ausführungen in Abschnitt A.II. dieses Kapitels, S. 88-154.

[204] Durch Schulungen lassen sich auch mögliche Widerstände der Mitarbeiter gegen das Zielkostenmanagement verringern. Vgl. dazu ausführlicher Abschnitt B.I.d) dieses Kapitels, S. 164-166.

[205] Vgl. Brinkmann, Gerhard, Laufbahnen, 1989, Sp. 912 f.

ment kann aber nur dann zu sinnvollen und aussagefähigen Ergebnissen führen, wenn die Arbeitskräfte über eine betriebswirtschaftliche Denk- und Handlungsweise verfügen. Die Gründe liegen zum einen darin, daß sich stets alle beteiligten Arbeitskräfte über den Prozeß des Zielkostenmanagements am Markt, sprich an den Leistungsabnehmern, orientieren müssen. Zum anderen ist beim Versuch der Zielkostenerreichung in allen Bereichen der öffentlichen Verwaltung bzw. des öffentlichen Unternehmens nach Kostensenkungspotentialen zu suchen. Nur *betriebswirtschaftlich geschultes Personal* vermag diese Anforderungen in ausreichender Weise zu erfüllen. Hinzu kommt, daß der Mitarbeiter in seinem jeweiligen Tätigkeitsgebiet über spezielle betriebswirtschaftliche Kenntnisse, wie zum Beispiel Marktforschung oder Kostenrechnung, verfügen muß. Folglich sind bei Einsatz des Zielkostenmanagements in öffentlichen Betrieben und Verwaltungen Betriebswirte gefragt. Die Ausbildung der Juristen vermittelt nur zu einem kleinen Teil betriebswirtschaftliches Wissen, was zur Folge hat, daß diese bei ihren Entscheidungen vor allem rechtliche Gesichtspunkte berücksichtigen.

Wie hoch die Kosten sind, die dadurch entstehen, daß der Anteil der Mitarbeiter mit betriebswirtschaftlichen Kenntnissen an der Gesamtzahl des Personals erhöht wird, hängt von den *beiden Möglichkeiten* ab, den Anteil zu steigern. Zum einen kann das bereits vorhandene Personal an entsprechenden *Fortbildungsmaßnahmen* teilnehmen; zum anderen kann betriebswirtschaftlich ausgebildetes *Personal neu eingestellt* werden. Dabei ist es nicht möglich, eine allgemeingültige Handlungsempfehlung zu geben. In den einzelnen öffentlichen Institutionen liegen unterschiedliche Ausgangspositionen hinsichtlich der Qualifikation der Mitarbeiter vor. Diese Ausgangspositionen der jeweiligen Institutionen sind mit den Anforderungen des Organisationskonzepts für das Zielkostenmanagement[206] zu vergleichen. Aus den Stellenbeschreibungen zum neuen Organisationskonzept läßt sich entnehmen, welcher Arbeitsplatz mit welchen betriebswirtschaftlichen und anderen Anforderungen verbunden ist. Nach dem Vergleich muß in einem nächsten Schritt abgewogen werden, ob es kostengünstiger ist, das Organisationskonzept mit Hilfe von Maßnahmen der Personalentwicklung oder durch Einstellung neuer Mitarbeiter zu erfüllen.

---

[206] Vgl. zur organisatorischen Gestaltung des Zielkostenmanagements Abschnitt A.II.c)8. dieses Kapitels, S. 147-154.

Nutzt eine öffentliche Verwaltung, die Zielkostenmanagement anwenden möchte, bereits *Maßnahmen der Verwaltungsreform*, wie zum Beispiel die Kosten- und Leistungsrechnung und eine dezentrale Organisationsstruktur, fallen die Implementierungskosten von Zielkostenmanagement niedriger aus. Ansonsten können gerade die relativ hohen Implementierungskosten dazu führen, daß auf den Einsatz von Zielkostenmanagement aus Wirtschaftlichkeitsgründen zu verzichten ist.

Darüber hinaus ist es von vielen mit dem Produkt zusammenhängenden Details abhängig, ob sich die mit der Durchführung des Zielkostenmanagements verbundenen Kosten in Grenzen halten. So wird die Wirtschaftlichkeit des Zielkostenmanagementeinsatzes zum Beispiel dadurch beeinflußt, ob das Produkt aus vielen Bestandteilen besteht, ob das Produkt häufiger „Modeströmungen" unterliegt oder ob der Markt für das Produkt relativ anonym ist. Eine ausführliche Behandlung der jeweiligen Details ist nicht Zweck der vorliegenden Arbeit, und es wird auf die Ausführungen von JENTZSCH / WEIDT[207] verwiesen.

Ist ein Produkt durch ein hohes Maß an *Individualität* geprägt, so kann dies unter Wirtschaftlichkeitsgesichtspunkten gegen die Einführung von Zielkostenmanagement sprechen. Dieser Fall kann zum Beispiel bei Produkten des Rechts- oder Jugendamtes auftreten. Die dort zu bearbeitenden Fälle sind im allgemeinen sehr individuell, so daß für jeden Fall der Prozeß des Zielkostenmanagements durchgeführt werden müßte. Hierbei stellt sich allerdings die Frage, ob dies aus Wirtschaftlichkeitsgesichtspunkten sinnvoll erscheint. Nur wenn die Abwicklung eines einzelnen Falles mit hohen Kosten verbunden ist und Kostensenkungspotentiale offensichtlich bzw. zu vermuten sind, dürften Wirtschaftlichkeitsüberlegungen für den Einsatz von Zielkostenmanagement sprechen. So stellen zum Beispiel öffentliche Investitionen oder einzelne Bühnenwerke in einem Theater individuelle Leistungen dar. Da sie in der Regel mit hohen Herstellungskosten verbunden sind und davon auszugehen ist, daß sie Kostensenkungspotentiale auf-

---

[207]  Vgl. Jentzsch, Klaus / Weidt, Thorsten, Target Costing-Implementation, 1996, S. 243-250.

weisen, erscheint für sie die Anwendung von Zielkostenmanagement durchaus sinnvoll.[208]

*Soll die Wirtschaftlichkeit des Zielkostenmanagements beurteilt werden*, so läßt sich die Kostenseite in der Regel leichter abschätzen als die Nutzenseite, da durch genaue Planungen der Bedarf an Personal und Sachmitteln leichter zu quantifizieren sein dürfte.

## b) Bestimmung des Aufgabenträgers

Die Implementierung und später auch die Durchführung von Zielkostenmanagement sollte von einer zentralen Stelle koordiniert werden. Nur so kann Doppelarbeit vermieden werden, und den Mitarbeitern steht ein fester Ansprechpartner zur Verfügung. Davon unberührt bleibt die Entscheidungsbefugnis der Leitung der öffentlichen Verwaltung oder des öffentlichen Unternehmens, welche Maßnahmen des Zielkostenmanagements umgesetzt werden sollen. Da davon auszugehen ist, daß die Leitung nicht die relevanten Informationen zur Entscheidungsfindung selbst zusammenträgt, bietet es sich an, daß alle Aufgaben im Zusammenhang mit der Einführung von Zielkostenmanagement von einem *Controller* übernommen werden. Controlling stellt gerade ein Instrument zur Führungsunterstützung dar.[209] Der Controller sollte auch die *Implementierung* des Zielkostenmanagements gestalten. Nach der Einführung hat das Controlling für einen reibungslosen Ablauf des Zielkostenmanagements zu sorgen. Der Controller muß gewährleisten, daß die *Informationsversorgung* der einzelnen Produktteams und der Informationsfluß zwischen den an den Produktteams beteiligten Mitarbeitern möglichst schnell und ohne Informations- und Zeitverluste vonstatten geht. Folglich muß ein entsprechendes Informationsversorgungssystem als Subsystem des Controllingsystems[210] vorhanden sein.[211]

---

208 Vgl. zum Einsatz des Zielkostenmanagements für öffentliche Investitionen Hoffjan, Andreas, Zielkostenmanagement, 1994, und zum Einsatz von Zielkostenmanagement im öffentlichen Theater das Beispiel in der vorliegenden Arbeit in Abschnitt C. des 4. Kapitels, S. 204-230.

209 Vgl. Horváth, Péter, Controlling, 1996, S. 27.

210 Vgl. zur Koordination des Informationsversorgungssystems Horváth, Péter, Controlling, 1996, S. 323-643.

Ein noch offenes Problem ist, ob ein neuer Mitarbeiter (oder unter Umständen sogar mehrere Mitarbeiter) für die Implementierung des Zielkostenmanagements und später die Sicherstellung des Zielkostenmanagementablaufs eingestellt werden soll oder ob diese Aufgabe von einem bereits im öffentlichen Unternehmen oder in der öffentlichen Verwaltung tätigen Mitarbeiter übernommen werden kann. Beide Varianten (oder bei mehreren Mitarbeitern eine Kombination aus beiden Varianten) sind denkbar. Die Entscheidung für eine Variante ist abhängig von der Ausgangssituation, wobei vor allem zwei Situationen möglich sind:

1. Zielkostenmanagement soll für *alle* Produkte der öffentlichen Einrichtung eingeführt werden, für die der Einsatz von Zielkostenmanagement zweckmäßig erscheint.
2. Zielkostenmanagement soll für *einzelne* Produkte eingeführt werden, um erste Erfahrungen mit dem Zielkostenmanagement zu sammeln.

Bei der ersten Situation besteht die Gefahr, daß ein bereits vorhandener Mitarbeiter mit der zusätzlichen Arbeit überlastet wird, da davon auszugehen ist, daß die zusätzliche Aufgabe einen relativ großen Arbeitsaufwand einnehmen wird. Aus diesem Grund wäre es in diesem Fall zweckmäßiger, einen neuen Mitarbeiter als Controller einzustellen. Da die Einstellung eines neuen Mitarbeiters mit relativ hohen Kosten verbunden ist, sollte für den Fall, daß Zielkostenmanagement nur für ausgewählte Produkte eingesetzt wird, versucht werden, mit einem bereits vorhandenen Mitarbeiter, zum Beispiel aus dem Rechnungswesen oder der Finanzbuchhaltung, auszukommen. Zwar entstehen auch bei dieser Möglichkeit Kosten durch die notwendige Schulung des Mitarbeiters, aber es werden auf lange Sicht keine zusätzlichen Verpflichtungen, wie bei Einstellung eines neuen Mitarbeiters, eingegangen. Wird Zielkostenmanagement später auf alle Zielkostenmanagement geeigneten Produkte ausgedehnt, ist die Einstellung eines neuen Mitarbeiters geboten.

---

211 Zur ausführlichen Behandlung von Controlling in der öffentlichen Verwaltung vgl. z.B. Andree, Ulrich, Controlling, 1994; Hill, Hermann / Klages, Helmut (Hrsg.), Controlling, 1996; KGSt (Hrsg.), Verwaltungscontrolling, 1994; Weber, Jürgen / Tylkowski, Otto, Controlling, 1988, und in den öffentlichen Betrieben vgl. z.B. Weber, Jürgen, Ausgewählte Aspekte, 1983, sowie die für die einzelnen Institutionen spezifische Literatur oder je nach der vorliegenden Ist-Situation die Literatur der Privatwirtschaft bzw. die oben angegebene Literatur zu den öffentlichen Verwaltungen.

Bei beiden Situationen ist es denkbar, daß der Controller durch einen *externen Berater*, der über viel Know-how bezüglich des Zielkostenmanagements verfügt, unterstützt wird. Gerade wenn die Implementierung des Zielkostenmanagements von einem bereits länger in der öffentlichen Einrichtung tätigen Mitarbeiter übernommen wird, ist anzunehmen, daß der eigene Mitarbeiter über keine Kenntnisse des Zielkostenmanagements verfügt. Hier ist es empfehlenswert, zusätzlich einen externen Berater einzusetzen. Allerdings ist im Rahmen der Wirtschaftlichkeitsüberlegungen[212] zu berücksichtigen, daß mit dem Einsatz eines externen Beraters zusätzliche Kosten verbunden sind.

Für die Implementierung des Zielkostenmanagements sollte nicht nur der externe Berater verantwortlich sein, da er im allgemeinen die einzelnen Gegebenheiten, wie zum Beispiel Organisation und Prozeßabläufe, der jeweiligen öffentlichen Einrichtung nicht so gut kennt. Es ist davon auszugehen, daß er den Mitarbeitern nur für die Dauer seiner Tätigkeit in der öffentlichen Einrichtung als Ansprechpartner zur Verfügung steht. Anschließend wären die Mitarbeiter bei Fragen in bezug auf das Zielkostenmanagement auf sich allein gestellt. Es besteht die Gefahr, daß sich nach beendeter Beratertätigkeit keiner für die Durchführung des Zielkostenmanagements verantwortlich fühlt.

## c) Wahl der Vorgehensweise

Da die Rahmenbedingungen der jeweiligen öffentlichen Einrichtung die Maßnahmen zur Einführung des Zielkostenmanagements bestimmen, kann nur eine *idealtypische Vorgehensweise* dargestellt werden. Im Rahmen der vorliegenden Arbeit wird vorgeschlagen, Zielkostenmanagement zuerst für *ausgewählte* Produkte anzuwenden. Die dort gesammelten Erfahrungen erleichtern den späteren flächendeckenden Einsatz des Zielkostenmanagements für alle geeigneten Produkte der öffentlichen Einrichtung.[213] Für die Implementierung des Zielkostenmanagements bietet sich die *Projektorganisation* an, da die Einführung eines betriebswirtschaftlichen Instruments, wie das Zielkostenmanagement, nicht zu den Routineaufgaben einer öffentlichen

---

212  Vgl. dazu Abschnitt B.I.a) dieses Kapitels, S. 155-159.
213  Entsprechend schlägt LOHMANN vor, bei der Einführung einer Prozeßkostenrechnung mit Teillösungen zu beginnen (Vgl. Lohmann, Ulrich, Prozeßkostenrechnung, 1991, S. 262).

Einrichtung gehört und zeitlich begrenzt ist. Da die Implementierung eines neuen betriebswirtschaftlichen Instruments stets mit einem Risiko verbunden ist, bietet sich die Projektorganisation auch aus diesem Grund an.

Das Arbeiten in Projekten ist durch verschiedene Phasen gekennzeichnet, wobei sich vor allem die beiden Phasen der Projektplanung und -realisation unterscheiden lassen.[214] Die genaue *Projektplanung* ist von den Gegebenheiten der jeweiligen öffentlichen Einrichtung und davon abhängig, wie das für privatwirtschaftliche Unternehmen konzipierte Zielkostenmanagement zu modifizieren ist. Allgemein läßt sich lediglich festhalten, daß das Ziel des Projektes die Einführung des Zielkostenmanagements für ausgewählte Produkte darstellt, und die Projektleitung der für das Zielkostenmanagement zuständige Controller übernehmen sollte.

Wenn die Projektplanung abgeschlossen ist, beginnt die Phase der *Projektrealisation*. Die einzelnen Aktivitäten des Projektes richten sich - wie bereits im Zusammenhang mit der Projektplanung ausgeführt - nach der jeweiligen Situation der öffentlichen Einrichtung. Von zentraler Bedeutung ist jedoch die Frage, für welche Produkte Zielkostenmanagement eingesetzt werden soll. Im folgenden werden daher zwei wichtige Elemente vorgestellt, die dem Controller bzw. der Projektgruppe die Informationsaufbereitung zur Beantwortung dieser Frage erleichtern.

Dafür ist die Istsituation der öffentlichen Einrichtung zu analysieren: Sind die für das Zielkostenmanagement notwendigen Anwendungsbedingungen in der öffentlichen Einrichtung vorhanden? Liegen darüber hinaus weitere das Zielkostenmanagement unterstützende betriebswirtschaftliche Elemente in der öffentlichen Einrichtung vor? Lassen sich Produkte definieren, für die der Einsatz von Zielkostenmanagement sinnvoll erscheint? Zum einen kann anhand der für das jeweilige Produkt zutreffenden Besonderheiten die Projektgruppe aus Abbildung 20, S. 173, ablesen, wie das Zielkostenmanagementkonzept zu gestalten ist bzw. ob nur der Grundgedanke der Dekompositionstechnik des Zielkostenmanagements genutzt werden kann. Zum anderen kann sich die Projektgruppe an folgender Checkliste orientieren, um festzustellen, welche für das Zielkostenmanagement wichtigen Rahmenbedingungen in der eigenen öffentlichen Einrichtung vorliegen:

---

[214] Vgl. Frese, Erich, Organisation, 1995, S. 473.

| Anwendungsbedingungen | vorhanden | nicht vorhanden | im Aufbau |
|---|---|---|---|
| Einsatz von Markforschungsmethoden | | | |
| Existenz einer umfassenden Kostenarten-, Kostenstellen- und Kostenträgerrechnung | | | |
| Einsatz von Controllinginstrumenten: | | | |
| • Prozeßkostenrechnung | | | |
| • Benchmarking | | | |
| • Wertzuwachskurve | | | |
| • Wertanalyse i.e.S. | | | |
| • Cost Tables | | | |
| • Time Based Management | | | |
| • Qualitätsmanagement | | | |
| • Erfahrungskurvenkonzept | | | |
| • Grenzplankostenrechnung in Verbindung mit stufenweiser Fixkostendeckungsrechnung | | | |
| Existenz eines markt- und kostenorientierten Verwaltungs-/Unternehmensleitbildes | | | |
| Existenz eines ausgebauten Informations- und Berichtswesens | | | |
| Existenz einer Matrixorganisation oder Profit-Center-Organisation | | | |
| Existenz betriebswirtschaftlich qualifizierter Mitarbeiter | | | |

**Abb. 19:** **Checkliste zur Überprüfung der Rahmenbedingungen für das Zielkostenmanagement in der öffentlichen Einrichtung**
Eigene Darstellung

Anhand der von der Projektgruppe vorgelegten Informationen sollte dann die Leitung der öffentlichen Einrichtung unter Abwägung von Wirtschaftlichkeitsgesichtspunkten entscheiden, für welche Produkte Zielkostenmanagement eingeführt werden soll.

163

## d) Widerstände der Mitarbeiter

Zielkostenmanagement kann nur dann sinnvoll in die öffentliche Verwaltung oder den öffentlichen Betrieb eingeführt werden, wenn sich die Verwaltungs- bzw. die Unternehmensleitung selbst genau darüber im klaren ist und auch gegenüber ihren Mitarbeitern zeigt, daß sie dieses betriebswirtschaftliche Instrument wünscht und daß dieses Konzept ihr Verwaltungs- bzw. Unternehmenshandeln verbessert.[215] Dabei ist es unumgänglich, daß die Verwaltungs-/Unternehmensleitung die Projektgruppe zur Implementierung des Zielkostenmanagements mit allen möglichen Mitteln, wie zum Beispiel in organisatorischer Hinsicht, unterstützt. Erst unter diesen Bedingungen kann das Konzept überhaupt von Mitarbeitern angenommen werden.

Selbst wenn Mitarbeiter in das Projekt der Implementierung von Zielkostenmanagement einbezogen werden, ist zu erwarten, daß Mitarbeiter dem neuen Konzept und den damit verbundenen Änderungen skeptisch gegenüberstehen. Ein Grund kann darin liegen, daß die Mitarbeiter im allgemeinen Bekanntes bevorzugen.[216] Sie befürchten, den neuen Anforderungen nicht gewachsen zu sein und neue Sachverhalte lernen zu müssen. Zielkostenmanagement als ein Instrument des Controlling kann bei den Mitarbeitern die Sorge hervorrufen, daß sie stärker kontrolliert werden, da sie Controlling zum Teil im Sinne eines Kontrollinstruments verstehen.[217] Darüber hinaus stellt das Zielkostenmanagement ein Konzept dar, um die Kosten der Leistungserstellung zu senken. Dies kann bei den Mitarbeitern dazu führen, daß sie sich um den eigenen Arbeitsplatz sorgen. Damit ist bei Beamten nicht die Angst vor Kündigungen gemeint, da Beamte in der Regel unkündbar sind[218], sondern die Furcht vor Änderungen in der Stellung bzw. Bedeutung ihres Arbeitsplatzes.[219] Entsprechendes gilt für Arbeiter und Angestellte des öffentlichen Dienstes. Bei ihnen kommt aus Angst vor Rationalisierungen unter Umständen die Sorge um ihren Arbeitsplatz hinzu.

---

215  Vgl. Lorson, Peter, Target Costing, 1994, S. 313. Die gleiche Aussage läßt sich auch in bezug auf die Einführung anderer Neuerungen in der öffentlichen Verwaltung und der Einführung der Prozeßkostenrechnung treffen. Vgl. dazu Lohmann, Ulrich, Prozeßkostenrechnung, 1991, S. 261; Walther, Norbert / Brückmann, Friedel, Controllinggrundlagen, 1996, S. 24; Wolters, Jan, Das Tilburger Modell, 1994, S. 87.
216  Vgl. Schanz, Günther, Organisationsgestaltung, 1994, S. 388 f.
217  Vgl. Brückmann, Friedel, Controlling-Schritte, 1994, S. 165.
218  Vgl. Benz, Winfried, Öffentlicher Dienst, 1989, Sp. 1208.
219  Vgl. Peemöller, Volker H., Zielkostenrechnung, 1993, S. 380.

Arbeitern und Angestellten des öffentlichen Dienstes steht zwar gegenüber Arbeitnehmern privatwirtschaftlicher Unternehmen ein erhöhter Kündigungsschutz zu, aber sie sind nicht unkündbar wie die Beamten.[220] Der *Widerstand der Mitarbeiter* kann also Folge verschiedenster Ursachen sein und einen sinnvollen Einsatz von Zielkostenmanagement behindern.[221]

Die bisherigen Ausführungen im zweiten Kapitel und in Abschnitt A. des dritten Kapitels haben gezeigt, daß ohne die Unterstützung der Mitarbeiter Zielkostenmanagement nicht funktionieren kann: Sind die Mitarbeiter nicht bereit, sich an den Anforderungen der Leistungsabnehmer zu orientieren, ständig nach Kostensenkungspotentialen zu suchen und mit den Mitarbeitern anderer Funktionsbereiche zusammenzuarbeiten, fehlen wesentliche Elemente des Zielkostenmanagements. Der Widerstand der Mitarbeiter kann sich zum Beispiel darin äußern, daß sie nicht konsequent nach Kostensenkungsmöglichkeiten suchen, sondern nur geringe Kostensenkungspotentiale ausschöpfen, um gegenüber ihren Vorgesetzten und der Verwaltungs-/Unternehmensleitung den Anschein zu wahren, daß sie am Prozeß des Zielkostenmanagements mitwirken. Ferner können sie die Anwendung des Zielkostenmanagements behindern, indem sie „Dienst nach Vorschrift" leisten. Für den Erfolg des Zielkostenmanagements ist es aber wichtig, daß sich die Mitarbeiter mit dem neuen Instrument identifizieren, indem sie mit dem Konzept vertraut gemacht und von den Vorteilen überzeugt werden.

Damit scheiden *Macht- und Zwangsstrategien,*[222] wie zum Beispiel die Strategie des „Bombenwurfs",[223] zur Implementierung des Zielkostenmanagements in öffentlichen Einrichtungen aus. Die Mitarbeiter sind durch *Information und Partizipation* am Einführungsprozeß zu beteiligen.[224] Zu beachten ist allerdings, daß mehr Informationen über das Zielkostenmanagement nicht zwangsläufig zu einer positiven Einstellung der Mitarbeiter zu diesem Instrument führen. Sollen die Informationen positive Wirkungen bei den Mitarbeitern erzielen, sind sie so zu vermitteln, daß dadurch die

---

[220] Vgl. Benz, Winfried, Öffentlicher Dienst, 1989, Sp. 1209.

[221] Vgl. Hoffjan, Andreas, Zielkostenmanagement, 1994, S. 37; Hill, Herrmann / Frey, Michaela, Motivationsinstrumente, 1997, S. 8.

[222] Vgl. dazu Schanz, Günther, Organisationsgestaltung, 1994, S. 391 f.

[223] Vgl. Marr, Rainer / Kötting, Marcus, Implementierung, 1992, Sp. 835; Schanz, Günther, Organisationsgestaltung, 1994, S. 392.

[224] Vgl. zur Bedeutung von Information und Partizipation in Veränderungsprozessen Schanz Günther, Organisationsgestaltung, 1994, S. 392-395.

Vorteile des Konzepts verdeutlicht und die Bedenken gegenüber dem Konzept zerstreut werden.[225] Die Implementierung des Zielkostenmanagements in Form eines Projektes ist ein Schritt in die richtige Richtung, um die Mitarbeiter an der Einführung zu beteiligen.

Über die Informationen hinaus müssen die Mitarbeiter durch *Schulungen* die entsprechenden Kenntnisse erwerben, die sie benötigen, wenn Zielkostenmanagement in ihrer öffentlichen Einrichtung eingesetzt wird. Im Rahmen des Zielkostenmanagements sollte eine *leistungsorientierte Bezahlung* eingeführt werden, um besonders engagierte Mitarbeiter entsprechend zu entlohnen.[226] Für die Mitarbeiter ist ein *ständiger Ansprechpartner* zu benennen, an den sie sich mit allen Fragen im Zusammenhang mit dem Zielkostenmanagement wenden können. Diese Aufgabe sollte sinnvollerweise der mit dem Zielkostenmanagement betraute Controller übernehmen.

## II. Probleme bei der Durchführung des Zielkostenmanagements

### a) Die Integration des externen Faktors bei Dienstleistungen

In öffentlichen Einrichtungen werden überwiegend Dienstleistungen hergestellt. Dienstleistungen weisen gegenüber Sachgütern Besonderheiten auf. Als eine Besonderheit wird in der Literatur vielfach die *„Integration des externen Faktors"* genannt,[227] die zu Problemen bei der Abgrenzung der einzelnen Produkte für die Anwendung des Zielkostenmanagements führen kann. Mit der Integration des externen Faktors ist gemeint, daß das Dienstleistungsunternehmen sich bei seiner Leistungserstellung am externen Faktor, das heißt am Leistungsabnehmer, orientieren muß, auf dessen Verhalten das Unternehmen keinen Einfluß hat. Die *„Integration"* weist darauf hin,

---

225 Vgl. Schanz Günther, Organisationsgestaltung, 1994, S. 393 f.

226 Vgl. Reichard, Christoph, Umdenken im Rathaus, 1994, S. 65 f. Die Aussagen von REICHARD beziehen sich auf die Einführung des Neuen Steuerungsmodells. Da aber bei Einsatz des Zielkostenmanagements viele Voraussetzungen entsprechend den Elementen des Neuen Steuerungsmodells zu schaffen sind, können die Ausführungen zum Neuen Steuerungsmodell auf das Zielkostenmanagement übertragen werden.

227 Zur Integration des externen Faktors von Dienstleistungen vgl. z.B. Benkenstein, Martin, Dienstleistungsqualität, 1994, S. 424; Engelhardt, Werner H. / Kleinaltenkamp, Michael / Reckenfelderbäumer, Martin, Leistungsbündel, 1994, S. 37 sowie 56-58; Hilke, Wolfgang, Grundprobleme, 1994, S. 233-237; Meyer, Anton, Automatisierung, 1994, S. 74.

daß die Dienstleistung „als Ganzes" nur dann hergestellt werden kann, wenn der externe Faktor in die Leistungserstellung einbezogen wird. Die verschiedenen Eigenschaften externer Faktoren können dazu führen, daß zwar immer das gleiche Produkt in gleicher Qualität hergestellt wird, dafür aber ein unterschiedlicher Verbrauch an Ressourcen notwendig ist. Als Beispiel kann hier das Produkt „Genehmigung eines Bauantrages"[228] herangezogen werden. Der Output „Baugenehmigung" sollte stets gleichen Qualitätsstandards entsprechen. Der dafür notwendige Input allerdings variiert je nach Größe der jeweiligen Bauten (z.B. Genehmigung für ein Einfamilienhaus im Unterschied zu einem Hochhaus).

Dieser Tatbestand hat für das Zielkostenmanagement in der Weise Konsequenzen, daß die Komponenten des einzelnen Produktes je nach zugrundeliegendem Bauobjekt mit unterschiedlichen Standardkosten belastet werden. Allgemein ausgedrückt hängt die Höhe der Standardkosten eines Produktes davon ab, wie stark der externe Faktor, das heißt der Leistungsabnehmer, die Herstellung der Leistung beeinflußt. Eine Lösungsmöglichkeit liegt darin, verschiedene Varianten des Produktes zu bilden. Die Varianten sollten sich an verschiedenen Ausprägungen des externen Faktors ausrichten. So kann es zum Beispiel die Produkte „Baugenehmigung für ein Einfamilienhaus" und „Baugenehmigung für eine Hochhaus" geben. Bei der Variantenbildung muß man sich an Erfahrungswerten orientieren. Sicher ist eine Einteilung nach Varianten immer mit Ungenauigkeiten und Schätzungen verbunden. Aber diese Nachteile sind gegenüber der Alternative des völligen Verzichts der Variantenbildung als geringer einzuschätzen.

Für das Zielkostenmanagement bedeutet dies, daß für jede Variante unterschiedliche allowable costs und Standardkosten gegenüberzustellen sind. Dadurch können sich jeweils verschiedene Zielkosten ergeben. Auf den ersten Blick scheint damit ein relativ hoher Aufwand bei Anwendung des Zielkostenmanagements verbunden zu sein und nicht den sich daraus ergebenden Nutzen zu rechtfertigen. Dabei ist allerdings zu berücksichtigen, daß der zugrundeliegende Prozeß zur Erstellung des Produktes bei allen Varianten vom Ablauf her identisch ist. Lediglich der Umfang der einzelnen Teilprozesse differiert von Variante zu Variante. So ist bei der Analyse des Kostensenkungspotentials bei jeder Variante der gleiche Prozeß zu unter-

---

228 Vgl. zur Produktbildung KGSt, Definition, 1994, S. 57-59.

suchen, was den damit verbundenen Aufwand in Grenzen hält und den Einsatz des Zielkostenmanagements für diese Produkte „lohnend" macht.

## b) Ungenaue Äußerungen der Abnehmer bezüglich der Produktfunktionen und Zahlungsbereitschaften

Dadurch, daß in öffentlichen Betrieben und Verwaltungen überwiegend *Dienstleistungen* vorliegen, wird möglicherweise die Bestimmung des Zielverkaufspreises oder der Zahlungsbereitschaft der Leistungsabnehmer beeinflußt. Bei Dienstleistungen ergibt sich für die Nachfrager das Problem, daß der „Wert" einer Dienstleistung schlecht abgeschätzt werden kann. Aufgrund der Immaterialität der Leistung kann der Nachfrager nicht zwei oder mehrere greifbare Güter vor seiner Kaufentscheidung vergleichen und auf diese Weise deren Wert schätzen.[229] Dem Nachfrager ist es nicht möglich, vor der Kaufentscheidung die Dienstleistung zu betrachten, da es gerade ein Kennzeichen der Dienstleistung ist, daß die Leistungserstellung und Leistungsabnahme zusammenfallen.[230] Die Besonderheit der Dienstleistung führt dazu, daß dem potentiellen Abnehmer die *Angabe einer Zahlungsbereitschaft* für eine Dienstleistung gegenüber der Angabe einer Zahlungsbereitschaft für ein materielles Gut schwerer fällt. Die das Zielkostenmanagement anwendenden öffentlichen Betriebe und Verwaltungen sind aber auf möglichst exakte Preisvorstellungen seitens der Abnehmer für ihre Leistungen angewiesen. Wird bereits die Ausgangsgröße zur Ermittlung der Zielkosten falsch eingeschätzt, ergeben sich Ungenauigkeiten bei der Bestimmung der Zielkosten. Ergeben sich aus der Anwendung des Zielkostenmanagements Entscheidungen bezüglich der Eleminierung von Produkten (bei bereits bestehenden Produkten) bzw. der Nichtherstellung von Produkten (bei innovativen Produkten), können falsche Zielkosten für die das Zielkostenmanagement anwendenden Einrichtungen eine größere Gefahr bedeuten, als wenn das Zielkostenmanagement überhaupt nicht zum Einsatz kommen würde. Der Wert der Dienstleistungen sollte bei Anwendung des Zielkostenmanagements bestimmbar sein, oder es sind andere alternative Größen zum Zielverkaufspreis anzusetzen.

---

[229] Vgl. Hilke, Wolfgang, Grundprobleme, 1994, S. 220 und S. 226-228.
[230] Vgl. Meyer, Anton, Automatisierung, 1994, S. 72.

Weiterhin fällt bei Dienstleistungen die *Feststellung der Kundenwünsche* schwerer als bei materiellen Güter, weil nichts „Greifbares" gegeben ist, was der Anbieter dem Kunden zeigen und der Nachfrager sich dann leichter vorstellen kann.[231]

Aber das Feststellen von Kundenwünschen und der Zahlungsbereitschaft der Kunden bei Dienstleistungen ist ein allgemeines, marketingpolitisches Problem, das auch in der Privatwirtschaft auftritt. Dort sind ebenfalls - wenn auch unter erschwerten Bedingungen gegenüber den Sachgütern - Kundenwünsche und Preisvorstellungen von Kunden bei Dienstleistungen im Rahmen der Marktforschung festzustellen.[232] Mithin können sich die öffentlichen Betriebe und Verwaltungen bei der Lösung dieses Problems an den Methoden der Marktforschung aus der Privatwirtschaft orientieren.

Bei Leistungen, für die es mehrere Abnehmer gibt, kann das Problem auftreten, daß die Leistungsabnehmer ihre Wünsche bezüglich der Gestaltung des Produktes nicht ganz ehrlich äußern. So werden unter Umständen einzelne Funktionen von einigen Bürgern nicht gefordert in der Hoffnung, daß sie von anderen Bürgern genannt werden. Somit könnten sie einen niedrigeren Preis angeben, den sie bereit sind, für die Leistung zu bezahlen. Andererseits aber wünschen sie insgeheim die Funktionen und hoffen, daß andere Bürger an ihrer Stelle Wünsche nach diesen Funktionen äußern. Die sich so strategisch verhaltenden Bürger erhoffen sich, daß die Leistung von der öffentlichen Einrichtung zusätzlich mit den von ihnen verheimlichten Funktionen ausgestattet wird, sie dafür aber einen niedrigeren Preis bezahlen müssen, als sie an sich bereit wären zu entrichten. Man spricht von der sogenannten *„Trittbrettfahrer-Haltung"* einzelner Bürger.[233] Für die das Zielkostenmanagement anwendenden Einrichtungen bedeuten die nicht korrekt geäußerten Wünsche der Leistungsabnehmer Ungenauigkeiten bei der Festlegung der Leistung und der Zielkosten. Verhalten sich alle Bürger nach dem Trittbrettfahrersyndrom, kann es passieren, daß von den öffentlichen Betrieben

---

[231] Zu Besonderheiten von Dienstleistungen vgl. Hilke, Wolfgang, Grundprobleme, 1994, S. 220.

[232] Auf eine ausführliche Behandlung dieses marketingspezifischen Problems muß aufgrund der hier vorliegenden Themenstellung verzichtet werden. Vgl. zur Marktforschung im Dienstleistungsbereich Bieberstein, Ingo, Dienstleistungs-Marketing, 1995, S. 97-119; Corsten, Hans, Betriebswirtschaftslehre, 1990, S. 179 f; Meffert, Heribert / Bruhn, Manfred, Dienstleistungsmarketing, 1995, S. 92-100.

[233] Vgl. Ahrns, Hans-Jürgen / Feser, Hans-Dieter, Wirtschaftspolitik, 1995, S. 14.

oder den öffentlichen Verwaltungen Leistungen auf den Markt gebracht werden, die so tatsächlich gar nicht von den Bürgern gewünscht werden. Dieser Umstand muß bei der Feststellung der Kundenwünsche berücksichtigt werden, indem die von den Abnehmern geäußerten Wünsche auf ihre Realitätsnähe überprüft werden.

## c) Ausnutzen von Spielräumen des Zielkostenmanagementkonzepts

Schwierigkeiten bei der Durchführung des Zielkostenmanagements können dadurch auftreten, daß das Konzept des Zielkostenmanagements noch einige offene Fragen beinhaltet und somit die *Vorgehensweise bei Einsatz des Zielkostenmanagements zum Teil noch nicht eindeutig geklärt ist.*[234]

Eine das Zielkostenmanagement anwendende öffentliche Einrichtung kann sich zum Beispiel keines eindeutigen Verfahrens bedienen, um die Zielkosten zwischen den Standardkosten und den allowable costs festzulegen. Die öffentliche Einrichtung kann sich beispielsweise auch nicht an objektiven Kriterien orientieren, inwieweit die Zielkosten vom Zielkostenindex von 1 abweichen dürfen. Hier muß sich die jeweilige öffentliche Einrichtung für eine Lösung entscheiden. Dies kann dazu führen, daß aufgrund der praktischen Gegebenheiten in einigen theoretisch noch nicht genau geklärten Punkten Unterschiede in der Durchführung des Zielkostenmanagements verschiedener Einrichtungen auftreten. Davon werden die Vorteile des Konzepts allerdings kaum beeinträchtigt.[235]

## C. Klassifizierung von Anwendungsbereichen für das Zielkostenmanagement in öffentlichen Betrieben und Verwaltungen

Bei der Klassifizierung von Anwendungsbereichen für das Zielkostenmanagement in öffentlichen Betrieben und Verwaltungen geht es darum, die *prinzipielle Anwendbarkeit* von Zielkostenmanagement festzustellen. Über den tatsächlichen Einsatz von Zielkostenmanagement ist im jeweiligen Einzelfall zu entscheiden, wobei praktische Probleme bei der Einführung und Durchführung von Zielkostenmanagement maßgebend sind.

---

[234] Vgl. zu den Grenzen des Zielkostenmanagements Abschnitt E. des 2. Kapitels, S. 83-86.
[235] Vgl. Lorson, Peter, Target Costing, 1994, S. 313.

Um festzustellen, ob das Zielkostenmanagement in öffentlichen Betrieben und Verwaltungen eingesetzt werden kann, wurden in Abschnitt A.II. dieses Kapitels, S. 88-154, die einzelnen Bestandteile des Zielkostenmanagements vor dem Hintergrund der Besonderheiten öffentlicher Einrichtungen untersucht. Auf mögliche Probleme bei der Realisierung des Zielkostenmanagements wurde in Abschnitt B. dieses Kapitels, S. 155-170, näher eingegangen. Die Ergebnisse sind in diesem Gliederungspunkt zusammenzufassen, um zu allgemeinen Aussagen bezüglich der Anwendbarkeit von Zielkostenmanagement in öffentlichen Einrichtungen zu gelangen.

Die bisherige Untersuchung hat gezeigt, daß bei *Leistungen, die über ihre Grundfunktion hinaus keine Gestaltungsspielräume bezüglich einzelner Leistungsmerkmale* aufweisen, nur ein *Teil des Zielkostenmanagements anzuwenden* ist. Aufgrund fehlender Wünsche der Leistungsabnehmer wird das Zielkostenmanagement zu einem reinen Kostensenkungsinstrument. Für diese Leistungen kann lediglich die Dekompositionstechnik des Zielkostenmanagements eingesetzt werden. Es sollte aber nicht mehr von Zielkostenmanagement gesprochen werden. *Ansonsten gibt es prinzipiell keinen Bereich der öffentlichen Betriebe und Verwaltungen, bei dem aufgrund seiner Besonderheiten gegenüber der Privatwirtschaft die Anwendung von Zielkostenmanagement einzuschränken ist.* Zum Teil sind allerdings zum einen Änderungen in den öffentlichen Betrieben und Verwaltungen vorzunehmen, um das Zielkostenmanagement einsetzen zu können. Zum anderen ist das Zielkostenmanagement gegenüber dem für privatwirtschaftliche Unternehmen diskutierten Konzept zu modifizieren. Die zweite Möglichkeit besagt, daß die Anwendung des Zielkostenmanagements entweder durch Änderungen in der Vorgehensweise des Zielkostenmanagements oder durch erweiterte Definitionen erreicht werden kann.

Da die Besonderheiten der Leistungen maßgeblich bestimmen, wie das Zielkostenmanagement für Leistungen öffentlicher Betriebe und Verwaltungen auszusehen hat, oder ob für Leistungen öffentlicher Betriebe und Verwaltungen nur ein Teil des Zielkostenmanagements eingesetzt werden kann, sollen *anhand der allgemeinen Besonderheiten der Leistungen öffentlicher Einrichtungen die Anwendungsbereiche des Zielkostenmanagements aufgezeigt* werden.

Um zu allgemeinen Aussagen bezüglich der Anwendbarkeit von Zielkostenmanagement für Leistungen öffentlicher Einrichtungen zu gelangen, wäre es wünschenswert, wenn sich die einzelnen Leistungen öffentlicher Einrichtungen zu Gruppen zusammenfassen ließen. Da die einzelnen Leistungen allerdings viele verschiedene Besonderheiten aufweisen, ist eine Gruppenbildung nicht möglich.

Um einzelne öffentliche Betriebe und Verwaltungen dennoch bei ihren Überlegungen zum Einsatz des Zielkostenmanagements zu unterstützen, wird in einer Matrix gegenübergestellt, welche Besonderheiten der Leistungen öffentlicher Einrichtungen dazu führen, daß nur ein Teil des Zielkostenmanagements angewendet werden kann und welche Besonderheiten der Leistungen öffentlicher Einrichtungen zu Modifikationen am Zielkostenmanagementkonzept führen. Will nun eine öffentliche Einrichtung für ihre Leistungen Zielkostenmanagement einsetzen, kann sie sich an den für sie zutreffenden Besonderheiten orientieren und daran ablesen, in welchen Bereichen Modifikationen am Zielkostenmanagement gegenüber dem für privatwirtschaftliche Unternehmen diskutierten Konzept vorzunehmen sind oder ob nur ein Teil des Zielkostenmanagements angewendet werden kann. Darüber hinaus werden in der Matrix in einer gesonderten Spalte ausgewählte Beispiele öffentlicher Einrichtungen aufgeführt, bei deren Leistungen die jeweilige Besonderheit zutrifft. Da manche Leistungen öffentlicher Einrichtungen mit mehreren Besonderheiten verbunden sind, treten einige Beispiele mehrmals auf. Die Matrix findet sich in Abbildung 20.

Wie bereits weiter oben festgehalten, zeigt die Abbildung noch einmal, daß für *Leistungen, die über ihre Grundfunktion hinaus keine feststellbaren Gestaltungsspielräume bezüglich einzelner Leistungsmerkmale* aufweisen, Zielkostenmanagement kein sinnvolles Konzept darstellt. Für diese Leistungen kann lediglich ein Teil des Zielkostenmanagements genutzt werden. Bei genauer Betrachtung sollte man dann, wie schon erwähnt, nicht mehr von Zielkostenmanagement sprechen, da eine wichtige Komponente, die Orientierung an den Wünschen der Leistungsabnehmer, fehlt. Als Beispiel für diese Art von Leistungen lassen sich die Kernleistungen der Abwasserentsorgung sowie der Wasser- und Energieversorgung anführen.

| Für das Zielkostenmanagement relevante Besonderheiten der Leistungen öffentlicher Einrichtungen | Beispiele | Die relevanten Besonderheiten führen zu Modifikationen des für privatwirtschaftliche Unternehmen diskutierten Zielkostenmanagements in bezug auf | | | Keine Anwendung von Zielkostenmanagement; lediglich Einsatz der Dekompositionstechnik |
|---|---|---|---|---|---|
| | | Zielverkaufspreis | Definition des Kunden | Definition des Gewinns | |
| Nichtmarktgängige Leistungen | • Eingriffsverwaltungen<br>• Leistungsverwaltungen | x | | x | |
| Prinzipiell marktgängige, aber unentgeltliche Leistungen | • Schule | x | | x | |
| Prinzipiell marktgängige, aber zu administrierten Preisen abgegebene Leistungen | • Müllabfuhr<br>• Elektrizitätsunternehmen<br>• Krankenhaus<br>• Betrieb des ÖPNV<br>• Deutsche Post AG<br>• Theater | x | | x | |
| Leistungen mit Abnahmepflicht | • Eingriffsverwaltungen<br>• Schule<br>• Müllabfuhr | | x | | |
| Keine feststellbaren Gestaltungsspielräume bezüglich einzelner Leistungsmerkmale | • z. T. bei Leistungen von Eingriffsverwaltungen<br>• z. T. bei Leistungen von Leistungsverwaltungen<br>• Elektrizitätsunternehmen<br>• Abwasserunternehmen | | | | x |
| | • Sparkasse | | | | |

**Abb. 20: Einfluß von Besonderheiten der Leistungen öffentlicher Betriebe und Verwaltungen auf die Anwendung von Zielkostenmanagement**

Eigene Darstellung, basierend auf Ausführungen des Abschnitts A.II. dieses Kapitels, S. 88-154.

173

Modifikationen des Zielkostenmanagements sind in den verschiedensten Bereichen des Zielkostenmanagements vorzunehmen:

Liegt für eine Leistung eine *Abnahmepflicht* oder ein *Anschluß- oder Benutzungszwang* vor, wird dadurch nicht die Anwendung von Zielkostenmanagement eingeschränkt, sondern der Begriff „Kunde" ist im Sinne von Leistungsabnehmer und damit in einem weiten Sinne aufzufasssen. Unter Leistungsabnehmer sind sowohl Abnehmer zu verstehen, die freiwillig eine Leistung in Anspruch nehmen, als auch Abnehmer, die zur Leistungsabnahme verpflichtet sind. Anschluß- oder Benutzungszwang liegt vor allem bei Entsorgungsbetrieben vor, das heißt bei den Betrieben mit hoheitlichen Befugnissen. Zum anderen unterliegen die Leistungen der Eingriffsverwaltung einem Abnahmezwang.

Auf den Ansatz eines Zielverkaufspreises - so wie er im für privatwirtschaftliche Unternehmen diskutierten Zielkostenmanagementkonzept verstanden wird - ist bei *nichtmarktgängigen Leistungen*, bei *prinzipiell marktgängigen, aber unentgeltlichen* bzw. zu *administrierten Preisen abgegebenen Leistungen* zu verzichten. Für diese Leistungen sind alternative Größen zur Ermittlung der Zielkosten anzusetzen, wobei vorrangig der monetäre Wert des Nutzens vor einer Kostengröße vergleichbarer öffentlicher Einrichtungen und den eigenen Standardkosten bzw. Selbstkosten auf Istkostenbasis abzüglich eines Senkungsabschlags heranzuziehen ist. Sämtliche Leistungen öffentlicher Verwaltungen sind nach der in der vorliegenden Arbeit vorgenommenen Abgrenzung nichtmarktgängige Leistungen. Als ein Beispiel für einen öffentlichen Betrieb, der unentgeltliche Leistungen abgibt, läßt sich die Schule anführen. Administrierte Preise kommen beispielsweise bei Betrieben des Öffentlichen Personennahverkehrs, Theatern, Krankenhäusern, Elektrizitätsunternehmen, der Müllabfuhr und der Deutschen Post AG vor.

Wird als Ausgangspunkt zur Ermittlung der Zielkosten nicht von einem Zielverkaufspreis ausgegangen, ist der *Begriff des Gewinns* gegenüber dem für privatwirtschaftliche Unternehmen diskutierten Zielkostenmanagement zu erweitern. Der Gewinn kann in diesen Fällen nicht nur positiv, sondern auch negativ oder gleich Null sein.

Keine für das Zielkostenmanagement relevanten Besonderheiten liegen zum Beispiel bei Leistungen von Sparkassen vor. Folglich ist das Zielkostenmanagementkonzept bei diesen Leistungen *nicht* gegenüber dem für privatwirtschaftliche Unternehmen diskutierten Zielkostenmanagement zu modifizieren.

# 4. KAPITEL: MÖGLICHKEITEN UND GRENZEN DER ANWENDUNG VON ZIELKOSTENMANAGEMENT IN ÖFFENTLICHEN BETRIEBEN UND VERWALTUNGEN. AUSWÄHLTE BEISPIELE

## A. Vorbemerkungen

Um möglichst alle Leistungen öffentlicher Einrichtungen hinsichtlich der Anwendbarkeit von Zielkostenmanagement zu untersuchen, wurden bisher vor allem allgemeine Aussagen getroffen. Zwar wurden auch im dritten Kapitel die allgemeinen Aussagen mit Beispielen untermauert, aber im Rahmen der dortigen Ausführungen wurde darauf verzichtet, an einem Beispiel den *gesamten Prozeß* des Zielkostenmanagements zusammenhängend darzustellen. Genau dieses soll in den folgenden Abschnitten nachgeholt werden, um eine praxisbezogene Vorstellung des Zielkostenmanagements für Leistungen öffentlicher Einrichtungen zu vermitteln. Wohlgemerkt geht es hier nicht darum, die Implementierung von Zielkostenmanagement, sondern die Durchführung von Zielkostenmanagement an einem Beispiel aufzuzeigen. Wie Zielkostenmanagement in eine öffentliche Einrichtung eingeführt werden kann, wurde bereits in den Abschnitten B.I.b) und B.I.c) des dritten Kapitels, S. 159-163, näher untersucht. Allerdings soll im Rahmen der Beispiele erneut das Problem der Wirtschaftlichkeit aufgegriffen werden, um zu zeigen, daß der Einsatz von Zielkostenmanagement in den beiden Beispielen auch unter Wirtschaftlichkeitsgesichtspunkten sinnvoll ist.

Untersucht man die verschiedenen Leistungen öffentlicher Betriebe und Verwaltungen, so lassen sich eine Reihe von Produkten definieren, für die die Anwendung von Zielkostenmanagement sinnvoll erscheint. Eine Auswahl davon wird in Übersicht 1 wiedergegeben.

Da im Rahmen der vorliegenden Arbeit nicht für jedes der Anwendungsbeispiele der Einsatz von Zielkostenmanagement exemplarisch dargestellt werden kann, und dieses wegen der damit verbundenen Wiederholungen auch nicht zweckmäßig erscheint, wird sowohl ein Beispiel der öffentlichen Verwaltungen als auch ein Beispiel der öffentlichen Betriebe herausgegriffen: das Sozialamt und das öffentliche Theater. Wie der Einsatz von Zielkostenmanagement in diesen beiden öffentlichen Einrichtungen aussehen kann, wird in den folgenden zwei Gliederungspunkten behandelt.

| Übersicht 1: | Anwendungsbeispiele für das Zielkostenmanagement in öffentlichen Betrieben und Verwaltungen |
|---|---|

Anwendungsbeipiele für Produkte öffentlicher Verwaltungen:
- Kfz-Anmeldungen
- Bauanträge
- Erteilung von rechtlichen Genehmigungen, z.b. Betriebserlaubnisse von Gaststätten
- Eheschließungen
- Kinderbetreuung in Kindergärten
- Aufnahme von Verkehrsunfällen bei der Polizei
- Veranstaltung von Märkten, Volksfesten
- Bau von Gebäuden
- Sozialhilfe

Anwendungsbeipiele für Produkte öffentlicher Betriebe:

- Weiterbildungskurse in der Volkshochschule
- Musikunterricht in der Musikschule
- Behandlungsfälle im Krankenhaus
- Müllentsorgung
- Busfahrt des ÖPNV
- Bühnenwerke im öffentlichen Theater
- Schulunterricht

Eigene Darstellung

## B. Der Einsatz von Zielkostenmanagement im Sozialamt

### I. Charakterisierung des Sozialamtes

Im Sozialstaat Deutschland muß die öffentliche Hand vielfältige Sozial-leistungen übernehmen, für die verschiedene Leistungsträger existieren. So sind zum Beispiel für Leistungen der Arbeitsförderung die Arbeitsämter und sonstigen Dienststellen der Bundesanstalt für Arbeit, für Leistungen der gesetzlichen Rentenversicherung der Angestellten die Bundesanstalt für Angestellte (BfA), für Leistungen der Jugendhilfe die Jugendämter und Landesjugendämter und für *Leistungen der Sozialhilfe* die Landkreise und kreisfreien Städte, die überörtlichen Sozialhilfeträger und für bestimmte Aufgaben der Sozialhilfe die Gesundheitsämter zuständig.[1]

In der Sozialhilfe wird zwischen örtlichen und überörtlichen Trägern unterschieden, wobei die örtlichen Träger Kreise und kreisfreie Städte sind und die überörtlichen Träger von den Ländern in den Ausführungsgesetzen zum Bundessozialhilfegesetz (BSHG) festgelegt werden.[2] Die örtlichen Träger der Sozialhilfe setzen in der Regel *Sozialämter* zur Durchführung ihrer Aufgaben ein.[3] Die Einrichtung von Sozialämtern ist nicht zwingend vorgeschrieben. In praxi zeigt sich, daß von diesen Ämtern der überwiegende Teil der Sozialhilfeaufgaben übernommen wird.[4]

Die Sozialämter haben bei der Durchführung ihrer Aufgaben die für die Sozialhilfe maßgeblichen Ausführungsgesetze der Länder zum Bundessozialhilfegesetz (BSHG)[5], das Sozialgesetzbuch X (SGB X)[6] und ergänzend das Kommunalrecht der Länder zu beachten.[7] Nach § 8 BSHG gehören zu den Formen der Sozialhilfe die persönliche Hilfe, die Geld- und die Sachleistung. Unter *persönlicher Hilfe*, der im Rahmen der Sozialhilfe herausragende Bedeutung zukommen soll, ist vor allem die Beratung, Betreuung und Aufklärung des Hilfesuchenden zu verstehen. Geld- und Sachleistungen umfassen die wirtschaftliche Hilfe des Hilfesuchenden, wobei *Geldleistungen* die an den Hilfempfänger zu zahlenden Geldbeträge, geldwerte Be-

---

1   Vgl. Döring, Diether, Sozialverwaltungen, 1989, Sp. 1468-1470.

2   Vgl. § 96 BSHG sowie Döring, Diether, Sozialverwaltungen, 1989, Sp. 1472.

3   Vgl. Döring, Diether, Sozialverwaltungen, 1989, Sp. 1472; Schellhorn, Walter / Jirasek, Hans / Seipp, Paul, Bundessozialhilfegesetz, 1993, S. 529 f.

4   Schellhorn, Walter / Jirasek, Hans / Seipp, Paul, Bundessozialhilfegesetz, 1993, S. 530.

5   BSHG vom 30. Juni 1961 (BGBl. I S. 815) in der Fassung der Bekanntmachung vom 23. März 1994 (BGBl. I S. 646) mit Änderungen durch das Gesetz zur sozialen Absicherung des Risikos der Pflegebedürftigkeit (Pflege-Versicherungsgesetz) vom 26. Mai 1994 (BGBl. I S. 1014) und das Gesetz zur Reform der agrarsozialen Sicherung (Agrarsozialreformgesetz 1995) vom 29. Juli 1994 (BGBl. I S. 1890).

6   SGB X, Artikel I des Gesetzes vom 18. August 1980 (BGBl. I S. 1469, 2218) und Artikel I des Gesetzes vom 4. November 1982 (BGBl. I S. 1450), zuletzt geändert mit Gesetz vom 13.6.1994 (BGBl. I S. 1229).

7   Vgl. Schellhorn, Walter / Jirasek, Hans / Seipp, Paul, Bundessozialhilfegesetz, 1993, S. 529.

rechtigungsausweise sowie Darlehen und *Sachleistungen* die unmittelbare Deckung eines Bedarfs, wie zum Beispiel Arztbehandlung, Kleidung, Hausrat oder Brennstoff, darstellen.[8]

Das Bundessozialhilfegesetz unterscheidet zwischen der Hilfe zum Lebensunterhalt (§§ 11-26 BSHG) und der Hilfe in besonderen Lebenslagen (§§ 27-75 BSHG). Mit der *Hilfe zum Lebenunterhalt* wird das finanziert, was der Hilfebedürftige täglich zum Überleben braucht, das heißt, was für „die Ernährung, Unterkunft, Kleidung, Hausrat, Heizung und persönliche Bedürfnisse des täglichen Lebens"[9] benötigt wird. Die *Hilfe in besonderen Lebenslagen* wird nur dann gewährt, wenn besondere Bedarfstatbestände, wie zum Beispiel Krankheit, Schwangerschaft oder Behinderung, vorliegen.[10]

## II. Anwendungsvoraussetzungen für das Zielkostenmanagement im Sozialamt

1) Für die Untersuchung der Anwendung des Zielkostenmanagements wird aus den Aufgaben des Sozialamtes das **Produkt** „*Gewährung von Sozialhilfe*" ausgewählt. Dieses Produkt ist kein materielles Gut, sondern eine Dienstleistung, deren Resultat durchaus ein materielles Gut sein kann. Die einzelne Leistung kann gegenüber dem Bürger - wie bereits im vorherigen Abschnitt festgestellt - als persönliche Hilfe, Sach- oder Geldleistung auftreten. Aufgabe des Sozialamtes ist es nicht, die materiellen Leistungen (Sach- oder Geldleistungen) herzustellen, sondern zu untersuchen, ob diese Leistungen einzelnen Bürgern zu gewähren sind. So kann das Resultat der Leistung des Sozialamtes gegenüber dem Bürger materieller Natur sein, aber die Beratung, Betreuung und Aufklärung der Hilfesuchenden sowie die Bewilligung von Sach- oder Geldleistungen als die originären Aufgaben stellen *Dienstleistungen* dar. Die Zusammenfassung verschiedener Aufgaben zu einem Produkt ist notwendig, da in der Praxis einzelne Teilleistungen, wie zum Beispiel die Aufnahme des Sozialhilfeantrages eines Hilfebedürftigen, sowohl zu Hilfe in besonderen Lebenslagen als auch zu Hilfe zum Le-

---

8   Vgl. Döring, Diether, Sozialverwaltungen, 1989, Sp. 1473; Schellhorn, Walter / Jirasek, Hans / Seipp, Paul, Bundessozialhilfegesetz, 1993, S. 91 f.
9   Blume, Otto, Sozialhilfe, 1988, S. 694.
10  Vgl. Döring, Diether, Sozialverwaltungen, 1989, Sp. 1474.

bensunterhalt führen kann.[11] Eine strikte Trennung der einzelnen Aufgaben ist vielfach nicht möglich.

2) Das Produkt wird direkt von den Bürgern abgenommen, die *bestimmte Vorstellungen bezüglich der Dienstleistung* haben. Bisher haben sich die Sozialämter kaum an den Wünschen der Bürger orientiert.[12] Für die **Ermittlung der Wünsche der Leistungsabnehmer** hält es das Sozialamt im Beispiel nicht für notwendig, eine eigene Marktforschungsabteilung einzurichten. Der daraus resultierende Nutzen rechtfertigt den Einsatz nicht. Das Sozialamt sieht es als ausreichend an, die Wünsche der Hilfebedürftigen bezüglich der Produktgestaltung mit Hilfe der Mitarbeiter des Sozialamtes zu ermitteln. So wird im Sozialamt jeder Hilfebedürftige bei seinem Besuch im Sozialamt zu seinen Vorstellungen mittels eines Fragebogens befragt, den ihm die Mitarbeiter des Sozialamtes aushändigen oder mit ihm zusammen ausfüllen. Die Auswertung der Fragebögen wird von einem Mitarbeiter der öffentlichen Verwaltung übernommen, der für diese Zeit von seinen übrigen Tätigkeiten freigestellt wird und speziell für die Auswertung geschult wurde. Dieser Mitarbeiter ist Mitglied im Produktteam. Eine andere - kostengünstigere - Möglichkeit zur Festlegung der Kundenwünsche wäre es, daß im Beispiel das Sozialamt darauf verzichtet, die Kundenwünsche mittels Marktforschungsmethoden zu ermitteln, und die Mitarbeiter des Sozialamtes die vermuteten Wünsche der Leistungsabnehmer zusammentragen. Durch die bloßen Vermutungen ist diese Möglichkeit mit höheren Ungenauigkeiten verbunden als der Einsatz von Marktforschungsmethoden. Im Beispiel wird angenommen, daß das Sozialamt aus diesem Grund darauf verzichtet und die Wünsche der Leistungsabnehmer mittels Fragebögen ermittelt, um die *tatsächlichen* Wünsche der Abnehmer zu erfahren.

3) Da für die Dienstleistung Teilleistungen feststellbar sind, läßt sie sich **in einzelne Leistungskomponenten zerlegen.** Zur Erbringung der Dienstleistung sind repetitive und formalisierte Tätigkeiten durchzuführen, die aufgrund der Integration des externen Faktors[13] vielfach einen unterschiedlichen Umfang einnehmen können. So ist davon auszugehen, daß die Bearbeitung eines Sozialhilfeantrages für einen alleinstehenden Bürger ohne Kinder weniger aufwendig ist als für eine fünfköpfige Familie mit erwachsenen Kindern. Dieses Problem läßt sich nicht dadurch lösen, daß die Pro-

---

11  Vgl. Schoch, Dietrich, Sozialhilfe, 1990, S. 48.
12  Vgl. Kunze, Udo / Schröder, Jan, Einführung, 1995, S. 244 f.
13  Vgl. Abschnitt B.II.a) des 3. Kapitels, S. 166-168, m.w.N.

dukte in verschiedene Varianten unterteilt werden.[14] Die familiären und finanziellen Ausgangssituationen der einzelnen Hilfebedürftigen sind von Fall zu Fall verschieden und lassen sich nicht standardisieren.

Um Zielkostenmanagement anwenden zu können, bietet es sich an, aus den Einzelfällen gebildete *Durchschnittswerte* heranzuziehen. So sind nicht die Kosten der jeweiligen Einzelfälle zu betrachten, sondern die durchschnittlichen Kosten, die sich für einen Fall der Gewährung von Sozialhilfe ergeben, indem die Gesamtkosten einer Periode für das Produkt durch die hergestellte Menge des Produktes, das heißt die bearbeiteten Sozialhilfeanträge der Periode, geteilt werden. Entsprechend wird nicht die jeweilige Bearbeitungszeit eines Antrages betrachtet, sondern die durchschnittliche Bearbeitungszeit der gesamten Anträge usw. Die Durchschnittsbildung soll im Rahmen dieser Arbeit angewendet werden, da davon ausgegangen wird, daß sich die unterschiedlichen Aufwendungen für die Bearbeitung der einzelnen Anträge im Durchschnitt ausgleichen. Sicher wäre es wünschenswert, die einzelnen Fälle differenzierter zu betrachten, aber dies wäre mit einem erheblich erhöhten Aufwand verbunden,[15] und es ist fraglich, ob der erzielte Nutzen den eingesetzten Aufwand rechtfertigt.

4) Der **Ausbau der Kostenrechnung** ist davon abhängig, inwieweit bereits eine Kostenrechnung im Sozialamt eingerichtet ist. Sozialämter sind in die Verwaltungsorganisation einer Stadt oder eines Landkreises integriert und haben somit das Haushaltsrecht zu beachten. Da für die öffentlichen Verwaltungen zwar bisher der Einsatz der Doppik[16] diskutiert wird, aber überwiegend noch nicht erfolgt ist,[17] kann davon ausgegangen werden, daß als *Rechnungsstil die Verwaltungskameralistik* angewendet wird. Ob bereits eine *Kostenrechnung* existiert, ist vom jeweiligen Einzelfall abhängig, da die Einführung einer Kosten- und Leistungsrechnung in den einzelnen Städten und Landkreisen bisher unterschiedlich weit fortgeschritten ist.[18] In dem hier vorliegenden Beispiel wird davon ausgegangen, daß in der öffentlichen Verwaltung, zu der das Sozialamt gehört, bereits eine *umfassende*

---

14    Wie z.B. in Abschnitt B.II.a) des 3. Kapitels, S. 166-168, vorgeschlagen.
15    Vgl. Kunze, Udo / Schröder, Jan, Einführung, 1995, S. 248 f.
16    Zur Diskussion von Doppik oder Kameralistik in der öffentlichen Verwaltung vgl. z.B. Eichhorn, Peter (Hrsg.), Doppik und Kameralistik, 1987.
17    Vgl. Ortmann, Friedrich, Steuerungsformen, 1996, S. 65.
18    Zur Verbreitung der Kosten- und Leistungsrechnung in der Stadtverwaltung vgl. Grömig, Erko / Thielen, Hartmut, Reformweg, 1996, S. 597.

*Kostenarten-, Kostenstellen- und Kostenträgerrechnung* eingerichtet ist,[19] wobei unter anderem das oben angeführte Produkt als Kostenträger definiert ist. Somit lassen sich die Standardkosten für das Produkt, das dem Zielkostenmanagement unterworfen werden soll, ermitteln.

Sinnvoller wäre es, wenn die Standardkosten mittels einer Prozeßkostenrechnung festgestellt würden. Um Wiederholungen zu vermeiden, wird auf das obige Anwendungsbeispiel der Prozeßkostenrechnung verwiesen,[20] das der öffentlichen Verwaltung entstammt.

5) In dem vorliegenden Beispiel wird angenommen, daß in der öffentlichen Verwaltung bereits eine zentrale **Controllingstelle** eingerichtet ist, die für die Einführung der Kostenrechnung zuständig war und den reibungslosen Ablauf der Kostenrechnung sicherstellt. In der Praxis werden allgemein erste Vorstöße unternommen, Controllinginstrumente auch im Sozialamt einzuführen,[21] auf die bei der Einführung von Zielkostenmanagement zurückgegriffen wird und die gegebenenfalls zu erweitern sind. Im Beispiel wird davon ausgegangen, daß im Sozialamt zusätzlich zum Instrument der Kostenrechnung bereits begonnen wurde, die Controllinginstrumente Benchmarking und Qualitätsmanagement zu nutzen.

6) Die Mitglieder der für die Anwendung des Zielkostenmanagements zu bildenden **Produktteams** sollten aus den verschiedenen mit der Produktherstellung und dem Produktabsatz beauftragten Funktionsbereichen des Unternehmens bzw. der öffentlichen Verwaltung kommen. Im Beispiel hat sich das Sozialamt entschlossen, daß das Produktteam aus dem *Amtsleiter des Sozialamtes*, einem Teil der mit der Produktherstellung beschäftigten *Mitarbeiter des Sozialamtes*, einem *Controller*, dem *mit der Auswertung der Fragebögen bezüglich der Wünsche der Leistungsabnehmer betrauten Mitarbeiter* und einem *Mitarbeiter aus einer anderen Abteilung* bestehen soll.

---

19   Diese Annahme ist realistisch, da im Zuge der Verwaltungsreform immer mehr öffentliche Verwaltungen eine Kostenrechnung einführen bzw. bereits eingeführt haben (Vgl. für den Bereich der Städte Grömig, Erko / Thielen, Hartmut, Reformweg, 1996, S. 597).

20   Vgl. Abschnitt A.II.c)5.bb) des 3. Kapitels, S. 128-141.

21   Vgl. Grabler, Susanne / Schröder, Jan, Controlling, 1994, S. 189-192. Zum Beispiel des Sozialamtes Osnabrück vgl. Kunze, Udo / Schröder, Jan, Einführung, 1995.

Wie viele Mitarbeiter des Sozialamtes Mitglied im Produktteam sein sollten, ist von der Größe des Sozialamtes abhängig. Auf jeden Fall sollten durch die Mitglieder des Teams alle Aufgaben abgedeckt werden, die zur Produktherstellung anfallen. In dem hier diskutierten Beispiel werden drei Mitarbeiter des Sozialamtes in das Produktteam berufen, die vornehmlich Anträge auf Sozialhilfe bearbeiten. Der *fachfremde Mitarbeiter* ist im *Einwohnermeldeamt* tätig.

7) Im Beispiel hat sich das Sozialamt entschlossen, die Mitarbeiter und den Amtsleiter des Sozialamtes vor Einführung des Zielkostenmanagements in einer **Schulung** durch einen *externen* Berater umfassend über die Möglichkeiten und die Vorgehensweise des Zielkostenmanagements zu informieren. Sofern der fachfremde Mitarbeiter noch nicht über entsprechende Zielkostenmanagementkenntnisse verfügt, sollte auch dieser an der Schulung teilnehmen. Es wurde ein externer Berater gewählt, da im Beispiel das Sozialamt bisher noch über keine Erfahrung und Kenntnisse in bezug auf das Zielkostenmanagement verfügt und das know-how des externen Beraters nutzen will. Anschließend sollte für denselben Personenkreis eine *interne* Schulung unter der Leitung des zuständigen Mitarbeiters der eigenen Controllingabteilung erfolgen, der über das speziell auf das Sozialamt zugeschnittene Zielkostenmanagementkonzept und die damit zusammenhängenden Änderungen informiert. Dabei sollte der Controller auf mögliche Sorgen und Fragen der Mitarbeiter bezüglich der Anwendung des Zielkostenmanagements sorgfältig eingehen, um die Widerstände der Mitarbeiter gegen die Einführung des Zielkostenmanagements möglichst gering zu halten.

8) Um die Änderung in der Denkweise der Mitarbeiter des Sozialamtes zu unterstützen, wird im Beispiel angenommen, daß das Sozialamt ein **kostenund marktorientiertes Verwaltungsleitbild** formuliert, in dem vor allem die Orientierung der Aufgabenerfüllung an den Wünschen der Leistungsabnehmer verankert wird.[22]

9) Da im Beispiel bisher die Arbeitsplätze des Sozialamtes nur vereinzelt mit PC's ausgestattet sind, hat sich das Sozialamt entschieden, eine schnelle **Informationsversorgung** über *Mitarbeiterzusammenkünfte*, die zweimal

---

22  Zum Leitbild öffentlicher Verwaltungen vgl. Raffée, Hans / Fritz, Wolfgang / Wiedmann, Peter, Marketing, 1994, S. 99-105.

wöchentlich und bei Bedarf öfter stattfinden, zu gewährleisten. Dort sollen die neuesten Informationen mündlich und gegebenenfalls auch schriftlich mitgeteilt werden.

### III. Wirtschaftlichkeitsüberlegungen des Sozialamtes bei Einführung des Zielkostenmanagements

Das Sozialamt muß bei seinen Wirtschaftlichkeitsüberlegungen die Kosten dem Nutzen des Einsatzes von Zielkostenmanagement gegenüberstellen. Es sei noch einmal daran erinnert, daß der Nutzen des Zielkostenmanagements für die jeweilige öffentliche Einrichtung den Kosten entspricht, die durch die Anwendung von Zielkostenmanagement eingespart werden können.[23]

Um den **Nutzen** des Einsatzes von Zielkostenmanagement festzustellen, wird im Beispiel davon ausgegangen, daß das Sozialamt die eigenen Kosten der Herstellung des Produktes „Gewährung von Sozialhilfe" mit den Kosten anderer Sozialämter für das Produkt vergleicht. Dem Sozialamt ist dies möglich, da im Beispiel unterstellt wird, daß sich das Sozialamt bei seinen ersten Überlegungen, seine finanzielle Situation zu verbessern und den Dienstleistungsgedanken stärker bei seiner Tätigkeit zu berücksichtigen, dazu entschlossen hat, Kontakt mit vergleichbaren Sozialämtern aufzunehmen. Es haben sich drei vergleichbare Ämter, die die ungefähr gleiche Anzahl zu betreuender Personen und ähnliche Strukturen im Hinblick auf die Intensität zu bearbeitender Sozialhilfefälle aufweisen, bereit gefunden, mit dem eigenen Amt zusammenzuarbeiten und Informationen über Kostenstrukturen und Organisationsabläufe auszutauschen, so daß Kostengrößen vergleichbarer Ämter zur Verfügung stehen. Hinter der Forderung der gleichen Struktur zu betreuender Personen steckt das Problem, daß die verschiedenen zu bearbeitenden Sozialhilfefälle mit unterschiedlichen Kosten verbunden sind. Liegen in einem Sozialamt vor allem aufwendig zu bearbeitende Fälle vor, so ist davon auszugehen, daß dort höhere Kosten anfallen als in Sozialämtern mit weniger aufwendigen Fällen.

Ferner wird angenommen, daß die Kostengrößen vergleichbarer Ämter nur von der letzten Periode verfügbar sind. Der Grund liegt in der weiter oben

---

[23] Vgl. dazu ausführlich die Ausführungen in Abschnitt B.I.a) des 3. Kapitels, S. 155-159.

getroffenen Annahme, daß die drei Vergleichssozialämter erst seit der letzten Periode eine ausgebaute Kostenrechnung nutzen. Um die Kosten besser vergleichen zu können, haben die vier Sozialämter im Rahmen der Kooperation einheitliche Produkte definiert. Für das Produkt „Gewährung von Sozialhilfe" ergeben sich im Beispiel bei den vergleichbaren Sozialämtern im Durchschnitt gesamte Kosten in Höhe von 190,- DM, 186,50 DM sowie 185,- DM. Da die Kosten aller drei Vergleichssozialämter auf dem gleichen Niveau liegen, ist nicht davon auszugehen, daß es sich um Kostenniveaus in zufällig ähnlicher Höhe handelt. Obwohl nur Kostendaten der letzten Periode vorliegen, können die Kosten mithin durchaus für Vergleichszwecke herangezogen werden.

Für das eigene Sozialamt wird angenommen, daß für die Gewährung von Sozialhilfe in den letzten drei Perioden im Durchschnitt pro Antrag 231,95 DM, 232,99 DM und 233,89 DM Vollkosten angefallen sind. Da hier Kosten der letzten drei Perioden zur Verfügung stehen, ist auch im eigenen Sozialamt des Beispiels davon auszugehen, daß es sich nicht um Kostenniveaus in zufällig ähnlicher Höhe handelt.

Der *Vergleich* der eigenen Kostendaten des Sozialamtes mit den Kosten der anderen drei Sozialämter zeigt, daß die Kosten des eigenen Sozialamtes für das Produkt um rund 25 % über den Kosten vergleichbarer Sozialämter liegen. Absolut ausgedrückt sind die Kosten des eigenen Sozialamtes für das Produkt um ungefähr 45,- DM höher als die Kosten vergleichbarer Sozialämter. Bei im Beispiel angenommenen 3000 voraussichtlich zu bearbeitenden Sozialhilfefällen ergibt sich ein ungefähres Einsparvolumen von rund 135.000,- DM, das unter der Voraussetzung, daß es sich auch erreichen läßt, dem Nutzen aus der Anwendung von Zielkostenmanagement entspricht.

Da die Kosten aller drei vergleichbarer Sozialämter rund ein Viertel niedriger sind als die eigenen Kosten, läßt sich vermuten, daß die eigene Herstellung des Produktes kostengünstiger möglich ist. Untersucht man die Herstellungsstrukturen des Sozialamtes im Beispiel, zeigt sich, daß Kostensenkungen durch Organisationsänderungen, wie zum Beispiel mehr Arbeit in Teams anstatt strikter Aufgabentrennung auf Sachbearbeiterebene,[24] und den Einsatz von spezieller Software für die Unterstützung der Sachbearbei-

---

24  Vgl. Kunze, Udo / Schröder, Jan, Einführung, 1995, S. 245.

tung im Sozialamt[25] erreicht werden können. Diese Annahme kann als realistisch angesehen werden, da die Organisation von Sozialämtern in praxi vielfach durch klare *hierarchische Gliederung, lange Instanzenwege, strikte Aufgabenabgrenzungen* und *starke Spezialisierung der Mitarbeiter* gekennzeichnet ist.[26] Darüber hinaus ist die Denkrichtung vieler Mitarbeiter vielfach noch an den bisherigen Verwaltungsstrukturen, wie zum Beispiel *Gesetzmäßigkeit, Inputorientierung* und *geringer Bürgerorientierung*, ausgerichtet.[27]

Untersucht man die **Kostenseite**, läßt sich im Beispiel aus den bisher getroffenen Annahmen bezüglich der Situation des Sozialamtes schließen, daß sich die mit der Ermittlung der Wünsche der Leistungsabnehmer verbundenen Kosten in Grenzen halten, da keine Marktforschungsabteilung eingerichtet werden muß. Um eine möglichst hohe Quote an aufgedeckten Kostensenkungspotentialen zu erreichen, sollte für die Mitarbeiter des Sozialamtes ein *kontinuierlicher Verbesserungsprozeß (KVP)* geschaffen werden. Die damit verbundenen Kosten sind ebenfalls als relativ gering einzuschätzen.[28] Als Alternative bzw. zusätzlich können finanzielle Leistungsanreize geschaffen werden,[29] was nicht zwangsläufig zu einem erhöhten finanziellen Bedarf bei Einführung des Zielkostenmanagements führt.[30] Ferner ist zu vermuten, daß sich auch die Kosten der Durchführung des Zielkostenmanagements in Grenzen halten werden, da die Bestandteile des Produktes „Gewährung von Sozialhilfe"[31] überschaubar sind. Da keine gravierenden Neuerungen des Produktes zu erwarten sind, ist davon auszugehen, daß der Aufwand durch die ständige Überprüfung der Kostenziele relativ gering ist und keine nennenswerten Kosten dafür anfallen.

Da verstärkt die bereits vorhandenen Controller für die Implementierung und Durchführung des Zielkostenmanagements eingesetzt werden können,

25    Vgl. Hofstätter, Manfred, Technikunterstützung, 1995, S. 55-57.
26    Vgl. Kunze, Udo / Schröder, Jan, Einführung, 1995, S. 245; Schäfer, Wolfgang / Koch, Wolfgang, Zukunftsorientierte Umorganisation, 1993, S. 184.
27    Vgl. Kunze, Udo / Schröder, Jan, Einführung, 1995, S. 244 f.
28    Vgl. zum KVP in der öffentlichen Verwaltung Bentz, Axel / Rüd, Michael, KVP, 1996, S. 224-227.
29    Zur Einführung von Leistungsanreizen im Sozialamt der Stadt Dortmund vgl. Schäfer, Wolfgang / Koch, Wolfgang, Notwendigkeit, 1995, S. 378-381.
30    Vgl. Schäfer, Wolfgang / Koch, Wolfgang, Notwendigkeit, 1995, S. 379.
31    Zu den einzelnen Bestandteilen des Produktes vgl. Abschnitt B.IV. dieses Kapitels, S. 189-204.

entstehen keine zusätzlichen Kosten durch die Einstellung eines neuen Mitarbeiters. Allerdings sind die Kosten des Controllers, der sich mit allen Aufgaben im Zusammenhang mit dem Zielkostenmanagement beschäftigt, dem Sozialamt zuzurechnen. Im Beispiel wird unterstellt, daß im ersten Jahr der Implementierung und des ersten Einsatzes von Zielkostenmanagement ein Controller mit einem im Beispiel angenommenen Jahreseinkommen von 72.000,- DM benötigt wird. In den Folgejahren wird davon ausgegangen, daß der Controller nur noch zu einem Drittel mit Aufgaben des Zielkostenmanagements betraut ist, so daß dem Sozialamt dann jeweils 26.000,- DM pro Jahr zuzurechnen sind.

Darüber hinaus wird im Beispiel angenommen, daß weitere Kosten vor allem durch die Schulung der Mitarbeiter des Sozialamtes und den Einsatz eines externen Beraters entstehen. Dem negativen Gesichtspunkt steht die positive Seite gegenüber, daß durch eine umfassende Schulung nicht zu erwarten ist, daß die Mitarbeiter den Einführungsprozeß durch zu starken Widerstand behindern werden. Geht man im Beispiel davon aus, daß zehn Mitarbeiter zu schulen sind und die Fortbildung eines Mitarbeiters 1.500,- DM kostet, entstehen Kosten in Höhe von 15.000,- DM. Dazu sind im ersten Jahr der Einführung von Zielkostenmanagement die im Beispiel mit 80.000,- DM angenommenen Kosten für den externen Berater sowie die 72.000,- DM durch den Einsatz des Controllers zu addieren, so daß sich im ersten Jahr bezifferbare Kosten durch die Einführung von Zielkostenmanagement in Höhe von 167.000,- DM ergeben. Allerdings muß das Beispiel-Sozialamt beachten, daß sicherlich noch im begrenzten Umfang weitere Kosten - auch durch den Implementierungsprozeß des Zielkostenmanagements - entstehen werden.

Werden die den Nutzen charakterisierenden erwarteten Kosteneinsparungen durch den Einsatz des Zielkostenmanagements (135.000,- DM) den bezifferten Kosten gegenübergestellt, die voraussichtlich durch die Anwendung von Zielkostenmanagement entstehen werden (167.000,- DM), zeigt sich, daß im ersten Jahr der voraussichtliche Nutzen niedriger sein wird als die Kosten. Da das Zielkostenmanagement über mehrere Jahre genutzt werden soll, müssen langfristige Betrachtungen angestellt werden. Aus längerfristiger Sicht ist davon auszugehen, daß im Sozialamt der Nutzen aus dem Zielkostenmanagement größer sein wird als die damit verbundenen Kosten - selbst wenn die Kostenseite um einiges größer sein wird als die im ersten Jahr bezifferten 167.000,- DM. So sind in den Folgejahren kaum noch Kosten durch die Schulung der Mitarbeiter sowie für einen externen Berater anzusetzen, und die dem Sozialamt zuzurechnenden Kosten für den Controller sinken in den Folgejahren.

An dieser Stelle ist es wichtig anzumerken, daß nicht auszuschließen ist, durch das Aufdecken von Kostensenkungspotentialen sogar *niedrigere* Kosten als in den Vergleichssozialämtern zu erreichen. Schließlich ist davon auszugehen, daß die Kosten vergleichbarer Sozialämter keine Optimalwerte darstellen.

Am Ende der Wirtschaftlichkeitsüberlegungen ist noch einmal festzuhalten, daß im Rahmen von Wirtschaftlichkeitsuntersuchungen lediglich *Abschätzungen* vorgenommen werden können und somit nur ungefähre Nutzen- und Kostengrößen zu ermitteln sind, anhand derer die Entscheidung pro oder contra des Einsatzes von Zielkostenmanagement fallen muß.

Im Beispiel wird unterstellt, daß sich das Sozialamt nach Abschluß der Wirtschaftlichkeitsuntersuchungen aufgrund der oben angestellten Überlegungen dazu entschlossen hat, für sein Produkt „Gewährung von Sozialhilfe" Zielkostenmanagement anzuwenden.

## IV. Durchführung von Zielkostenmanagement im Sozialamt

Da im Beispiel angenommen wurde, daß Kostendaten vergleichbarer Sozialämter vorliegen, bietet es sich für das Sozialamt an, anhand dieser Kosteninformationen die Ausgangsgröße für die Ermittlung der Zielkosten festzulegen. Um den größten Kostensenkungsdruck auszuüben, orientiert sich das Sozialamt an der niedrigsten vergleichbaren Kostengröße, die 185,- DM beträgt. Dieser Betrag wird als Ausgangspunkt für die Ermittlung der Zielkosten des Produktes „Gewährung von Sozialhilfe" angesetzt.

Da in die sich anschließende Zielkostenspaltung nur die Kostenarten einzubeziehen sind, die direkt durch die Gestaltung des Produktes zu beeinflussen sind (Einzelkosten und produktnahe Gemeinkosten), müssen die nicht durch die Gestaltung des Produktes „Gewährung von Sozialhilfe" zu beeinflussenden produktfernen Gemeinkosten von der Ausgangsgröße abgezogen werden. Im Beispiel wird davon ausgegangen, daß sich die produktfernen Gemeinkostenbereiche beim Vergleichssozialamt auf 25,- DM belaufen und aus den umgelegten Kosten der Querschnittsämter, insbesondere des Personalamtes und des Hauptamtes, bestehen. Da das Sozialamt die Kosten der Querschnittsämter nicht beeinflussen kann, sollte der einzusparende Kostenanteil der produktfernen Gemeinkosten von der Verwaltungsleitung dem Personal- und Hauptamt vorgegeben werden.

Die sich ergebenden 160,- DM werden den *Standardkosten* für das Produkt gegenübergestellt, die sich laut den Informationen der Kostenrechnung auf 202,89 DM belaufen. Es ergibt sich eine Differenz in Höhe von 42,89 DM. Das Beispiel-Sozialamt setzt die 160,- DM als *Gesamtzielkosten* an, da es einen möglichst hohen Kostensenkungsdruck ausüben möchte. Ein Vergleich mit den Kostendaten der drei Vergleichsämter hat ergeben, daß der Ansatz von 160,- DM als Gesamtzielkosten eine realistische Zielgröße darstellt. Bei den drei Vergleichssozialämtern liegen die Einzelkosten inklusive der produktnahen Gemeinkosten für das Produkt „Gewährung von Sozialhilfe" bei 161,01 DM, 160,95 DM und 160,58 DM.

Die Gesamtzielkosten in Höhe von 160,- DM für das Produkt sind im Rahmen des Zielkostenmanagements auf die *folgenden Produktkomponenten*[32, 33] aufzuspalten:

A)  Aufnahme der Anträge inkl. Beratung des Antragstellenden,
B)  Überprüfung der Angaben in den Anträgen,
C)  Festsetzen der zu gewährenden Sozialhilfe,
D)  schriftliche Mitteilung an den Antragstellenden über die Höhe der gewährten Sozialhilfe,
E)  Räumlichkeiten.

---

[32]  Die Produktkomponenten sind aus der Vorgehensweise bei der Antragstellung auf Sozialhilfe abgeleitet (Zur Vorgehensweise vgl. Sozialpolitischer Arbeitskreis (Hrsg.), Göttinger Kochbuch, 1996, S. 7-9).

[33]  Die einzelnen Produktkomponenten können auch als Prozesse aufgefaßt werden. Dann zeigt sich offensichtlich die Nähe zur Prozeßkostenrechnung. Die Produktkomponenten A) bis D) stellen physische Prozesse dar im Gegensatz zu den Räumlichkeiten, die einen wertmäßigen Prozeß darstellen (Vgl. zu wertmäßigen Prozessen Horváth, Péter / Mayer, Reinhold, Prozeßkostenrechnung, 1989, S. 216). Da im Rahmen des Zielkostenmanagements aber der Begriff „Produktkomponente" gebräuchlich ist, soll sich auch in der vorliegenden Arbeit dem allgemeinen Sprachgebrauch angeschlossen werden.

Die Produktkomponente „Räumlichkeiten" verursacht Raumkosten, wie zum Beispiel kalkulatorische Miete, und ist als eigenständige Produktkomponente anzusetzen, da nur sie die von den Leistungsabnehmern geforderte Produktfunktion „Ansprechende Räumlichkeiten" erfüllt.[34] Das System des Zielkostenmanagements erfordert es, daß die von den Abnehmern geforderten Produktfunktionen zu 100 % von den Produktkomponenten erfüllt werden. Dabei können sich die 100 % aus einer Produktkomponente oder aus Anteilen verschiedener Produktkomponenten zusammensetzen.[35]

Um den Dienstleistungsgedanken im Sozialamt zu berücksichtigen, soll das Produkt „Gewährung von Sozialhilfe" so hergestellt werden, daß es den Wünschen der Hilfebedürftigen entspricht. Um die Anforderungen an das Produkt festzustellen, werden die Antragsteller auf Sozialhilfe mittels eines standardisierten Fragebogens befragt. Die Auswertung des Fragebogens[36] hat folgende *Bürgerwünsche bezüglich des Produktes* ergeben:

1. freundliche Mitarbeiter des Sozialamtes,
2. kompetente Mitarbeiter des Sozialamtes,
3. Öffnungszeiten des Sozialamtes von 8-16 Uhr, einmal in der Woche bis 18 Uhr,
4. geringe Wartezeiten beim Besuch des Sozialamtes,
5. schnelle Bearbeitungszeit der Anträge,
6. ansprechende Räumlichkeiten,
7. möglichst hohe Hilfe zum Lebensunterhalt.

Der Wunsch der Hilfebedürftigen nach einer besonders hohen Hilfe zum Lebensunterhalt kann nicht von einem einzelnen Sozialamt beeinflußt werden. Die Höhe der Hilfe zum Lebensunterhalt wird nach Regelsätzen, deren Höhe von den jeweiligen Landesregierungen festgesetzt wird, festgelegt.[37] Somit wird diese Anforderung an das Produkt im folgenden nicht weiter betrachtet.

---

[34] Zu weiteren Produktfunktionen vgl. die folgenden Ausführungen dieses Abschnitts.
[35] Vgl. zur Problematik der Zuordnung von Räumlichkeiten zu den Produktkomponenten die in Abschnitt A.II.c)3. des 3. Kapitels, S. 118-120, gemachten Ausführungen.
[36] Zu den einzelnen Methoden vgl. Abschnitt C.I.a) des 2. Kapitels, S. 51-59.
[37] Vgl. § 22 BSHG.

Die *Zielkostenspaltung* kann sowohl nach der Komponentenmethode als auch nach der Funktionsbereichsmethode vorgenommen werden.[38] Bei erstmaliger Anwendung ist wegen der einfacheren Handhabung die Komponentenmethode zu bevorzugen. Die Funktionsbereichsmethode berücksichtigt stärker die funktionelle Seite des Produktes bei der Zielkostenspaltung, so daß die Bürgerwünsche stärker in den Prozeß des Zielkostenmanagements einbezogen werden. Um die Unterschiede zwischen beiden Methoden an einem praktischen Beispiel einer öffentlichen Einrichtung zu verdeutlichen, werden im folgenden beide alternativen Methoden vorgestellt, wobei die Gesamtzielkosten zuerst gemäß der Komponentenmethode aufgespalten werden.

Bei der **Komponentenmethode** orientiert sich das Sozialamt an den bisherigen Kostenstrukturen des Produktes.[39] Um Zufälligkeiten zu vermeiden, werden die durchschnittlichen Werte aus den Daten der Kostenrechnung der letzten drei Perioden gebildet. Kostendaten weiter zurückliegender Perioden können nicht herangezogen werden, da im Beispiel angenommen wurde, daß die öffentliche Verwaltung zu diesen Zeiten noch nicht über eine Kostenrechnung verfügte. Es ergibt sich die folgende im Beispiel unterstellte Kostenstruktur:

| Produktkomponenten | Kosten pro Antrag in DM | Kosten-anteil in % |
|---|---|---|
| (A) Aufnahme der Anträge inkl. Beratung des Antragstellenden | 40,99 | 20,24 |
| (B) Überprüfung der Angaben in den Anträgen | 128,17 | 63,28 |
| (C) Festsetzen der zu gewährenden Sozialhilfe | 16,53 | 8,16 |
| (D) Schriftliche Mitteilung an den Antragstellenden über die Höhe der gewährten Sozialhilfe | 4,98 | 2,46 |
| (E) Räumlichkeiten | 11,87 | 5,86 |
| Summe | 202,54 | 100,00 |

**Abb. 21: Kostenstruktur der Komponenten des Produktes „Gewährung von Sozialhilfe"**
Eigene Darstellung

---

[38]  Vgl. die Ausführungen in Abschnitt C.II. des 2. Kapitels, S. 60-75, m.w.N.
[39]  Vgl. Abschnitt C.II. des 2. Kapitels, S. 60-75.

Die *Zielkosten der einzelnen Produktkomponenten* werden entsprechend den Anteilen der bisherigen Kostenstruktur der einzelnen Produktkomponenten an den Gesamtkosten ermittelt.

Um bei dieser Methode zu vermeiden, daß alte Kostenstrukturen fortgeschrieben werden, sind sie anhand der Kostenstrukturen vergleichbarer Sozialämter zu prüfen.[40] Im Beispiel wird festgestellt, daß sich die Kostenstrukturen von allen vier kooperierenden Sozialämtern stark ähneln. Somit hat das Sozialamt keinen Anlaß, die bisherigen Kostenanteile zu ändern, um die Zielkosten der einzelnen Produktkomponenten zu ermitteln.

Dem Dienstleistungsgedanken wird eher Rechnung getragen, wenn die „Kostenanteile nach ihrem Beitrag zum Kundennutzen"[41] neu bewertet werden. Dazu werden die Bürger befragt, wie wichtig für sie einzelne Produktkomponenten sind:

| Produktkomponenten | Gewichtung durch den Bürger in % |
|---|---|
| (A) Aufnahme der Anträge inkl. Beratung des Antragstellenden | 25 |
| (B) Überprüfung der Angaben in den Anträgen | 5 |
| (C) Festsetzen der zu gewährenden Sozialhilfe | 30 |
| (D) Schriftliche Mitteilung an den Antragstellenden über die Höhe der gewährten Sozialhilfe | 30 |
| (E) Räumlichkeiten | 10 |
| Summe | 100 |

**Abb. 22: Gewichtung der Komponenten des Produktes „Gewährung von Sozialhilfe" durch den Bürger**
Eigene Darstellung

Vergleicht man die Gewichtung der Produktkomponenten durch die Bürger mit den Kostenanteilen der Produktkomponenten, fällt auf, daß bei den Produktkomponenten (B), (C) und (D) große Unterschiede bestehen. Die Ursache liegt in der unterschiedlichen Sichtweise der Bürger und des Sozialamtes: Für die Hilfebedürftigen ist es uninteressant, ob und wie ihre Anträge überprüft werden. Sie interessiert vielmehr die Festsetzung ihrer Sozialhilfe und deren schriftliche Mitteilung. Wie es dazu kommt, ist für sie unerheb-

---

[40]  Vgl. Gaiser, Bernd / Kieninger, Michael, Fahrplan, 1993, S. 66.
[41]  Gaiser, Bernd / Kieninger, Michael, Fahrplan, 1993, S. 66.

lich. Für das Sozialamt ist die Überprüfung der Angaben des Sozialhilfe-antrages ein Kernbestandteil seines Produktes, der einen relativ hohen Kostenanteil ausmacht, aber nicht vernachlässigt werden sollte.

Folglich orientiert sich das Sozialamt vor allem an der Kostenstruktur der Vergleichssozialämter,[42] behält die Kostenstruktur für sein Produkt im wesentlichen bei und paßt die Kostenanteile nur geringfügig an die Gewichtung der Produktkomponenten durch die Bürger an. Auf Grundlage der neuen Kostenstruktur werden die Zielkosten der einzelnen Produktkomponenten ermittelt:

| Produktkomponenten | Bisheriger Kostenanteil in % | Neubewer-teter Kosten-anteil in % | Zielkosten in DM |
|---|---|---|---|
| (A) Aufnahme der Anträge inkl. Beratung des Antragstellenden | 20,24 | 22,50 | 36,00 |
| (B) Überprüfung der Angaben in den Anträgen | 63,28 | 62,00 | 99,20 |
| (C) Festsetzen der zu gewährenden Sozialhilfe | 8,16 | 8,00 | 12,80 |
| (D) Schriftliche Mitteilung an den Antrag-stellenden über die Höhe der gewährten Sozialhilfe | 2,46 | 2,00 | 3,20 |
| (E) Räumlichkeiten | 5,86 | 5,50 | 8,80 |
| Summe | 100,00 | 100,00 | 160,00 |

**Abb. 23: Zielkosten der Komponenten des Produktes „Gewährung von Sozialhilfe" gemäß der Komponentenmethode**
Eigene Darstellung

Bisher wurden zum einen die Zielkosten (insgesamt 160,- DM) und zum anderen die Kosten betrachtet, die in den letzten drei Jahren durchschnittlich für die Herstellung des Produktes angefallen sind (202,54 DM). In einem nächsten Schritt werden die Zielkosten der Produktkomponenten den Kosten gegenübergestellt, die voraussichtlich entstehen, wenn das Produkt gemäß den durch die Fragebögen ermittelten Bürgerwünschen unter den zur Zeit im Sozialamt herrschenden Bedingungen hergestellt wird:

---

[42]  Vgl. zum möglichen Problem der unrealistischen Kundenwünsche und dessen Lö-sungsmöglichkeiten Seidenschwarz, Werner, Target Costing, 1993, S. 219.

| Produktkomponenten | Zielkosten in DM | Geschätzte Kosten in DM | Differenz in DM |
|---|---|---|---|
| (A) Aufnahme der Anträge inkl. Beratung des Antragstellenden | 36,00 | 40,97 | 4,97 |
| (B) Überprüfung der Angaben in den Anträgen | 99,20 | 128,54 | 29,34 |
| (C) Festsetzen der zu gewährenden Sozialhilfe | 12,80 | 16,35 | 3,55 |
| (D) Schriftliche Mitteilung an den Antragstellenden über die Höhe der gewährten Sozialhilfe | 3,20 | 5,03 | 1,83 |
| (E) Räumlichkeiten | 8,80 | 12,00 | 3,20 |
| Summe | 160,00 | 202,89 | 42,89 |

**Abb. 24: Differenz zwischen den Zielkosten und den geschätzten Kosten der Komponenten des Produktes „Gewährung von Sozialhilfe"**
Eigene Darstellung

Die gemäß der Komponentenmethode ermittelten Kostendifferenzen bei den Produktkomponenten (A) bis (E) sind vom Sozialamt einzusparen.

Wendet das Sozialamt alternativ zur Komponentenmethode die **Funktionsbereichsmethode** an, so muß analysiert werden, wie die Bürger die einzelnen Anforderungen an das Produkt gewichten.[43] Die Befragung der Hilfebedürftigen hat folgende im Beispiel angenommene *Gewichtung der Bürgerwünsche* an das Produkt „Gewährung von Sozialhilfe" ergeben.

---

[43] Zur Vorgehensweise der Funktionsbereichsmethode vgl. Abschnitt C.II. des 2. Kapitels, S. 60-75.

| Produktfunktionen | Gewichtung in % |
|---|---|
| (1) Freundliche Mitarbeiter des Sozialamtes | 10 |
| (2) Kompetente Mitarbeiter des Sozialamtes | 30 |
| (3) Öffnungszeiten des Sozialamtes von 8-16 Uhr, einmal in der Woche bis 18 Uhr | 5 |
| (4) Geringe Wartezeiten beim Besuch des Sozialamtes | 15 |
| (5) Schnelle Bearbeitungszeit der Anträge | 30 |
| (6) Ansprechende Räumlichkeiten | 10 |
| Summe | 100 |

**Abb. 25: Gewichtung der Funktionen des Produktes „Gewährung von Sozialhilfe"**
Eigene Darstellung

Von dem Produktteam wird untersucht, wie hoch der Anteil (in %) der einzelnen Produktkomponenten ist, um die von den Bürgern gewünschten Produktfunktionen zu erfüllen.[44] Das Ergebnis, das in diesem Beispiel unterstellt wird, zeigt sich in folgender Abbildung:

---

[44] Vgl. Fischer, Thomas M. / Schmitz, Jochen, Zielkostenmanagement II, 1995, S. 947.

| Funktionen / Komponenten | (1) Freundliche Mitarbeiter | (2) Kompetente Mitarbeiter | (3) Öffnungszeiten | (4) Geringe Wartezeiten | (5) Schnelle Bearbeitungszeit | (6) Ansprechende Räumlichkeiten |
|---|---|---|---|---|---|---|
| (A) Aufnahme der Anträge | 80 | 20 | 20 | 100 | | |
| (B) Überprüfung der Angaben | 20 | 45 | 60 | | 85 | |
| (C) Festsetzen der zu gewährenden Sozialhilfe | | 30 | 15 | | 10 | |
| (D) Schriftliche Mitteilung | | 5 | 5 | | 5 | |
| (E) Räumlichkeiten | | | | | | 100 |
| Summe | 100 | 100 | 100 | 100 | 100 | 100 |

**Abb. 26: Anteil der Produktkomponenten zur Erfüllung der Produktfunktionen des Produktes „Gewährung von Sozialhilfe"**
Eigene Darstellung

Zusammengefaßt zu einer *Komponenten-Funktionen-Matrix*[45] ergibt sich folgendes Bild:

45   Vgl. Fischer, Thomas M. / Schmitz, Jochen, Zielkostenmanagement II, 1995, S. 947.

| Funktionen / Komponenten | (1) Freundliche Mitarbeiter | (2) Kompetente Mitarbeiter | (3) Öffnungszeiten | (4) Geringe Wartezeiten | (5) Schnelle Bearbeitungszeit | (6) Ansprechende Räumlichkeiten | Teilgewichte der Komponenten |
|---|---|---|---|---|---|---|---|
| (A) Aufnahme der Anträge | 8 | 6 | 1 | 15 | | | 30 |
| (B) Überprüfung der Angaben | 2 | 13,5 | 3 | | 25,5 | | 44 |
| (C) Festsetzen der zu gewährenden Sozialhilfe | | 9 | 0,75 | | 3 | | 12,75 |
| (D) Schriftliche Mitteilung | | 1,5 | 0,25 | | 1,5 | | 3,25 |
| (E) Räumlichkeiten | | | | | | 10 | 10 |
| Teilgewichte der Produktfunktionen | 10 | 30 | 5 | 15 | 30 | 10 | 100 |

**Abb. 27: Komponenten-Funktionen-Matrix des Produktes „Gewährung von Sozialhilfe"**

In Anlehnung an Fischer, Thomas M. / Schmitz, Jochen, Zielkostenmanagement II, 1995, S. 947.

Die Tabelle ist so zu verstehen, daß beispielsweise die Funktion (1) „Freundliche Mitarbeiter" zu 80 % von der Komponente (A) „Aufnahme der Anträge" und zu 20 % von der Komponente (B) „Überprüfung der Angaben" beeinflußt wird. Da die Produktfunktion (1) von den Bürgern mit 10 % gewichtet wurde, ergibt die Gewichtung des Anteils der Produktkomponente (A) an der Produktfunktion (1) den Wert 8 und die Gewichtung des Anteils der Produktkomponente (B) an der Produktfunktion (1) den Wert 2.

Gemäß der Teilgewichte der Produktkomponenten werden die Zielkosten der Produktkomponenten festgelegt:[46]

| Produktkomponenten | Teilgewicht der Komponente in % | Zielkosten in DM |
|---|---|---|
| (A) Aufnahme der Anträge inkl. Beratung des Antragstellenden | 30,00 | 48,00 |
| (B) Überprüfung der Angaben in den Anträgen | 44,00 | 70,40 |
| (C) Festsetzen der zu gewährenden Sozialhilfe | 12,75 | 20,40 |
| (D) Schriftliche Mitteilung an den Antragstellenden über die Höhe der gewährten Sozialhilfe | 3,25 | 5,20 |
| (E) Räumlichkeiten | 10,00 | 16,00 |
| Summe | 100,00 | 160,00 |

**Abb. 28: Zielkosten der Komponenten des Produktes „Gewährung von Sozialhilfe" gemäß der Funktionsbereichsmethode**
Eigene Darstellung

Wendet im Beispiel das Sozialamt die Funktionsbereichsmethode an, sind diese Zielkosten der Produktkomponenten vom Sozialamt zu erreichen.

Die ermittelten Zielkosten sind den Kosten der Produktkomponenten gegenüberzustellen, die entstehen, wenn das Produkt unter den zur Zeit herrschenden Bedingungen des Sozialamtes hergestellt wird. Sind die Zielkosten niedriger als die geschätzten Kosten einer Produktkomponente, muß das Sozialamt Kostensenkungen vornehmen. Liegt der umgekehrte Fall vor, muß das Sozialamt überlegen, ob die Produktkomponente besser ausgestaltet werden kann, um den Kundenwünschen eher gerecht zu werden.

Anhand der Zielkostenindizes kann im Rahmen der Funktionsbereichsmethode abgelesen werden, ob die Kostenanteile, die sich ergeben, wenn das Produkt unter den zur Zeit im Sozialamt herrschenden Bedingungen hergestellt wird, den Anteilen entsprechen, die die Kunden den Produktkomponenten beimessen. Diese Forderung sollte gemäß der Funktionsbereichsmethode zumindest annähernd erfüllt sein.

---

[46] Vgl. Fröhling, Oliver, Zielkostenspaltung, 1994, S. 422 f.

Wie bereits in Abbildung 24, S. 195, festgehalten, wird im Beispiel angenommen, daß die Kostenrechnung der öffentlichen Verwaltung für die Herstellung des Produktes „Gewährung von Sozialhilfe" gemäß den Bürgerwünschen unter den zur Zeit herrschenden Bedingungen folgende Kosten
ermittelt hat:

| Produktkomponenten | Geschätzte Kosten in DM | Kostenanteil in % |
|---|---|---|
| (A) Aufnahme der Anträge inkl. Beratung des Antragstellenden | 40,97 | 20,19 |
| (B) Überprüfung der Angaben in den Anträgen | 128,54 | 63,35 |
| (C) Festsetzen der zu gewährenden Sozialhilfe | 16,35 | 8,06 |
| (D) Schriftliche Mitteilung an den Antragstellenden über die Höhe der gewährten Sozialhilfe | 5,03 | 2,48 |
| (E) Räumlichkeiten | 12,00 | 5,92 |
| Summe | 202,89 | 100,00 |

**Abb. 29: Geschätzte Kosten der Komponenten des Produktes „Ge-
währung von Sozialhilfe"**
Eigene Darstellung

Es ergeben sich im Beispiel für die einzelnen Produktkomponenten folgende
*Zielkostenindizes*, wobei ein Zielkostenindex ermittelt wird, indem das Teilgewicht der Produktkomponente durch den Kostenanteil der Produktkomponente dividiert wird:[47]

---

47 Vgl. Buggert, Willi / Wielpütz, Axel, Target Costing, 1995, S. 94.

| Produktkomponenten | Teilgewicht in % | Kostenanteil in % | Zielkosten-index |
|---|---|---|---|
| (A) Aufnahme der Anträge inkl. Beratung des Antragstellenden | 30,00 | 20,19 | 1,49 |
| (B) Überprüfung der Angaben in den Anträgen | 44,00 | 63,35 | 0,70 |
| (C) Festsetzen der zu gewährenden Sozialhilfe | 12,75 | 8,06 | 1,58 |
| (D) Schriftliche Mitteilung an den Antragstellenden über die Höhe der gewährten Sozialhilfe | 3,25 | 2,48 | 1,31 |
| (E) Räumlichkeiten | 10,00 | 5,92 | 1,69 |
| Summe | 100,00 | 100,00 | |

**Abb. 30: Zielkostenindex für Komponenten des Produktes „Gewährung von Sozialhilfe"**

In Anlehnung an: Horváth, Péter / Seidenschwarz, Werner, Zielkostenmanagement, 1992, S. 147.

Die Zielkostenindizes werden in ein *Zielkostenkontrolldiagramm* eingetragen (vgl. Abb. 31).

Die *Zielkostenzone* wird im allgemeinen mit den beiden Funktionen $y_1 = (x^2 - q^2)^{1/2}$ und $y_2 = (x^2 + q^2)^{1/2}$ beschrieben,[48] wobei der Parameter q den Schnittpunkt der beiden Funktionen mit der Ordinate bzw. Abzisse kennzeichnet.[49] Der Parameter q wird in diesem Beispiel mit 10 % angenommen. Das Sozialamt hat eine engere Zielkostenzone gewählt, als es bisher vielfach in der Literatur für privatwirtschaftliche Unternehmen üblich ist.[50] Der Grund liegt darin, daß davon ausgegangen wird, daß bei bereits

---

[48]  Vgl. dazu die Ausführungen in Abschnitt C.II. des 2. Kapitels, S. 60-75.

[49]  Vgl. z.B. Horváth, Péter / Seidenschwarz, Werner, Zielkostenmanagement, 1992, S. 147; Fischer, Thomas M. / Schmitz, Jochen, Zielkostenmanagement II, 1995, S. 947; Tanaka, Masayasu, Cost Planning, 1989, S. 67.

[50]  In der Literatur wird der Wert q häufig in der Nähe von 15 % angesiedelt. Vgl. z.B. Fischer, Thomas M. / Schmitz, Jochen, Zielkostenmanagement II, 1995, S. 947; Hieke, Hans, Zielkosten, 1994, S. 502; Horváth, Péter / Seidenschwarz, Werner, Zielkostenmanagement, 1992, S. 147 f; Tanaka, Masayasu, Cost Planning, 1989, S. 67. Anders z.B. Deisenhofer, Thomas, Marktorientierte Kostenplanung, 1993, S. 106 f; Schuh, Günther u.a., Ressourcenorientiertes Target Costing, 1995, S. 47.

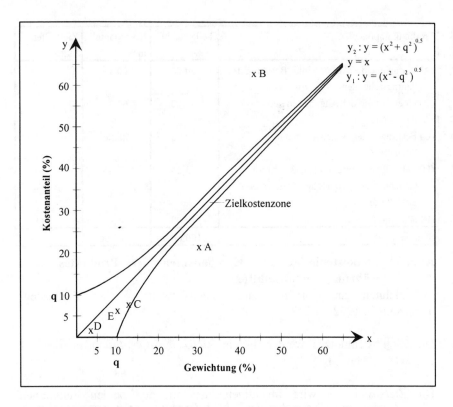

**Abb. 31: Zielkostenkontrolldiagramm des Produktes „Gewährung von Sozialhilfe"**
In Anlehnung an: Horváth, Péter / Seidenschwarz, Werner, Zielkosten-management, 1992, S. 148.

existierenden Produkten der Änderungsspielraum bei den Herstellungsstrukturen gegenüber innovativen Produkten geringer ist, und sich das Sozialamt durch das Setzen einer engeren Zielkostenzone einen größeren Kostensenkungsdruck erhofft.

Das Zielkostenkontrolldiagramm zeigt, daß bei Produktkomponente (B) der Kostenanteil größer ist als deren Gewichtung zur Realisierung der Produktfunktionen. Daraus ist zu schließen, daß die Produktkomponente unter dem Gesichtspunkt der Erfüllung der Bürgerwünsche „zu aufwendig" ist und Kostensenkungsmaßnahmen vorzunehmen sind. Der Zielkostenindex der Produktkomponente (A) liegt unterhalb der Zielkostenzone, was bedeutet, daß die Ausgestaltung dieser Produktkomponente unter dem Gesichtspunkt der Erfüllung der Bürgerwünsche „zu einfach" ist und die Produktkomponente mehr den Kundenwünschen angepaßt werden sollte.

Die Ergebnisse, die anhand des Zielkostenkontrolldiagramms gewonnen werden, sind stets mit den absoluten Kostenwerten zu überprüfen, da das Zielkostenkontrolldiagramm nur relative Kostenanteile darstellt.[51] Im Beispiel untermauert der Vergleich von absoluten Zielkosten und absoluten geschätzten Kosten des Sozialamtes die Schlußfolgerungen, die aus dem Zielkostenkontrolldiagramm gezogen werden.

Um **Kostensenkungen** sowohl **bei Anwendung der Komponenten- als auch bei Anwendung der Funktionsbereichsmethode** zu erzielen, überlegt das Sozialamt, spezielle Software einzusetzen, die die Mitarbeiter bei der Bearbeitung der Anträge unterstützt,[52] oder das Sozialamt im Hinblick auf eine verkleinerte Leitungsebene, verstärkte Teamarbeit und eine klientenorientierte Zusammenarbeit mit Diensten der Freien Wohlfahrtspflege umzuorganisieren.[53] Das Sozialamt muß die voraussichtlichen Kosten ermitteln, die entstehen, wenn das Produkt unter diesen beiden Bedingungen hergestellt würde. Die Komponenten- bzw. Funktionsbereichsmethode ist mit diesen geänderten Kostendaten erneut durchzuführen.

Werden die Zielkosten auch unter diesen Bedingungen nicht erreicht, muß das Sozialamt nach weiteren Kostensenkungspotentialen suchen. Da die Leistungen des Sozialamtes Pflichtleistungen darstellen, hat das Sozialamt die Leistungen auch dann zu erbringen, wenn die Zielkosten nach Ausschöpfung aller Kostensenkungspotentiale nicht erreicht werden können. Das Sozialamt muß sich für die Herstellungsstrukturen des Produktes entscheiden, die Kosten verursachen, die den Zielkosten am nächsten kommen.

Das Beispiel hat gezeigt, daß im Sozialamt Besonderheiten gegenüber privatwirtschaftlichen Unternehmen vorliegen, die die Anwendung des Zielkostenmanagements in seiner Reinform einschränken. So sind Modifikationen in bezug auf den Zielverkaufspreis (Kostengröße vergleichbarer So-

---

[51]   Vgl. Abschnitt C.II. des 2. Kapitels, S. 60-75.
[52]   Vgl. Hofstätter, Manfred, Technikunterstützung, 1995, S. 55-57.
[53]   Vgl. Kunze, Udo / Schröder, Jan, Einführung, 1995, S. 245; Schäfer, Wolfgang / Koch, Wolfgang, Zukunftsorientierte Umorganisation, 1993, S. 186-188; Trube, Achim, Sozialverwaltung, 1994, S. 219 f.

zialämter) und auf die Definition des Gewinns (kein Gewinn) vorzunehmen. Trotz dieser Modifikationen kann das Sozialamt seine Kosten senken und besser auf die Bürgerwünsche eingehen, das heißt die mit dem Einsatz des Zielkostenmanagements verfolgten Zwecke werden erfüllt.

## C. Der Einsatz von Zielkostenmanagement im öffentlichen Theater

## I. Charakterisierung des öffentlichen Theaters

Die Attraktivität einer Stadt hängt für Unternehmen und Privatpersonen neben anderen Faktoren auch vom kulturellen Angebot der Stadt ab. Einen wichtigen Bestandteil des kulturellen Lebens bilden die Theater,[54] die sowohl in öffentlicher als auch in privater Regie geführt werden.[55] Gegenstand der weiteren Betrachtung sind aufgrund der vorliegenden Themenstellung allein öffentliche Theater.

Der Betrieb eines öffentlichen Theaters ergibt sich aus der „Allzuständigkeit der Kommunen für die örtlichen Angelegenheiten"[56] und gehört zu den originären Selbstverwaltungsaufgaben. Es existieren keine gesetzlichen Regelungen, die eine Kommune dazu verpflichten, ein Theater zu unterhalten und zu betreiben. Lediglich ein allgemeiner Auftrag in den Landesverfassungen bestimmt, daß Kunst, Kultur und Wissenschaft durch die Länder und Gemeinden zu fördern sind. Die Leistungen des öffentlichen Theaters sind folglich freiwillige Leistungen.[57] Die öffentlichen Theater sind in der Regel Zuschußbetriebe, da die Einnahmen die Ausgaben nicht decken.[58]

Öffentliche Theaterbetriebe befinden sich in rechtlicher und wirtschaftlicher Trägerschaft der Länder, Gemeinden und Gemeindeverbände, wobei sie in selbständiger (z.B. GmbH) oder unselbständiger (z.B. Regiebetrieb, Eigenbetrieb) Rechtsform betrieben werden können.[59]

---

54  Vgl. Beutling, Lutz, Controlling, 1993, S. 19 und 27 f; Brede, Helmut, Sonstige Wirtschaftszweige, 1986, S. 266; KGSt, Führung, 1989, S. 23.
55  Vgl. Eder, Tomás Bayón / Burgtorf, Philipp, Notwendigkeit, 1993, S. 114 f.
56  Beutling, Lutz, Controlling, 1993, S. 27.
57  Vgl. Beutling, Lutz, Controlling, 1993, S. 27; KGSt, Führung, 1989, S. 23.
58  Vgl. Beutling, Lutz, Betriebliches Rechnungswesen, 1986, S. 81.
59  Vgl. Beutling, Lutz, Controlling, 1993, S. 29.

Zu den öffentlichen Theatern zählen Stadttheater, Staatstheater und Landesbühnen.[60] Stadttheater befinden sich in kommunaler Trägerschaft. Sie wurden aufgrund ihres steigenden Subventionsbedarfs zu Beginn des 20. Jahrhunderts von der privaten in die kommunale Regie übernommen.[61] Staatstheater gehen auf die Zeit nach dem Ersten Weltkrieg zurück. Im Rahmen der Entfeudalisierung wurden die Hoftheater in staatlichen Besitz überführt und sind heute in der Trägerschaft einzelner Bundesländer.[62] Landesbühnen verfügen im Gegensatz zu Stadt- und Staatstheatern über keine feste Bühne. Sie treten, ausgehend von einer Hauptniederlassung, in den Städten ihrer Umgebung auf, die nicht über ein eigenes Theater verfügen. Träger dieser Landesbühnen sind sowohl einzelne Gemeinden und Bundesländer als auch ein Verbund mehrerer öffentlicher Gebietskörperschaften.[63]

Da ein Großteil der öffentlichen Theater die Rechtsform des Regiebetriebes aufweist[64] und die zahlenmäßig bedeutendste Gruppe der öffentlichen Theater die Stadttheater bilden,[65] soll im folgenden Beispiel davon ausgegangen werden, daß ein Stadttheater in Form des Regiebetriebes vorliegt.

Die verschiedenen Theater lassen sich nach der jeweiligen Art des Spielbetriebes unterscheiden. Das Repertoiretheater führt anhand eines Spielplans mehrere Werke im Wechsel mit einem festen Ensemble und einer eigenen Spielstätte auf. Das Stagione-System hat im Gegensatz zum Repertoiretheater kein festes Ensemble, sondern arbeitet nur mit Gastschauspielern. Die häufigste Form des Stadttheaters ist das Repertoiretheater.[66] Um der Realität in möglichst vielen Fällen gerecht zu werden, wird im Beispiel angenommen, daß das betrachtete Theater ein Repertoiretheater darstellt.

In einem Theater ist zwischen dem künstlerischen, dem technischen und dem administrativen Bereich zu unterscheiden. Der künstlerische Bereich unterliegt in der Regel dem Intendanten, „der für die Gestaltung des Spielplans, die Rollenbesetzung, die Verteilung der Regieaufgaben und die

---

60  Vgl. Beutling, Lutz, Controlling, 1993, S. 34.
61  Vgl. Bahn, Volker, Theater, 1972, S. 20-22.
62  Vgl. Siede-Hiller, Claudia, Kunstfreiheit, 1981, S. 7.
63  Vgl. Wahl-Zieger, Erika, Theater, 1978, S. 94.
64  Vgl. Beutling, Lutz, Controlling, 1993, S. 29 f; Eder, Tomás Bayón / Burgtorf, Philipp, Notwendigkeit, 1993, S. 115; Hoffjan, Andreas, Effizienzvergleiche, 1994, S. 294.
65  Vgl. KGSt, Führung, 1989, S. 23.
66  Vgl. Beutling, Lutz, Controlling, 1993, S. 35.

Verpflichtung des künstlerischen Personals zuständig ist."[67] Der technische Bereich ist zuständig für die Bühnenausstattung, die Ausstattung mit den Kostümen und dem Zubehör für die Bühnenaufführungen. Ferner umfaßt er die Maskenbildner sowie die Ton- und Beleuchtungstechniker. Der administrative Bereich ist vor allem für das Personal- und Rechnungswesen und die damit zusammenhängenden Aufgaben verantwortlich.[68]

Öffentliche Theaterbetriebe haben zunehmend mit steigenden Ausgaben, gekoppelt mit nur gering steigenden Einnahmen und einer Stagnation der Besucherzahlen, zu kämpfen.[69] Um mehr auf die Kundenwünsche einzugehen und somit die Besucherzahlen zu steigern sowie die Kostenseite stärker zu beachten,[70] bietet es sich für öffentliche Theater an, Zielkostenmanagement einzusetzen.

## II. Anwendungsvoraussetzungen für das Zielkostenmanagement im öffentlichen Theater

1) Das Theater produziert kein materielles Gut, sondern erbringt *Dienstleistungen* in Form der verschiedenen Theatervorstellungen.[71] In einem Repertoiretheater werden normalerweise innerhalb einer Spielzeit nicht nur ein Bühnenwerk, sondern mehrere Bühnenwerke aufgeführt. Für die Anwendung des Zielkostenmanagements im Beispiel definiert das Theater die *einzelnen Bühnenwerke* als **Produkte**. Für das Theaterstück „Romeo und Julia" wird im folgenden der Einsatz von Zielkostenmanagement untersucht.

2) Das Produkt „Bühnenwerk: Romeo und Julia" läßt sich **in einzelne Komponenten zerlegen** und wird direkt von den Kunden, das heißt den Zuschauern abgenommen, die bestimmte Anforderungen an das Produkt stellen.[72]

---

67  Hoffjan, Andreas, Effizienzvergleiche, 1994, S. 295.
68  Vgl. Hoffjan, Andreas, Effizienzvergleiche, 1994, S. 295.
69  Vgl. Beutling, Lutz, Methoden, 1983, S. 7; Hoffjan, Andreas, Effizienzvergleiche, 1994, S. 292.
70  Vgl. Bauer, Hans H. / Herrmann, Andreas / Huber, Frank, Kundenorientierung, 1995, S. 386.
71  Vgl. Wahl-Zieger, Erika, Theater, 1978, S. 136.
72  Zu den einzelnen Produktfunktionen und -komponenten vgl. Abschnitt C.IV. dieses Kapitels, S. 213-223.

3) Im Beispiel wird davon ausgegangen, daß die Theaterleitung bisher zu wenig auf Marketing geachtet hat.[73] Daher sollten im Beispiel die Marketingaktivitäten im administrativen Bereich des Theaters für die **Ermittlung der Kundenwünsche** weiter ausgebaut werden. So wird im Beispiel unterstellt, daß sich das öffentliche Theater entschlossen hat, im Hinblick auf die Anwendung des Zielkostenmanagements verstärkt *Marktforschungsmethoden*[74] einzusetzen. Dabei bedient sich das Theater vor allem der Conjoint-Analyse.

4) Die als Regiebetriebe geführten Theater haben den *Haushaltsplan* der jeweiligen öffentlichen Verwaltung zu beachten und bedienen sich als *Rechnungslegungssystem der Kameralistik.*[75] Bezüglich der Kostenrechnung gelten die gleichen Aussagen, die bereits im Zusammenhang mit dem Beispiel des Sozialamtes getroffen wurden:[76] Ob eine Kostenrechnung existiert, ist vom jeweiligen Einzelfall des öffentlichen Theaters abhängig. Im Beispiel wird davon ausgegangen, daß das Theater genauso wie die dazugehörige öffentliche Verwaltung über eine umfassende **Kostenarten-, Kostenstellen- und Kostenträgerrechnung** verfügt. Als Kostenträger wurden die einzelnen Bühnenwerke definiert.[77] Auf dieser Grundlage lassen sich im Rahmen des Zielkostenmanagements die Standardkosten für das Produkt „Bühnenwerk: Romeo und Julia" ermitteln.[78]

5) Ferner wird im Beispiel unterstellt, daß im Theater noch keine eigene **Controllingabteilung** existiert. Die Einführung und Durchführung der Kostenrechnung haben Arbeitskräfte des Rechnungswesenbereichs zu ihren bisherigen Tätigkeiten übernommen. Das öffentliche Theater sollte einen

---

[73]  In der Praxis ist dies vielfach der Fall (vgl. Walberer, Jörg, Groschen, 1996, S. 146).
[74]  Zur Überprüfung der Zufriedenheit der Theaterbesucher mit einer Theaterleistung vgl. Bauer, Hans H. / Herrmann, Andreas / Huber, Frank, Kundenorientierung, 1995, S. 387-396.
[75]  Vgl. Steiner, Manfred, Rechtsform, 1988, S. 284-290.
[76]  Vgl. Abschnitt B.II. dieses Kapitels, S. 180-185.
[77]  Vgl. Hoffjan, Andreas, Effizienzvergleiche, 1994, S. 297; Ossadnik, Wolfgang / Hoffmann, Astrid, Rechnungswesen, 1984, S. 463.
[78]  Zur Ausgestaltung einer Kostenrechnung in öffentlichen Theatern vgl. KGSt, Führung, 1989, S. 54-59; Ossadnik, Wolfgang / Hoffmann, Astrid, Rechnungswesen, 1984, S. 451-464.

*Controller*[79] einsetzen, wenn das Zielkostenmanagement in seinem Betrieb angewendet werden soll. Nur so kann eine reibungslose Implementierung und Durchführung des Zielkostenmanagements sichergestellt werden. Um die Kosten durch den Einsatz von Zielkostenmanagement möglichst gering zu halten, hat sich das Theater im Beispiel entschlossen, keinen neuen Controller einzustellen, sondern einen Mitarbeiter des Rechnungswesenbereichs als Controller zu benennen, der für alle im Zusammenhang mit dem Zielkostenmanagement anfallenden Aufgaben verantwortlich ist.

6) In **organisatorischer Hinsicht** ist es möglich, daß der Regiebetrieb Theater als Amt oder als Institut geführt wird.[80] Bei der *Institutslösung* existiert ein allein verantwortlicher Leiter, der für den fachlichen Aufgabenvollzug zuständig ist. Die Verwaltungsaufgaben des Instituts, die nicht von den Querschnittsämtern, wie dem Hauptamt und dem Personalamt, durchgeführt werden, übernimmt das Kulturamt. Bei der *Amtslösung* übernimmt das Theater selbst die Verwaltungsaufgaben, die nicht von den Querschnittsämtern durchgeführt werden.[81] Im Beispiel wird angenommen, daß das Theater als Amt organisiert ist. Durch die starke Integration in die Trägerorganisation sind im Theater eine *Vielzahl rechtlicher Regelungen* zu beachten, und es liegen *lange Entscheidungswege* vor.[82]

Die bisher vorherrschende Organisationsform erschwert die *Abstimmung zwischen den Funktionsbereichen*. So bereitet es zum Beispiel Schwierigkeiten, schnell neues Personal einzustellen, wenn wichtige Techniker ausfallen, da bei der Einstellung des technischen Personals und des Personals des Verwaltungsbereichs das Personalamt einzuschalten ist. Hier sollte dem Theater bei Einsatz von Zielkostenmanagement mehr Entscheidungskompetenz eingeräumt werden, damit das Theater zum Beispiel mehr personalwirtschaftliche Befugnisse hat.[83]

7) Das **Produktteam** im Rahmen des Zielkostenmanagements sollte neben dem Controller aus Mitgliedern aller drei Bereiche des Theaters, das heißt

---

[79]  Der Einsatz von Controlling für öffentliche Theater wird in der Literatur viel diskutiert. Vgl. dazu z.B. Beutling, Lutz, Controlling, 1993; ders., Theatermanagement, 1994, S. 275-281; Ossadnik, Wolfgang, Theatermanagement, 1987, S. 148-157.
[80]  Vgl. KGSt, Führung, 1989, S. 44.
[81]  Vgl. KGSt, Führung, 1989, S. 44.
[82]  Vgl. Beutling, Lutz, Controlling, 1993, S. 36; KGSt, Führung, 1989, S. 15 und 30.
[83]  Vgl. KGSt, Führung, 1989, S. 48 f.

aus dem künstlerischen, technischen und administrativen Bereich bestehen. Da sinnvollerweise in das Produktteam Arbeitskräfte aus allen Bereichen des Theaters integriert werden sollten und der technische Bereich bereits durch eine Vielzahl von Mitarbeitern unterschiedlicher Branchen gekennzeichnet ist, weist das Produktteam im Theater eine relativ hohe Mitgliederzahl auf.

8) Im Theater werden *Arbeitskräfte aus den verschiedensten Tätigkeitsbereichen* benötigt. So sind zum Beispiel Künstler, wie Regisseure und Schauspieler, Techniker, wie Tischler und Elektriker, und Betriebswirte aus dem Personal- und Rechnungswesenbereich notwendig.[84] Das Management im Theater besteht vielfach aus Künstlern,[85] denen überwiegend *betriebswirtschaftliche Denkweise* fernliegt. Beim Einsatz von Zielkostenmanagement sollten alle mit der Herstellung des Produktes „Bühnenwerk: Romeo und Julia" befaßten Mitarbeiter des Theaters in einer **Schulung** mit dem Instrument vertraut gemacht werden.

Im Beispiel hat sich das Theater dazu entschlossen, zuerst den Controller umfassend in allen Fragen des Zielkostenmanagements zu schulen. Die Schulung der Mitarbeiter des Theaters soll dann vom Controller durchgeführt werden, der zuerst allgemein über das Zielkostenmanagement und anschließend über das speziell auf das eigene öffentliche Theater zugeschnittene Zielkostenmanagement und die damit zusammenhängenden Änderungen informieren sollte.

9) Da im Beispiel angenommen wird, daß die bisherige Organisationsphilosophie des Theaters noch keine Kunden- und Kostenorientierung enthält,[86] sollte das Theater ein **markt- und kostenorientiertes Theaterleitbild** formulieren, in dem vor allem die Orientierung der Aufgabenerfüllung an den Wünschen der Zuschauer verankert wird.

10) Für ein wirkungsvolles Controlling hat sich im Beispiel das Theater entschlossen, sein **Informations- und Berichtswesen** weiter auszubauen.[87]

---

[84] Vgl. KGSt, Führung, 1989, S. 48.
[85] Vgl. KGSt, Führung, 1989, S. 34.
[86] Zur fehlenden Kundenorientierung in der Organisationsphilosphie eines Theaters vgl. Eder, Tomás Bayón / Burgtorf, Philipp, Notwendigkeit, 1993, S. 120.
[87] Zum Informations- und Berichtswesen im öffentlichen Theater vgl. KGSt, Führung, 1989, S. 59-62.

## III. Wirtschaftlichkeitsüberlegungen des öffentlichen Theaters bei Einführung des Zielkostenmanagements

Im Beispiel beträgt der Kostendeckungsgrad des Theaters im Durchschnitt 20 %.[88] Aufgrund der Finanzkrise der öffentlichen Hand haben sich die vom Träger zur Verfügung gestellten Mittel des Theaters von Jahr zu Jahr verringert. Eine Besserung der Situation ist nicht in Sicht. Die Einnahmen des Theaters aus dem Verkauf von Theaterkarten zeigen im Beispiel ebenfalls einen rückläufigen Trend auf, was auf abnehmende Besucherzahlen[89] zurückzuführen ist. Diese Gesichtspunkte sprechen für den Einsatz von Zielkostenmanagement. Da mit der Einführung des Zielkostenmanagements auch Kosten verbunden sind, müssen darüber hinaus weitere Faktoren, die die Wirtschaftlichkeit des Einsatzes von Zielkostenmanagement beeinflussen,[90] berücksichtigt werden.

Wie schon weiter oben ausgeführt,[91] sind bei Wirtschaftlichkeitsuntersuchungen zum einen die Nutzen- und zum anderen die Kostenseite zu betrachten. Der **Nutzen** aus der Anwendung von Zielkostenmanagement entspricht den durch Einsatz des Instruments einzusparenden Kosten. Im Beispiel wird angenommen, daß das Theater seine voraussichtlichen Kosten für die Inszenierung und Aufführung des Bühnenwerks „Romeo und Julia" auf rund 890.000,- DM schätzt und das Einsparpotential mit 15 % (= 133.500,- DM) der geschätzten Kosten festlegt. Es ist davon auszugehen, daß die 15 % auch tatsächlich erreicht werden können, da ein neues Bühnenwerk für das Theater ein *innovatives Produkt* darstellt, das im allgemeinen mit relativ großen Änderungsspielräumen in den Herstellungsstrukturen verbunden ist. Die Herstellungsstrukturen in einem Theater sind sehr flexibel. Die Ausgestaltung eines Bühnenwerkes hängt von dem zugrundeliegenden Drehbuch und dem zuständigen Regisseur ab. Je nach Auswahl der Besetzung, des Bühnenbildes, der Requisite, der Kostüme, der Beleuchtungseffekte usw.

---

[88]  Dabei liegt das Beispiel-Theater noch oberhalb des durchschnittlichen Kostendeckungsgrades der gesamten öffentlichen Theater in der Bundesrepublik Deutschland, der bei ca. 15 % liegt (Vgl. Bauer, Hans. H. / Herrmann, Andreas / Huber, Frank, Kundenorientierung, 1995, S. 386; Beutling, Lutz, Betriebliches Rechnungswesen, 1986, S. 81).

[89]  Dabei liegt das Beispiel-Theater im Trend vieler Theaterbetriebe (Vgl. Bauer, Hans H. / Herrmann, Andreas / Huber, Frank, Nutzenorientierte Produktgestaltung, 1996, S. 313; Eder, Tomás Bayón / Burgtorf, Philipp, Notwendigkeit, 1993, S. 117).

[90]  Vgl. Abschnitt B.I.a) des 3. Kapitels, S. 155-159.

[91]  Vgl. Abschnitt B.I.a) des 3. Kapitels, S. 155-159.

verringert bzw. erhöht sich der mit der Produktion des Bühnenwerkes verbundene Aufwand. In allen Produktionsbereichen ist Kostensenkungspotential vorhanden.

Die Innovationsfreude ist bei den Künstlern in der Regel relativ hoch.[92] Allerdings sollte durch deren Schulung und das Theaterleitbild ein Umdenken bei den Künstlern erfolgen, da sonst fraglich ist, ob sie ihre Innovationsfreude nicht nur für die künstlerische Gestaltung des Bühnenwerkes, sondern auch zur Ausschöpfung von Kostensenkungspotentialen einsetzen.

Dies verweist auf die **Kostenseite** der Wirtschaftlichkeitsuntersuchung des Einsatzes von Zielkostenmanagement im Theater, da mit der Schulung der Künstler sowie anderer Mitarbeiter, wie zum Beispiel der Techniker, Kosten verbunden sind. Kosten durch *externe Schulung* fallen im Beispiel nur für den Controller an, da angenommen wird, daß der Controller die Schulung der anderen Mitarbeiter durchführt. Die für die interne Schulung anfallenden Kosten werden dadurch berücksichtigt, daß die Kosten des Controllers, der mit den Aufgaben der Einführung und Durchführung des Zielkostenmanagements betraut ist, dem Zielkostenmanagement zugerechnet werden. Im Beispiel wird unterstellt, daß die Schulung des Controllers Kosten in Höhe von 5.000,- DM verursacht und ein volles Jahresgehalt des Controllers in Höhe von 60.000,- DM dem Zielkostenmanagement zugerechnet wird.

Ferner hat das Theater im Beispiel bei den Wirtschaftlichkeitsuntersuchungen Kosten zu berücksichtigen, die durch die Ermittlung der Wünsche der Theaterbesucher entstehen. Die potentiellen Theaterbesucher stellen einen relativ anonymen Markt dar, bei dem die *Erforschung der Kundenwünsche* mit einigen Kosten verbunden ist. Da davon auszugehen ist, daß sich die Kundenwünsche potentieller Theaterbesucher mit denen derzeitiger Theaterbesucher zu einem großen Teil decken, kann sich das Theater in der Einführungsphase des Zielkostenmanagements darauf beschränken, Kundenwünsche der derzeitigen Besucher zu ermitteln. Das Theater hat sogar die Möglichkeit, die Produktfunktionen aufgrund der Vorstellungen der Stammbesucherschaft zu ermitteln, da ein Theater vorwiegend von der Stammbesucherschaft, wie den Abonnementen und Besucherorganisationen, getragen wird.[93] Somit kann das Theater die Kosten für die Feststellung der

---

92  Vgl. Beutling, Lutz, Controlling, 1993, S. 15.
93  Vgl. Beutling, Lutz, Controlling, 1993, S. 34.

Kundenwünsche minimieren. Im Beispiel wird von Kosten in Höhe von 20.000,- DM ausgegangen.

Für den Ausbau des Informations- und Berichtswesens wird im Beispiel ein Kostenbetrag von 30.000,- DM angesetzt, der sich aus der Anschaffung neuer Computer und Software sowie den Personalkosten des Mitarbeiters ergibt, der den Kauf und die Installation der Computer und Software durchführt.

Insgesamt ergibt sich im Beispiel für die Kostenseite des Theaters eine Kostensumme von 115.000,- DM. Diese Kosten sind dem bezifferten Nutzen gegenüberzustellen, der im Beispiel mit 133.500,- DM angenommen wurde.

Vor dem **Abwägen der Nutzen- und Kostenseite** des Einsatzes von Zielkostenmanagement sei noch einmal darauf hingewiesen, daß im Rahmen der Wirtschaftlichkeitsuntersuchungen lediglich ein grobes Gerüst des voraussichtlichen Nutzens und der voraussichtlichen Kosten zusammengetragen werden kann. Darüber hinaus können weitere Kosten anfallen bzw. kann der Nutzen größer sein. Dies ist bei der Entscheidung pro oder contra des Einsatzes von Zielkostenmanagement zu berücksichtigen.

Die für das Theater im Beispiel bezifferten Nutzen- (133.500,- DM) und Kostengrößen (115.000,- DM) zeigen, daß der Nutzen voraussichtlich die Kosten des Zielkostenmanagements überwiegen wird. Dies spricht *für* den Einsatz des Zielkostenmanagements. Der mit der Implementierung des Zielkostenmanagements verbundene Aufwand lohnt sich vor allem dann, wenn das Zielkostenmanagement für mehrere Bühnenwerke in einer Spielzeit und über mehrere Spielzeiten hinweg genutzt wird. Dann kann ein Teil der durch den Einsatz des Zielkostenmanagements entstehenden Kosten, wie zum Beispiel die Kosten für die externe Schulung des Controllers, auf mehrere Bühnenwerke bzw. Spielzeiten verteilt werden.

## IV. Durchführung des Zielkostenmanagements im öffentlichen Theater

Für das Produkt kann kein Zielverkaufspreis ermittelt werden, da der *Preis* für eine Theaterkarte bei öffentlichen Theatern *nicht durch das Zusammenspiel von Angebot und Nachfrage* ermittelt, sondern aufgrund gemeinwohlorientierter Gesichtspunkte festgelegt wird. Da die Kultur für die Allgemeinheit erschwinglich bleiben soll, ist der Preis unterhalb der Kostendeckungsgrenze festzulegen.[94]

Als Ausgangspunkt für die Ermittlung der Zielkosten des Produktes „Bühnenwerk: Romeo und Julia" wird im Beispiel angenommen, daß das Beispiel-Theater von der *Zahlungsbereitschaft* der (potentiellen) Theaterzuschauer ausgeht und zu dem Preis, den die Zuschauer bereit sind, für eine Theaterkarte zu bezahlen, den auf das Produkt entfallenden Teil des vom Träger zur Verfügung gestellten Budgets addiert.[95]

Um die Zahlungsbereitschaft der Zuschauer für das Produkt und die Anforderungen der Zuschauer an das Produkt zu ermitteln, hat sich im Beispiel das Theater entschlossen, die Conjoint-Analyse anzuwenden.[96] Damit die Ergebnisse der Conjoint-Analyse im Rahmen des Zielkostenmanagements eingesetzt werden können, wird eine Platzgruppe mittlerer Preiskategorie bei der Conjoint-Analyse zugrunde gelegt. Im Beispiel wird als Ergebnis der Conjoint-Analyse unterstellt, daß die Zuschauer bereit sind, für eine Theaterkarte 20,- DM zu bezahlen, wenn das Produkt folgende Funktionen erfüllt:[97]

1. ausdrucksstarke Schauspieler,
2. zur Inszenierung passendes Bühnenbild und Requisite,
3. zur Inszenierung passende Kostüme und Maske,
4. gute Akkustik,
5. reibungsloser Kartenkauf,
6. Existenz einer Garderobe,

---

[94] Vgl. Bauer, Hans H. / Herrmann, Andreas / Huber, Frank, Kundenorientierung, 1995, S. 386; Hoffjan, Andreas, Effizienzvergleiche, 1994, S. 292 f.

[95] Vgl. Abschnitt A.II.c)4. des 3. Kapitels, S. 120-122.

[96] Zur Conjoint-Analyse am Beispiel des Theaters vgl. Bauer, Hans H. / Herrmann, Andreas / Huber, Frank, Nutzenorientierte Produktgestaltung, 1996, S. 315-323.

[97] Vgl. Bauer, Hans H. / Herrmann, Andreas / Huber, Frank, Kundenorientierung, 1995, S. 389.

7.  Bewirtung in den Pausen im Foyer,
8.  Sauberkeit sanitärer Anlagen,
9.  bequeme Sitze,
10. Informationsmaterial über das Bühnenwerk.

Die Besucher eines Theaters fordern neben der Theatervorstellung einen Kranz von Serviceleistungen,[98] der sich in den Produktfunktionen 5. bis 10. widerspiegelt. Im vorliegenden Beispiel für die Anwendung des Zielkostenmanagements interessieren nur die Produktfunktionen 1. bis 4., die direkt mit dem Produkt „Bühnenwerk: Romeo und Julia" zusammenhängen. Die Ausgestaltung der Serviceleistungen ist unabhängig vom jeweiligen Bühnenwerk, und es bietet sich für den Einsatz des Zielkostenmanagements an, die jeweiligen Serviceleistungen als einzelne Produkte zu definieren und dem Zielkostenmanagement zu unterwerfen.

Um die Ausgangsbasis für die Ermittlung der Zielkosten festzulegen, dürfen folglich nicht die vollen 20,- DM angesetzt werden, sondern nur der Preis, den die Theaterbesucher bereit sind, allein für die Theatervorstellung „Romeo und Julia" zu bezahlen. Die vom Theater durchgeführte Conjoint-Analyse hat ergeben, daß die Zuschauer den Kranz der Serviceleistungen mit 3,50 DM bewerten, so daß die Zuschauer bereit sind, 16,50 DM für die reine Theatervorstellung zu bezahlen.

Das auf das Bühnenwerk entfallende vom Träger zur Verfügung gestellte Budget steht noch nicht genau fest, da das Haushaltsjahr von der Dauer des Spielplans abweicht.[99] Das Bühnenwerk: Romeo und Julia ist für die Spielzeit 1997/98 geplant, aber der Haushaltsplan wurde erst für 1997 beschlossen. Im Beispiel geht das Theater davon aus, daß sich der Zuschuß des Trägers für das Haushaltsjahr 1998 um 5 % gegenüber dem Haushaltsjahr 1997 verringern wird. Der Zuschuß ist für 1997 mit 6 Mio DM angesetzt.[100] Für das Haushaltsjahr 1998 erwartet das Theater somit einen Zuschuß in Höhe von 5,7 Mio DM.

---

[98]  Vgl. Bauer, Hans H. / Herrmann, Andreas / Huber, Frank, Kundenorientierung, 1995, S. 389.

[99]  Beutling, Lutz, Betriebliches Rechnungswesen, 1986, S. 85; Steiner, Manfred, Rechtsform, 1988, S. 284 f.

[100]  Dies entspricht der Größenordnung des Zuschusses der Stadt und des Landkreises Göttingen für das Deutsche Theater (Vgl. Stadt Göttingen, Haushaltsplan 1993).

Das Theater geht bei seiner Zurechnung des vom Träger zur Verfügung gestellten Budgets auf die einzelnen Bühnenwerke gemäß der erwarteten Kostenanteile der einzelnen Bühnenwerke an den Gesamtkosten aus. Für das Bühnenwerk: Romeo und Julia schätzt das Theater einen Kostenanteil von 10 %. Da sich das Bühnenwerk zur Hälfte auf das Haushaltsjahr 1997 und zur Hälfte auf das Haushaltsjahr 1998 bezieht, entfällt von dem vom Träger zur Verfügung gestellten Budget auf das Bühnenwerk: Romeo und Julia ein Betrag in Höhe von 585.000 DM (= 6 Mio * 0,5 * 0,1 + 5,7 Mio * 0,5 * 0,1). Das Theaterstück soll 35 mal aufgeführt werden, wobei im Beispiel angenommen wird, daß sich gemäß den Schätzungen insgesamt 7.500 Zuschauer das Theaterstück „Romeo und Julia" ansehen werden. Für das Bühnenwerk ist also mit Einnahmen aus dem Verkauf von Theaterkarten in Höhe von 123.750 DM (= 16,50 * 7.500) zu rechnen.

Als Ausgangsgröße für die Ermittlung der Zielkosten ergeben sich somit für das Produkt „Bühnenwerk: Romeo und Julia" 708.750 DM (= 585.000 + 123.750). Davon sind die nicht durch die Gestaltung des Produktes zu beeinflussenden produktfernen Gemeinkosten, die sich aus dem auf das Bühnenwerk: Romeo und Julia entfallenden Teil der Verwaltungskosten ergeben, in Höhe von 33.750 DM abzuziehen. Im Beispiel wird unterstellt, daß der Betrag aus Erfahrungswerten abgeleitet wurde, nach denen sich der auf ein Bühnenwerk entfallende Anteil der Verwaltungskosten an den Gesamtkosten auf rund 4,76 % beläuft. Das Theater strebt an, von den 33.750 DM einen Anteil von 15 %, das heißt 5.062,50 DM, einzusparen.[101]

Im Beispiel setzt das Theater den Betrag in Höhe von 675.000 DM (= 708.750 - 33.750) als *Gesamtzielkosten* an, da die Produktion des Bühnenwerkes nicht teurer sein darf als die Summe aus den Einnahmen für das Bühnenwerk und dem auf das Bühnenwerk entfallenden Teil des vom Träger zur Verfügung gestellten Budgets. Stellt das Theater die 675.000 DM den *Standardkosten* für das Produkt „Bühnenwerk: Romeo und Julia" in Höhe von 850.000 DM[102] gegenüber, so ergibt sich eine Differenz von 175.000 DM, die das Theater einsparen muß.

---

[101]  Zum Umfang der in die Zielkostenspaltung einzubeziehenden Kostenarten vgl. Abschnitt B. des 2. Kapitels, S. 49-51.

[102]  Dieser Betrag weicht von dem im Rahmen der Wirtschaftlichkeitsuntersuchung ermittelten Betrag (890.000,- DM) um 40.000,- DM ab, der den produktfernen Gemeinkosten entspricht. Die produktfernen Gemeinkosten sind nicht in die Standardkosten einzubeziehen (vgl. Abschnitt C.I.b) des 2. Kapitels, S. 59 f).

Aufgrund des rückläufigen Trends der Besucherzahlen hat sich im Beispiel das Theater entschlossen, die *Funktionsbereichsmethode*[103] anzuwenden, die gegenüber der Komponentenmethode stärker die Kundenwünsche berücksichtigt.[104]

Im Beispiel wird davon ausgegangen, daß die *Produktfunktionen* von den Kunden folgendermaßen gewichtet werden:

| Produktfunktionen | Gewichtung in % |
|---|---|
| (1) Ausdrucksstarke Schauspieler | 40 |
| (2) Zur Inszenierung passendes Bühnenbild und Requisite | 30 |
| (3) Zur Inszenierung passende Kostüme und Maske | 20 |
| (4) Gute Akkustik | 10 |
| Summe | 100 |

**Abb. 32: Gewichtung der Funktionen des Produktes „Bühnenwerk: Romeo und Julia"**
Eigene Darstellung

In einem nächsten Schritt überlegt das Theater, wie das Bühnenwerk „Romeo und Julia" ausgestaltet werden soll und welche Teilleistungen notwendig sind,[105] um den Kundenanforderungen gerecht zu werden. An dieser Stelle tritt das Problem auf, wie die Produktfunktionen zu realisieren sind: Was heißt „ausdrucksstarke" Schauspieler? Was heißt „zur Inszenierung passendes" Bühnenbild und Requisite? Die Erfüllung der Produktfunktionen ist sehr subjektiv und stellt ein allgemeines Problem dar, mit dem jedes Theater „zu kämpfen" hat. Wie ein Theaterstück inszeniert wird, hängt immer vom jeweiligen Intendanten ab.

Problematisch ist es ferner, die einzelnen Komponenten eines Bühnenwerkes zu bestimmen. So ist zum Beispiel eine gute Inszenierung von der

---

[103] Zu den einzelnen Schritten der Funktionsbereichsmethode vgl. Abschnitt C.II. des 2. Kapitels, S. 60-75.

[104] Hätte das Beispiel-Theater mehr Wert darauf gelegt, daß bei erstmaliger Anwendung des Zielkostenmanagements ein einfacheres Verfahren eingesetzt wird, das die Kundenwünsche weniger stark berücksichtigt, so hätte es sich für die Komponentenmethode entschieden (Vgl. zur Vorgehensweise der Komponentenmethode an einem Beispiel Abschnitt B.IV. dieses Kapitels, S. 189-204).

[105] Zu den Teilleistungen einer Opernproduktion vgl. Beutling, Lutz, Controlling, 1993, S. 99.

Besetzung abhängig, aber auch davon, wie oft geprobt wird. Je häufiger geprobt wird, desto länger ist die Besetzung mit dem Theaterstück beschäftigt, desto häufiger muß das Bühnenbild transportiert werden usw., was zu höheren Kosten führt. Die durch eine Probe und auch die durch die Aufführung verursachten Kosten fallen in den verschiedensten Bereichen, wie zum Beispiel im Zusammenhang mit dem Bühnenbild, der Beleuchtung, dem Ton und der Besetzung, an. Da darüber hinaus nicht nur Kosten in Abhängigkeit von der Anzahl der Proben anfallen - so ist zum Beispiel nicht nur der Transport des Bühnenbildes, sondern auch der Bau des Bühnenbildes mit Kosten verbunden -, sondern auch unabhängig davon, wie oft geprobt wird, werden die verschiedenen kostenverursachenden Bereiche als einzelne Produktkomponenten definiert. Somit weist das Produkt „Bühnenwerk: Romeo und Julia" folgende *Komponenten* auf:

A)  Besetzung,
B)  Bühnenbild,
C)  Requisite,
D)  Kostüme,
E)  Maske,
F)  Beleuchtung,
G)  Ton.

Im nächsten Schritt schätzt das öffentliche Theater die für die Produktkomponenten anfallenden Kosten. Es ergibt sich folgende - im Beispiel unterstellte - Kostenstruktur:

| Produktkomponenten | Geschätzte Kosten in DM | Kostenanteil in % |
|---|---|---|
| (A) Besetzung | 450.000 | 52,94 |
| (B) Bühnenbild | 255.000 | 30,00 |
| (C) Requisite | 30.000 | 3,53 |
| (D) Kostüme | 36.000 | 4,24 |
| (E) Maske | 18.000 | 2,11 |
| (F) Beleuchtung | 36.000 | 4,24 |
| (G) Ton | 25.000 | 2,94 |
| Summe | 850.000 | 100,00 |

**Abb. 33: Geschätzte Kosten der Komponenten des Produktes „Bühnenwerk: Romeo und Julia"**
Eigene Darstellung

Anschließend schätzt das Produktteam die Anteile (in %) der einzelnen Produktkomponenten, mit denen die von den Zuschauern geforderten Produktfunktionen realisiert werden:

| Funktionen<br><br>Komponenten | (1)<br>Ausdrucks-<br>starke<br>Schau-<br>spieler | (2)<br>Passendes<br>Bühnenbild | (3)<br>Passende<br>Kostüme<br>und Maske | (4)<br>Gute<br>Akkustik |
|---|---|---|---|---|
| (A) Besetzung. | 100 | | | |
| (B) Bühnenbild | | 55 | | |
| (C) Requisite | | 30 | | |
| (D) Kostüme | | | 70 | |
| (E) Maske | | | 30 | |
| (F) Beleuchtung | | 15 | | |
| (G) Ton | | | | 100 |
| Summe | 100 | 100 | 100 | 100 |

**Abb. 34: Anteil der Produktkomponenten zur Erfüllung der Produktfunktionen des Produktes „Bühnenwerk: Romeo und Julia"**
Eigene Darstellung

Zusammengefaßt zu einer *Komponenten-Funktionen-Matrix* ergibt sich folgendes Bild:

| Funktionen / Komponenten | (1) Ausdrucks- starke Schau- spieler | (2) Passendes Bühnenbild und Requisite | (3) Passende Kostüme und Maske | (4) Gute Akkustik | Teilge- wichte der Kompo- nenten |
|---|---|---|---|---|---|
| (A) Besetzung | 40 | | | | 40 |
| (B) Bühnenbild | | 16,5 | | | 16,5 |
| (C) Requisite | | 9 | | | 9 |
| (D) Kostüme | | | 14 | | 14 |
| (E) Maske | | | 6 | | 6 |
| (F) Beleuchtung | | 4,5 | | | 4,5 |
| (G) Ton | | | | 10 | 10 |
| Teilgewichte der Produktfunktionen | 40 | 30 | 20 | 10 | 100 |

**Abb. 35: Komponenten-Funktionen-Matrix des Produktes „Bühnen-
werk: Romeo und Julia"**
In Anlehnung an: Fischer, Thomas M. / Schmitz, Jochen, Zielkostenmanagement II, 1995, S. 947.

Aus den Teilgewichten der Produktkomponenten lassen sich die Zielkosten
der einzelnen Produktkomponenten des Bühnenwerkes: Romeo und Julia
errechnen:

| Produktkomponenten | Teilgewicht der Komponente in % | Zielkosten in DM |
|---|---|---|
| (A) Besetzung | 40,00 | 270.000 |
| (B) Bühnenbild | 16,50 | 111.375 |
| (C) Requisite | 9,00 | 60.750 |
| (D) Kostüme | 14,00 | 94.500 |
| (E) Maske | 6,00 | 40.500 |
| (F) Beleuchtung | 4,50 | 30.375 |
| (G) Ton | 10,00 | 67.500 |
| Summe | 100,00 | 675.000 |

**Abb. 36: Zielkosten der Komponenten des Produktes „Bühnenwerk: Romeo und Julia" gemäß der Funktionsbereichsmethode**
Eigene Darstellung

Um zu zeigen, welche Produktkomponenten im Verhältnis zum Kundennutzen „zu teuer" bzw. „zu aufwendig" sind, werden die Teilgewichte der einzelnen Produktkomponenten durch die Kostenanteile der einzelnen Produktkomponenten dividiert und so die *Zielkostenindizes* der Produktkomponenten ermittelt:

| Produktkomponenten | Teilgewicht in % | Kostenanteil in % | Zielkosten-index |
|---|---|---|---|
| (A) Besetzung | 40,00 | 52,94 | 0,76 |
| (B) Bühnenbild | 16,50 | 30,00 | 0,55 |
| (C) Requisite | 9,00 | 3,53 | 2,55 |
| (D) Kostüme | 14,00 | 4,24 | 3,30 |
| (E) Maske | 6,00 | 2,11 | 2,84 |
| (F) Beleuchtung | 4,50 | 4,24 | 1,06 |
| (G) Ton | 10,00 | 2,94 | 3,40 |
| Summe | 100,00 | 100,00 | |

**Abb. 37: Zielkostenindex für Komponenten des Produktes „Bühnenwerk: Romeo und Julia"**
In Anlehnung an: Horváth, Péter / Seidenschwarz, Werner, Zielkostenmanagement, 1992, S. 147.

Die Zielkostenindizes werden im folgenden *Zielkostenkontrolldiagramm* eingetragen:

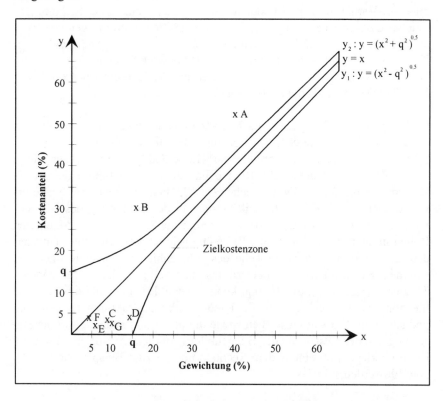

**Abb. 38: Zielkostenkontrolldiagramm des Produktes „Bühnenwerk: Romeo und Julia"**
In Anlehnung an: Horváth, Péter / Seidenschwarz, Werner, Zielkosten-management, 1992, S. 148.

Das öffentliche Theater setzt den Parameter q der Zielkostenzone, die mit den beiden Funktionen $y_1 = (x^2 + q^2)^{1/2}$ und $y_2 = (x^2 - q^2)^{1/2}$ beschrieben wird, mit einem Wert von 15 % an. Es orientiert sich dabei an dem für privatwirtschaftliche Unternehmen überwiegend diskutierten Prozentsatz.[106]

---

[106] Vgl. Fußnote 50 dieses Kapitels, S. 201.

Aus dem Zielkostenkontrolldiagramm läßt sich ablesen, daß die Produktkomponente (A) „Besetzung" und die Produktkomponente (B) „Bühnenbild" im Verhältnis zum Kundennutzen zu teuer sind. Diese Schlußfolgerung wird durch einen Vergleich der absoluten Zielkosten mit den geschätzten Kosten der Produktkomponente (A) und (B) gestützt. Die geschätzten Kosten der Produktkomponente (A) in Höhe von 450.000 DM sind um 180.000 DM und die geschätzten Kosten der Produktkomponente (B) um 143.625 DM höher als die Zielkosten.

Im Beispiel muß das Theater nach Kostensenkungspotentialen suchen, um die Zielkosten zu erreichen. So ist zum Beispiel durch einen intensiven Vergleich mit anderen Theatern gleicher Größe und gleichen Niveaus, die in letzter Zeit das Theaterstück „Romeo und Julia" aufgeführt haben, nach Kostensenkungspotentialen zu suchen.[107] Mögliche Rationalisierungsreserven können in der Bühnentechnik[108] oder in der Gestaltung des Bühnenbildes liegen. Ferner ist zu überlegen, ob einzelne Schauspieler mit kleineren Rollen in dem Stück eine zweite Rolle übernehmen können. Unter Umständen ist es möglich, einzelne Teile des Bühnenbildes kostengünstiger von externen Fachkräften herstellen zu lassen. Vielleicht kann mit anderen Theatern zusammengearbeitet und können Teile des Bühnenbildes von dort übernommen werden. Um zu flexiblen Handlungsstrukturen zu gelangen und somit die Verwaltungskosten sowie die im Zusammenhang mit der Besetzung und der Gestaltung des Bühnenbildes anfallenden Kosten zu senken, ist zu überlegen, ob eine andere Rechtsform, wie zum Beispiel die GmbH, gewählt werden sollte.[109]

Die Kosten, die für die Herstellung des Produktes unter den geänderten Herstellungsbedingungen anfallen, sind zu ermitteln. Die sich ergebenden Kostenanteile der einzelnen Produktkomponenten sind den Teilgewichten der Produktkomponente gegenüberzustellen und die Zielkostenindizes zu ermitteln. Die Kosten sind so lange zu senken, bis die sich daraus ergebenden Zielkostenindizes innerhalb der Zielkostenzone liegen.

Werden nach Ausschöpfung aller Kostensenkungspotentiale die Zielkosten nicht erreicht, ist auf die Herstellung des Produktes „Bühnenwerk: Romeo

---

107  Zum Vergleich von öffentlichen Theatern vgl. Hoffjan, Andreas, Effizienzvergleiche, 1994, S. 297-310; KGSt; Führung, 1989, S. 31.
108  Vgl. Eder, Tomás Bayón / Burgtorf, Philipp, Notwendigkeit, 1993, S. 117.
109  Vgl. Beutling, Lutz, Betriebliches Rechnungswesen, 1986, S. 87 f.

und Julia" zu verzichten. Das Theater ist nicht verpflichtet, ein bestimmtes Bühnenwerk aufzuführen, sondern hat das allgemeine Ziel zu erfüllen, der Öffentlichkeit künstlerisch wertvolle Inszenierungen zu bieten.[110] Im Beispiel müßte das Theater nach anderen künstlerisch hochwertigen Bühnenwerken suchen, deren Inszenierung mit weniger Kosten verbunden ist.[111]

Das Beispiel hat gezeigt, daß durch den Einsatz des Zielkostenmanagements sowohl die Wünsche der Zuschauer an den Theaterbesuch als auch Kostengesichtspunkte berücksichtigt werden. Das eingesetzte Zielkostenmanagementkonzept unterscheidet sich von dem für privatwirtschaftliche Unternehmen diskutierten Zielkostenmanagement insbesondere darin, daß nicht der Zielverkaufspreis, sondern die Zahlungsbereitschaft der Leistungsabnehmer als Ausgangspunkt für die Ermittlung der Zielkosten angesetzt wird. Dazu ist ein maximaler Verlust in Form des auf das Produkt entfallenden Anteils des von Träger zur Verfügung gestellten Budgets zu addieren.

---

[110] Vgl. Abschnitt C.I. dieses Kapitels, S. 204-206.
[111] Vgl. Ossadnik, Wolfgang, Rahmenbedingungen, 1987, S. 280.

# 5. KAPITEL: ZUSAMMENFASSUNG

Die derzeit schlechte Finanzlage der öffentlichen Haushalte zwingt die Verantwortlichen, nach Möglichkeiten der Kostensenkung zu suchen. Darüber hinaus stellen die Bürger erhöhte Ansprüche an die Qualität der Leistungen und den Service der öffentlichen Einrichtungen. Das in der Privatwirtschaft viel diskutierte Zielkostenmanagement ist ein Instrument, das die Kundenorientierung bei gleichzeitiger Realisation von Kosteneinsparpotentialen berücksichtigt. Von daher lag es nahe zu untersuchen, inwieweit sich Zielkostenmanagement auf öffentliche Betriebe und Verwaltungen übertragen läßt.

Das Zielkostenmanagement wird in der Privatwirtschaft eingesetzt, um die Kostensituation eines Produktes über dessen gesamten Lebenszyklus zu verbessern und die Wettbewerbsfähigkeit des Unternehmens zu steigern. Dabei orientiert sich das Unternehmen streng an den Marktanforderungen, das heißt an den von Kunden und Konkurrenten abgeleiteten Anforderungen.

Im Zielkostenmanagementprozeß werden die Zielkosten zunächst für das Gesamtprodukt festgelegt, bevor sie im Rahmen der Zielkostenspaltung auf einzelne Produktkomponenten heruntergebrochen werden. Es existieren verschiedene Ansätze, um die Gesamtzielkosten zu ermitteln. Im deutschsprachigen Raum hat sich in der Praxis die Reinform des Zielkostenmanagements, der Market into Company-Ansatz, durchgesetzt. Entsprechend diesem Ansatz bildet der am Markt erzielbare Zielverkaufspreis den Ausgangspunkt für die Ermittlung der Zielkosten. Davon werden der geplante Gewinn sowie die nicht durch die Gestaltung des Produktes zu beeinflussenden produktfernen Gemeinkosten abgezogen. Die sich ergebenden vom Markt erlaubten Kosten i.e.S. (allowable costs i.e.S.) sind den Standardkosten gegenüberzustellen. Je nach Wettbewerbsposition und strategischer Planung des Unternehmens sind die Gesamtzielkosten zwischen den Standardkosten und den vom Markt erlaubten Kosten i.e.S. festzulegen. Die vom Markt erlaubten Kosten i.e.S. markieren die äußerste Grenze der Gesamtzielkosten. Um die Zielkosten zu erreichen, sollte das Zielkostenmanagement durch verschiedene Instrumente, wie zum Beispiel die Prozeßkostenrechnung oder das Benchmarking, unterstützt werden.

Anhand der einzelnen Bestandteile des Zielkostenmanagements wurde vor dem Hintergrund der Besonderheiten öffentlicher Betriebe und Verwaltungen untersucht, ob das Konzept auf öffentliche Einrichtungen übertragbar ist. Es galt, Aussagen bezüglich der prinzipiellen Anwendbarkeit von Zielkostenmanagement in öffentlichen Betrieben und Verwaltungen zu treffen, damit öffentliche Einrichtungen, die an der Nutzung von Zielkostenmanagement interessiert sind, feststellen können, ob ihre Leistungen für den Einsatz von Zielkostenmanagement geeignet sind, und wie gegebenenfalls das Zielkostenmanagementkonzept für ihre Einrichtungen auszusehen hat.

Mit der Anwendung von Zielkostenmanagement können die öffentlichen Einrichtungen das Hauptziel der Kostensenkung bei gleichzeitiger Berücksichtigung von Wünschen der (potentiellen) Leistungsabnehmer verfolgen und damit auch dem Dienstleistungsgedanken Rechnung tragen. *Hinsichtlich der Anwendungsbreite des Zielkostenmanagements hat die Analyse gezeigt, daß nur bei Leistungen der öffentlichen Einrichtungen, die über ihre Grundfunktion hinaus keine Gestaltungsspielräume bezüglich einzelner Leistungsmerkmale aufweisen, wie zum Beispiel die Leistungen von Abwasserunternehmen oder Elektrizitätsunternehmen, Zielkostenmanagement kein sinnvolles Konzept darstellt.* Bei diesen Leistungen fehlt eine wichtige Komponente des Zielkostenmanagements, die Orientierung an den Kundenwünschen, und es ist nur noch die Dekompositionstechnik möglich. Die Dekompositionstechnik besagt, daß ausgehend von einer Gesamtzielgröße die Zielkosten auf einzelne Produktkomponenten heruntergebrochen werden. *Ansonsten ist Zielkostenmanagement prinzipiell überall anwendbar.* Sofern die Nutzung sämtlicher Instrumente zur Kostensenkung gesichert ist, wie zum Beispiel durch eine Nachweispflicht gegenüber dem Träger, kann Zielkostenmanagement selbst für Leistungen mit gesetzlicher Leistungsverpflichtung eingesetzt werden.

In der Untersuchung ist deutlich geworden, daß die Besonderheiten der öffentlichen Betriebe und Verwaltungen zum Teil dazu führen, daß die Anwendung von Zielkostenmanagement Änderungen in den öffentlichen Einrichtungen erfordert. Welche Änderungen im Einzelfall durchzuführen sind, hängt davon ab, welche im Zusammenhang mit dem Zielkostenmanagement geforderten Elemente, zum Beispiel Kostenrechnung oder Matrixorganisation, von der öffentlichen Verwaltung oder dem öffentlichen Betrieb genutzt werden. Nicht alle Änderungen müssen zwingend vorgenommen werden; manche erleichtern lediglich den Einsatz von Zielkostenmanagement.

So sollte eine öffentliche Verwaltung erst einmal Produkte definieren, auf die das Zielkostenmanagement angewendet werden kann. Dabei sollte sie sich an den Produktkatalogen anderer Verwaltungen orientieren, die diese im Zuge von Verwaltungsreformen erstellt haben. In öffentlichen Betrieben sind die Produkte im allgemeinen aufgrund der Entgeltlichkeit der Produkte definiert. Um das Benchmarking als ein Instrument zur Unterstützung des Zielkostenmanagements umfassend einsetzen zu können, sollten vergleichbare öffentliche Betriebe und Verwaltungen die gleichen Prinzipien bei der Produktdefinition anwenden. Fehlt in öffentlichen Einrichtungen eine Kostenrechnung oder wird die Kostenrechnung nur zur Ermittlung von Preisen und Gebühren genutzt, ist sie für die Durchführung des Zielkostenmanagements einzurichten bzw. auszubauen. Die Kostenrechnung kann sowohl auf der Erweiterten Kameralistik als auch auf der kaufmännischen Buchführung aufbauen. Wünschenswert ist eine Prozeßkostenrechnung.

Für eine das Zielkostenmanagement anwendende öffentliche Einrichtung ist der Einsatz von Controllinginstrumenten, wie zum Beispiel das Benchmarking oder Qualitätsmanagement, hilfreich. Die öffentlichen Verwaltungen und öffentlichen Unternehmen sollten zudem ihre Hierarchiestufen soweit wie möglich abbauen, um die Abstimmung zwischen den Funktionsbereichen nicht zu behindern. Eine Organisation nach Profit-Centern oder eine Matrixorganisation erleichtert die Bildung von Produktteams sowie die Arbeit in Produktteams und damit die Anwendung von Zielkostenmanagement. Bisher beschränkt sich in den öffentlichen Verwaltungen die Kundenorientierung in der Regel auf die Einrichtung von Bürgerbüros. Für den Einsatz des Zielkostenmanagements sollte eine Marketingabteilung existieren. Besondere Aufmerksamkeit ist dem Einsatz von Marktforschungsmethoden zu schenken. Entsprechendes gilt für öffentliche Betriebe - wenn auch in geringerem Maße.

Die Untersuchung hat auch gezeigt, daß Änderungen in den öffentlichen Einrichtungen allein nicht ausreichen, um das Zielkostenmanagement in der Form zu übertragen, wie sie für privatwirtschaftliche Unternehmen diskutiert wird. Vielmehr ist das Zielkostenmanagementkonzept selbst in einigen Punkten zu modifizieren. Die Modifikationen können entweder in einer veränderten Vorgehensweise des Zielkostenmanagements oder in erweiterten Definitionen von wichtigen, im Rahmen des Zielkostenmanagements verwendeten Begriffen liegen. Bedingt sind die Modifikationen am Zielkostenmanagementkonzept durch die verschiedensten Besonderheiten der

Leistungen öffentlicher Einrichtungen. Als Folge der Heterogenität der von den öffentlichen Einrichtungen erbrachten Leistungen läßt sich keine Einteilung in Leistungsgruppen vornehmen, die jeweils bestimmte Modifikationen am Zielkostenmanagementkonzept erfordern. Orientieren sich die öffentlichen Einrichtungen bei der Einführung von Zielkostenmanagement an den allgemeinen Besonderheiten ihrer Leistungen, können sie feststellen, wie das Zielkostenmanagement in ihrer öffentlichen Einrichtung auszugestalten ist. Folgende allgemeine Besonderheiten der Leistungen öffentlicher Einrichtungen führen zu Modifikationen an dem für privatwirtschaftliche Unternehmen diskutierten Zielkostenmanagementkonzept:

- Liegen nichtmarktgängige Leistungen (Leistungen öffentlicher Verwaltungen), prinzipiell marktgängige, aber unentgeltliche (z.B. Schulunterricht) bzw. zu administrierten Preisen abgegebene Leistungen (z.B. von öffentlichen Theatern, Betrieben des ÖPNV oder Schwimmbädern) vor, kann kein Zielverkaufspreis - so wie er im für privatwirtschaftliche Unternehmen diskutierten Zielkostenmanagementkonzept verstanden wird - als Ausgangspunkt zur Ermittlung der Zielkosten angesetzt werden.

Als Alternative kommen entweder eine aufgrund von Kosten anderer öffentlicher Einrichtungen vorgegebene Kostengröße oder die eigenen Standard- bzw. Selbstkosten auf Istkostenbasis abzüglich eines Senkungsabschlags in Frage. Die Wahl ist davon abhängig, ob Daten anderer öffentlicher Einrichtungen zur Verfügung stehen. Ist dies der Fall, sollte man sich an der öffentlichen Einrichtung mit den niedrigsten Produktkosten orientieren. In diesem Fall ist der größte Kostensenkungsdruck zu erwarten. Läßt sich allerdings in Ausnahmefällen der Nutzen der Leistung ohne größeren Aufwand monetär bewerten, kommt dieser Größe oberste Priorität zu. In öffentlichen Krankenhäusern ist es aufgrund des spezifischen Entgeltsystems möglich, die verschiedenen Entgeltformen als Ausgangspunkt zur Bestimmung der Zielkosten anzusetzen. Bei nicht ausreichendem Kostensenkungsdruck ist von diesen Größen ein Senkungsabschlag abzuziehen.

- Bei nichtmarktgängigen Leistungen (Leistungen öffentlicher Verwaltungen), prinzipiell marktgängigen, aber unentgeltlichen (z.B. Schulunterricht) bzw. zu administrierten Preisen abgegebenen Leistungen (z.B. von öffentlichen Theatern, Betrieben des ÖPNV oder Schwimmbädern), das heißt bei Leistungen, für die sich kein Zielverkaufspreis ermitteln läßt, ist der Begriff des Gewinns zu erweitern. Unter Gewinn ist dann nicht nur - wie im für privatwirtschaftliche Unternehmen diskutierten Zielkostenmanagement üblich - eine positive, sondern auch eine negative Größe sowie eine Größe mit dem Wert Null zu verstehen.

- Sind die Leistungen mit einer Abnahmepflicht oder einem Anschluß- oder Benutzungszwang (z.B. Leistungen der Eingriffsverwaltungen und der Entsorgungsbetriebe) verbunden, so ist der Begriff „Kunde" im Rahmen des Zielkostenmanagements weit aufzufassen und im Sinne eines freiwilligen sowie zur Leistungsabnahme verpflichteten Abnehmers zu verstehen.

Anhand der vorliegenden Arbeit wurde deutlich, daß bei der Einführung und Durchführung von Zielkostenmanagement verschiedene praktische Probleme zu beachten und zu lösen sind. So sollte jede öffentliche Einrichtung überprüfen, ob der Einsatz von Zielkostenmanagement auch unter wirtschaftlichen Gesichtspunkten sinnvoll ist. Der Nutzen, der den Kosten entspricht, die durch das Zielkostenmanagement eingespart werden, ist den Kosten des Einsatzes von Zielkostenmanagement gegenüberzustellen. Bei den Wirtschaftlichkeitsüberlegungen sind immer nur Abschätzungen vorzunehmen, da sich gerade der Nutzen, das heißt die einzusparenden Kosten, oftmals nur vage bestimmen lassen.

Ferner sollte die öffentliche Verwaltung bzw. der öffentliche Betrieb bei der Einführung des Zielkostenmanagements festlegen, welche Person mit der Implementierung und Durchführung des Zielkostenmanagements betraut sein sollte. Hier bietet sich ein Controller an. Die Einführung selbst sollte in Projektarbeit erfolgen, da die Implementierung von Zielkostenmanagement alle Kriterien eines Projektes erfüllt und die Projektarbeit ein sinnvolles Instrument zur Einführung neuer betriebswirtschaftlicher Konzepte darstellt. Allerdings können sich bei der Einführung von Zielkostenmanagement mögliche Widerstände der Mitarbeiter ergeben. Um diese möglichst gering zu halten, sollten die Mitarbeiter - so wie es bei der Projektarbeit geschieht - an der Implementierung beteiligt und möglichst umfassend geschult werden.

Bei der Durchführung des Zielkostenmanagements sollten die öffentlichen Einrichtungen das Problem beachten, daß ihre Produkte oftmals Dienstleistungen darstellen, die kaum vergleichbar sind und deren Wert sich schwer ermitteln läßt. Zur Feststellung der Wünsche der Abnehmer und des

Zielverkaufspreises bzw. der Zahlungsbereitschaft können sich die davon betroffenen öffentlichen Einrichtungen an den Marktforschungsmethoden für Dienstleistungen privatwirtschaftlicher Unternehmen orientieren. Darüber hinaus sollten die öffentlichen Einrichtungen, deren Güter die Eigenschaft der Nichtrivalität im Konsum aufweisen, bei der Ermittlung der Wünsche der Abnehmer und der Zahlungsbereitschaft das Trittbrettfahrerproblem berücksichtigen. Dieses Abnehmerverhalten kann dazu führen, daß von den öffentlichen Einrichtungen Produkte hergestellt werden, die in dieser Ausgestaltung nicht von den Abnehmern gewünscht sind. Da im Konzept des Zielkostenmanagements die Vorgehensweise in einigen Schritten noch nicht eindeutig geklärt ist, kann das Zielkostenmanagement in einer öffentlichen Einrichtung von dem Zielkostenmanagement in einer anderen öffentlichen Einrichtung abweichen. Allerdings beeinträchtigt dies nicht die mit dem Instrument verfolgten Ziele.

Anhand der beiden Beispiele des Sozialamtes und des öffentlichen Theaters wurde eine praxisbezogene Vorstellung davon vermittelt, wie die Modifikationen des Zielkostenmanagementkonzepts in der Praxis aussehen können, wie bei Anwendung des Zielkostenmanagements vorgegangen werden kann und welche Voraussetzungen im Sozialamt und im öffentlichen Theater bei Anwendung des Zielkostenmanagements vorliegen sollten.

Trotz aller Schwierigkeiten, die bei Einsatz von Zielkostenmanagement auftreten können, bietet das Instrument den öffentlichen Einrichtungen die Möglichkeit, die Wünsche der Bürger zu berücksichtigen und gleichzeitig Kostensenkungspotentiale auszuschöpfen. Gerade die derzeitigen Reformbemühungen öffentlicher Einrichtungen schaffen gute Voraussetzungen für den Einsatz von Zielkostenmanagement; wird doch in vielen Bereichen öffentlicher Einrichtungen die Kostenrechnung eingeführt, die den Aufbau des Zielkostenmanagements erleichtert. Von daher stellt sich den Verantwortlichen die günstige Gelegenheit, das an den Leistungsabnehmern orientierte Zielkostenmanagement anzuwenden.

# Literaturverzeichnis

Ahlert, Dieter / Franz, Klaus-Peter / Göppl, Herrmann (Hrsg.), Finanz- und Rechnungswesen als Führungsinstrument, Wiesbaden 1990.

Ahrns, Hans-Jürgen / Feser, Hans-Dieter, Wirtschaftspolitik, Problemorientierte Einführung, 6. Aufl, München / Wien 1995. (Zitiert: Wirtschaftspolitik)

Albers, Willi u.a (Hrsg.), Handwörterbuch der Wirtschaftswissenschaft (HdWW), Zugleich Neuauflage des Handwörterbuchs der Sozialwissenschaften, Stuttgart u.a. 1988.

Andree, Ulrich, Möglichkeiten und Grenzen des Controlling, Göttingen 1994. (Zitiert: Controlling)

Arnold, Volker, Nutzen-Kosten-Analyse II: Anwendung, in: Handwörterbuch der Wirtschaftswissenschaft (HdWW), Zugleich Neuauflage des Handwörterbuchs der Sozialwissenschaften, hrsg, von Albers, Willi u.a, Bd. 5, Stuttgart u.a. 1980, S. 382-399. (Zitiert: Nutzen-Kosten-Analyse)

Bahn Voker, Das subventionierte Theater der Bundesrepublik Deutschland, Berlin 1972. (Zitiert: Theater)

Bals, Hansjürgen / Nölke, Andreas, Volkswirtschaftliche Kosten und kommunale Gebühren, Ansätze für eine ökologische Neuorientierung des Kommunalabgabenrechts, in: Kommunale Steuer-Zeitschrift, Zeitschrift für das gesamte Gemeindeabgabenwesen, 39. Jg., 1990, H. 11/12, S. 201-225. (Zitiert: Volkswirtschaftliche Kosten)

Bargehr, Brigitte, Marketing in der öffentlichen Verwaltung, Ansatzpunkte und Entwicklungsperspektiven, Stuttgart 1991. (Zitiert: Marketing)

Bauer, Hans-H., Das Erfahrungskurvenkonzept, Möglichkeiten und Problematik der Ableitung strategischer Handlungsalternativen, in: Wirtschaftswissenschaftliches Studium, 15. Jg., 1986, H. 1, S. 1-10. (Zitiert: Erfahrungskurvenkonzept)

Bauer, Hans H. / Herrmann, Andreas / Huber, Frank, Kundenorientierung von Non-Profit-Unternehmen - Das Beispiel eines öffentlichen Theaterbetriebes, in: Zeitschrift für öffentliche und gemeinwirtschaftliche Unternehmen, Bd. 18, 1995, H. 4, S. 385-397. (Zitiert: Kundenorientierung)

Bauer, Hans H. / Herrmann, Andreas / Huber, Frank, Nutzenorientierte Produktgestaltung von Non-Profit-Unternehmen - Das Beispiel eines öffentlichen Theaterbetriebes, in: Zeitschrift für öffentliche und gemeinwirtschaftliche Unternehmen, Bd. 19, 1996, H. 3, S. 313-323. (Zitiert: Nutzenorientierte Produktgestaltung)

Bäurle, Rolf / Schulte, Christof, Effektives Kostenmanagement, Anforderungen und neue Ansätze, in: Schulte, Christof (Hrsg.), Effektives Kostenmanagement, Methoden und Implementierung, Stuttgart 1992, S. 3-27. (Zitiert: Effektives Kostenmanagement)

Becker, Wolfgang, Frühzeitige markt- und rentabilitätsorientierte Kostensteuerung, in: kostenrechnungspraxis, 37. Jg., 1993, H. 2, S. 279-287. (Zitiert: Kostensteuerung)

Benkenstein, Martin, Dienstleistungsqualität, Ansätze zur Messung und Implikationen für die Steuerung, in: Corsten, Hans (Hrsg.), Integratives Dienstleistungsmanagement, Grundlagen, Beschaffung, Produktion, Marketing, Qualität, Ein Reader, Wiesbaden 1994, S. 421-445. (Zitiert: Dienstleistungsqualität)

Bentz, Axel / Rüd, Michael, KVP in der öffentlichen Verwaltung, in: Controller Magazin, 21. Jg., 1996, H. 4, S. 224-227. (Zitiert: KVP)

Benz, Winfried, Öffentlicher Dienst, in: Handwörterbuch der Öffentlichen Betriebswirtschaft, hrsg. von Chmielewicz, Klaus / Eichhorn, Peter, Stuttgart 1989, Sp. 1202-1213 (Zitiert: Öffentlicher Dienst)

Berekoven, Ludwig / Eckert, Werner / Ellenrieder, Peter, Marktforschung, methodische Grundlagen und praktische Anwendung, 7., aktual. Aufl., Wiesbaden 1996. (Zitiert: Marktforschung)

Berens, Wolfgang / Hoffjan, Andreas, Target Costing, in: Busse von Colbe, Walther (Hrsg.), Lexikon des Rechnungswesens, Handbuch der Bilanzierung und Prüfung, der Erlös-, Finanz-, Investitions- und Kostenrechnung, 3., überarb. u. erw. Aufl., München / Wien 1994, S. 602-604. (Zitiert: Target Costing)

Beutling, Lutz, Betriebliches Rechnungswesen und Rechnungslegung öffentlicher Theater als Instrument zur Sicherung ihrer Wirtschaftlichkeit oder mehr Wirtschaftlichkeit im Theater - Das Ende der Kunst?, in: Betriebswirtschaftliche Forschung und Praxis, 38. Jg., 1986, H. 1, S. 80-91. (Zitiert: Betriebliches Rechnungswesen)

Beutling, Lutz, Controlling in Kulturbetrieben am Beispiel Theater, Grundlagen für ein Management zur betriebswirtschaftlichen Steuerung, Hagen 1993. (Zitiert: Controlling)

Beutling, Lutz, Methoden und Probleme der betriebswirtschaftlichen Erfolgsrechnung im Theaterbetrieb im Zeichen der gegenwärtigen Finanzkrise, in: Betriebswirtschaftliche Forschung und Praxis, 35. Jg., 1983, H. 1, S. 1-16. (Zitiert: Methoden)

Beutling, Lutz, Theatermanagement, in: Rauhe, Hermann / Demmer, Christine (Hrsg.), Kulturmanagement, Theorie und Praxis einer professionellen Kunst, Berlin / New York 1994, S. 271-282. (Zitiert: Theatermanagement)

Bieberstein, Ingo, Dienstleistungs-Marketing, Ludwigshafen (Rhein) 1995. (Zitiert: Dienstleistungs-Marketing)

Blume, Otto, Sozialhilfe und Sozialhilfegesetz, in: Handwörterbuch der Wirtschaftswissenschaft (HdWW), Zugleich Neuauflage des Handwörterbuchs der Sozialwissenschaften, hrsg. v. Albers, Willi u.a., Bd. 6, Organisation bis Sozialhilfe und Sozialhilfegesetz, Stuttgart u.a. 1988. (Zitiert: Sozialhilfe)

Bogumil, Jörg / Kißler, Leo / Wiechmann, Elke, Kundenorientierung der Stadtverwaltung, Ergebnisse einer repräsentativen Bevölkerungsumfrage in Hagen, Hagen 1993. (Zitiert: Kundenorientierung)

Bräunig, Dietmar, Zu Zielsystem und Leistungsindikatoren öffentlicher Unternehmen, in: Zeitschrift für öffentliche und gemeinwirtschaftliche Unternehmen, Bd. 17, 1994, H. 4, S. 471-479. (Zitiert: Zielsystem)

Brede, Hauke, Entwicklungstrends in Kostenrechnung und Kostenmanagement, in: Die Unternehmung, 47. Jg., 1993, H. 4, S. 333-357. (Zitiert: Entwicklungstrends)

Brede, Helmut, Betriebswirtschaftslehre, Einführung, 6., unwesentl. veränd. Aufl., Wien 1997. (Zitiert: Betriebswirtschaftslehre)

Brede, Helmut, Die Bedeutung öffentlicher Unternehmen für die Transformation einer Volkswirtschaft, in: Zeitschrift für öffentliche und gemeinwirtschaftliche Unternehmen, Bd. 18, 1995, H. 3, S. 342-349. (Zitiert: Transformation)

Brede, Helmut, Die Reform des Öffentlichen Rechnungswesen - eine Notwendigkeit, in: Verwaltungsführung, Organisation und Personalwesen, 16. Jg., 1994, H. 2, S. 88-91. (Zitiert: Reform)

Brede, Helmut, Die wirtschaftliche Beurteilung von Verwaltungsentscheidungen in der Unternehmung, Köln / Opladen 1968. (Zitiert: Beurteilung)

Brede, Helmut, Interne Budgets im Dienst projektbezogener Planungen und Entscheidungen öffentlicher Verwaltungen, in: Faller, Peter / Witt, Dieter (Hrsg.), Dienstprinzip und Erwerbsprinzip, Fragen der Grundorientierung in Verkehr und öffentlicher Wirtschaft, Festschrift für Karl Oettle zur Vollendung des 65. Lebensjahres, Schriften zur öffentlichen Verwaltung und öffentlichen Wirtschaft, Bd. 128, Baden-Baden 1991, S. 170-180. (Zitiert: Interne Budgets)

Brede, Helmut, Sonstige Wirtschaftszweige, Grenzbereiche, in: Brede, Helmut / von Loesch, Achim (Hrsg.), Die Unternehmen der öffentlichen Wirtschaft in der Bundesrepublik Deutschland, Ein Handbuch, 1. Aufl., Baden-Baden 1986, S. 249-273. (Zitiert: Sonstige Wirtschaftszweige)

Brede, Helmut, Ziele öffentlicher Verwaltungen, in: Handwörterbuch der Öffentlichen Betriebswirtschaft, hrsg. von Chmielewicz, Klaus / Eichhorn, Peter, Stutttgart 1989, Sp. 1867-1877. (Zitiert: Ziele)

Brede, Helmut / Buschor, Ernst (Hrsg.), Das neue Öffentliche Rechnungswesen, Betriebswirtschaftliche Beiträge zur Haushaltsreform in Deutschland, Österreich und der Schweiz, Schriften zur öffentlichen Verwaltung und öffentlichen Wirtschaft, Bd. 133, Baden-Baden 1993. (Zitiert: Rechnungswesen)

Brede, Helmut / von Loesch, Achim (Hrsg.), Die Unternehmen der öffentlichen Wirtschaft in der Bundesrepublik Deutschland, Ein Handbuch, 1. Aufl., Baden-Baden 1986.

Brinkmann, Gerhard, Laufbahnen und Beförderung, in: Handwörterbuch der Öffentlichen Betriebswirtschaft, hrsg. von Chemielewicz, Klaus / Eichhorn, Peter, Stuttgart 1989, Sp. 906-916. (Zitiert: Laufbahnen)

Brockhoff, Klaus, Produktlebenszyklen, in: Handwörterbuch der Absatzwirtschaft, hrsg. von Tietz, Bruno, Stuttgart 1974, Sp. 1763-1770.

Brockhoff, Klaus, Soziale Kosten und negative externe Effekte, in: Zeitschrift für Betriebswirtschaft, 52. Jg., 1982, H. 3, S. 282-286. (Zitiert: Soziale Kosten)

Brückmann, Friedel, Erste Controlling-Schritte in der Kommunalverwaltung, in: Bunde, Jürgen / Postlep, Rolf-Dieter (Hrsg.), Controlling in Kommunalverwaltungen, Forum der Kommunalpolitik, Bd. 1, Marburg 1994, S. 159-184. (Zitiert: Controlling-Schritte)

Bucksch, Rolf / Rost, Peter, Einsatz der Wertanalyse zur Gestaltung erfolgreicher Produkte, in: Zeitschrift für betriebswirtschaftliche Forschung, 37. Jg., 1985, H. 4, S. 350-361. (Zitiert: Wertanalyse)

Buggert, Willi / Wielpütz, Axel, Target Costing, Grundlagen und Umsetzung des Zielkostenmanagements, München / Wien 1995. (Zitiert: Target Costing)

Bühner, Rolf, Betriebswirtschaftliche Organisationslehre, 8., bearb. u. erw. Aufl., München / Wien 1996. (Zitiert: Betriebswirtschaftliche Organisationslehre)

Burger, Anton, Kostenmanagement, München / Wien 1994. (Zitiert: Kostenmanagement)

Busse von Colbe, Walther (Hrsg.), Lexikon des Rechnungswesens, Handbuch der Bilanzierung und Prüfung, der Erlös-, Finanz-, Investitions- und Kostenrechnung, 3., überarb. u. erw. Aufl., München / Wien 1994.

Cervellini, Udo, Prozeßkostenrechnung im Vertriebsbereich der Porsche AG, in: IFUA Horváth & Partner GmbH (Hrsg.), Prozeßkostenmanagement, Methodik, Implementierung, Erfahrungen, München 1991, S. 223-248. (Zitiert: Prozeßkostenrechnung)

Chmielewicz, Klaus, Öffentliche Unternehmen, in: Handwörterbuch der Öffentlichen Betriebswirtschaft, hrsg. von Chmielewicz, Klaus / Eichhorn, Peter, Stuttgart 1989, Sp. 1093-1105. (Zitiert: Öffentliche Unternehmen)

Chmielewicz, Klaus / Eichhorn, Peter (Hrsg.), Handwörterbuch der Öffentlichen Betriebswirtschaft, Stuttgart 1989.

Chmielewicz, Klaus / Schweitzer, Marcell (Hrsg.), Handwörterbuch des Rechnungswesens, 3., völlig neu gestaltete und ergänzte Aufl., Stuttgart 1993.

Cibis, Claudius / Niemand, Stefan, Planung und Steuerung funktioneller Dienstleistungen mit Target Costing - dargestellt am Beispiel der IBM Deutschland GmbH, in: Horváth, Péter (Hrsg.), Target Costing, Marktorientierte Zielkosten in der deutschen Praxis, Stuttgart 1993, S. 191-228. (Zitiert: Planung und Steuerung)

Claassen, Utz / Hilbert, Herwig, Durch Target Costing und Target Investment zur kompromißlosen Kundenorientierung bei Volkswagen, in: Horváth, Péter (Hrsg.), Controlling und Reengineering, Stuttgart 1994, S. 145-159. (Zitiert: Target Investment)

Claassen, Utz / Hilbert, Herwig, Target Costing als bedeutsames Element der finanziellen Projektsteuerung in der Frühphase des Produkt-Entstehungsprozesses (Volkswagen AG), in: Mayer, Elmar / Liessmann, Konrad (Hrsg.), F+E-Controllerdienst, Stuttgart 1994, S. 105-129. (Zitiert: Target Costing)

Coenenberg, Adolf G[erhard], Kostenrechnung und Kostenanalyse, 2., durchges. Aufl., Landsberg am Lech 1993. (Zitiert: Kostenrechnung)

Coenenberg, Adolf G[erhard]. / Fischer, Thomas M., Prozeßkostenrechnung - Strategische Neuorientierung in der Kostenrechnung, in: Die Betriebswirtschaft, 51. Jg., 1991, H. 1, S. 21-38. (Zitiert: Prozeßkostenrechnung)

Coenenberg, Adolf Gerhard, Jahresabschluß und Jahresabschlußanalyse, Betriebswirtschaftliche, handels- und steuerliche Grundlagen, 15., überarb. Aufl., Landsberg am Lech 1994. (Zitiert: Jahresabschluß)

Coenenberg, Adolf Gerhard u.a., Target Costing und Product Life Cycle Costing als Instrumente des Kostenmanagements, in: Zeitschrift für Planung, Bd. 5, 1994, H. 1, S. 1-38. (Zitiert: Target Costing)

Cooper, R[obin], The Rise of Activity-Based Costing - Part Three: How Many Cost Drivers Do You Need, and How Do You Select Them?, in: Journal of Cost Management, Vol. 3, 1989, Winter, S. 34-46, zitiert bei Coenenberg, Adolf G. / Fischer, Thomas M., Prozeßkostenrechnung, 1991, S. 26.

Cooper, Robin / Kaplan, Robert S., Measure Costs Right, Make the Right Decisions, in: Harvard Business Review, 66. Jg., 1988, H. 5, S. 96-103. (Zitiert: Costs)

Corsten, Hans (Hrsg.), Integratives Dienstleistungsmanagement, Grundlagen, Beschaffung, Produktion, Marketing, Qualität, Ein Reader, Wiesbaden 1994.

Corsten, Hans (Hrsg.), Lexikon der Betriebswirtschaftslehre, 3., überarb. u. erw. Aufl., München / Wien 1995.

Corsten, Hans, Betriebswirtschaftslehre der Dienstleistungsunternehmungen, Einführung, 2., durchges. Aufl., München / Wien 1990. (Zitiert: Betriebswirtschaftslehre)

Dambrowski, Jürgen, Wie man mit Lean Target Costing effizient arbeiten kann, in: Horváth, Péter (Hrsg.), Effektives und schlankes Controlling, Stuttgart 1992, S. 277-288. (Zitiert: Lean Target Costing)

Dammann, Klaus, Bürokratie, in: Handwörterbuch der Öffentlichen Betriebswirtschaft, hrsg. von Chmielewicz, Klaus / Eichhorn, Peter, Stuttgart 1989, Sp. 182-190. (Zitiert: Bürokratie)

Deisenhofer, Thomas, Marktorientierte Kostenplanung auf Basis von Erkenntnissen der Marktforschung bei der AUDI AG, in: Horváth, Péter (Hrsg.), Target Costing, Marktorientierte Zielkosten in der deutschen Praxis, Stuttgart 1993, S. 93-117. (Zitiert: Marktorientierte Kostenplanung)

Dellmann, Klaus / Franz, Klaus Peter (Hrsg.), Neuere Entwicklungen im Kostenmanagement, Bern / Stuttgart / Wien 1994.

Dettmer, Harald / Prophete, Walter / Wegmeyer, Klaus, Kommunales Haushalts- und Kassenwesen, 3., überarb. u. erw. Aufl., Bad Homburg vor der Höhe 1995. (Zitiert: Haushalts- und Kassenwesen)

Deutsch, Christian, Unter Preisdruck, Mit dem Schlagwort „Target Costing" bahnt sich eine Wende in der bundesdeutschen Unternehmensführung an, in: WirtschaftsWoche, 1992, Nr. 16 vom 10.4.1992, S. 63-67. (Zitiert: Unter Preisdruck)

Diederich, Helmut, Ziele öffentlicher Unternehmen, in: Handwörterbuch der Öffentlichen Betriebswirtschaft, hrsg. von Chmielewicz, Klaus / Eichhorn, Peter, Stuttgart 1989, Sp. 1856-1867. (Zitiert: Ziele)

Diehl, Hildebrand, Dienstleistungsunternehmen Stadt, ein Weg aus der Krise?, in: Scheer, August-Wilhelm / Friederichs, Johann (Hrsg.), Innovative Verwaltungen 2000, Schriften zur Unternehmensführung, Bd. 57, Wiesbaden 1996, S. 41-50. (Zitiert: Dienstleistungsunternehmen Stadt)

Diller, Hermann (Hrsg.), Vahlens Großes Marketinglexikon, München 1992.

Diller, Hermann, Kunde, in: Diller, Hermann (Hrsg.), Vahlens Großes Marketinglexikon, München 1992, S. 583. (Zitiert: Kunde)

Diller, Hermann, Preispolitik, 2., überarb. Aufl., Stuttgart / Berlin / Köln 1991. (Zitiert: Preispolitik)

Dittmar, Jutta, Konzeptioneller Weiterentwicklungsbedarf bei der Zielkostenplanung, in: Zeitschrift für Planung, Bd. 7, 1996, H. 7, S. 181-192. (Zitiert: Konzeptioneller Weiterentwicklungsbedarf)

Döpper, Klaus, Target orientiertes Controlling bei Toshiba in Europa, in: Horváth, Péter (Hrsg.), Effektives und schlankes Controlling, Stuttgart 1992, S. 245-259. (Zitiert: Target orientiertes Controlling)

Döring, Diether, Sozialverwaltungen, in: Handwörterbuch der Öffentlichen Betriebswirtschaft, hrsg. v. Chmielewicz, Klaus / Eichhorn, Peter, Stuttgart 1989, Sp. 1468-1476. (Zitiert: Sozialverwaltungen)

Eder, Tomás Bayón / Burgtorf, Philipp, Zur Notwendigkeit der Verankerung des Marketinggedanken im Management von Theatern - Konzept für das Marketing öffentlicher Theaterbetriebe in Deutschland, in: Gesellschaft für Konsumforschung (Hrsg.), Jahrbuch der Absatz- und Verbrauchsforschung, Nürnberg, 39. Jg., 1993, H. 2, S. 114-138. (Zitiert: Notwendigkeit)

Ehrlenspiel, Klaus, Frühzeitige Kostenbeeinflussung durch Produktkosten-Controlling und Simultaneous Engineering, in: kostenrechnungspraxis, 39. Jg., 1995, H. 6, S. 313-320. (Zitiert: Frühzeitige Kostenbeeinflussung)

Eichhorn, Peter (Hrsg.), Doppik und Kameralistik, Schriften zur öffentlichen Verwaltung und öffentlichen Wirtschaft, Bd. 100, Baden-Baden 1987.

Eichhorn, Peter u.a. (Hrsg.), Verwaltungslexikon, 2., neu bearb. Aufl., Baden-Baden 1991. (Zitiert: Verwaltungslexikon)

Eichhorn, Peter, Begriff, Bedeutung und Besonderheiten der öffentlichen Wirtschaft und Gemeinwirtschaft, in: Brede, Helmut / von Loesch, Achim (Hrsg.), Die Unternehmen der öffentlichen Wirtschaft in der Bundesrepublik Deutschland, Ein Handbuch, 1. Auf., Baden-Baden 1986, S. 13-29. (Zitiert: Besonderheiten)

Eichhorn, Peter, Die öffentliche Verwaltung als Dienstleistungsbetrieb, in: Rehkopp, Alfons (Hrsg.), Dienstleistungsbetrieb Öffentliche Verwaltung, Köln 1976, S. 11-29. (Zitiert: Verwaltung)

Eichhorn, Peter, Öffentliche Betriebswirtschaftslehre, in: Wirtschaftswissenschaftliches Studium, 21. Jg., 1992, H. 1, S. 49-51. (Zitiert: Öffentliche Betriebswirtschaftslehre)

Eichhorn, Peter / Friedrich, Peter, Verwaltungsökonomie I, Methodologie und Management der öffentlichen Verwaltung, Schriften zur öffentlichen Verwaltung und öffentlichen Wirtschaft, Bd. 1, 1. Aufl., Baden-Baden 1976. (Zitiert: Verwaltungsökonomie I)

Eichhorn, Siegfried, Erfolgreiches Management braucht ein prozeßorientiertes Controlling, Arbeitsprozesse müssen patientengerecht harmonisiert und koordiniert werden, in: Krankenhaus-Umschau, 65. Jg., 1996, H. 3, S. 174-182. (Zitiert: Management)

Eiff, Wilfried von, Benchmarking im Krankenhaus, Qualität steigern und Kosten senken durch Best-Practices-Management, in: Krankenhaus-Umschau, 63. Jg., 1994, H. 11, S. 859-869. (Zitiert: Benchmarking)

Eisele, Wolfgang, Technik des betrieblichen Rechnungswesens, Buchführung, Kostenrechnung, Sonderbilanzen, 5., überarb. und erw. Aufl., München 1993. (Zitiert: Technik)

Eiteneyer, Helmut / Meissner, Hans Günther (Hrsg.), Marketing öffentlicher Unternehmungen, Schriftenreihe des Lehrstuhls für Marketing Universität Dortmund, H. 1, Dortmund 1978.

Eiteneyer, Helmut / Witt, Frank-Jürgen, Produktgestaltung öffentlicher Unternehmen, in: Handwörterbuch der Öffentlichen Betriebswirtschaft, hrsg. von Chmielewicz, Klaus / Eichhorn, Peter, Stuttgart 1989, Sp. 1314-1320. (Zitiert: Produktgestaltung)

Engelhardt, Werner H. / Kleinaltenkamp, Michael / Reckenfelderbäumer, Martin, Leistungsbündel als Absatzobjekte. Ein Ansatz zur Überwindung der Dichotomie von Sach- und Dienstleistungen, in: Corsten, Hans (Hrsg.), Integratives Dienstleistungsmanagement, Grundlagen, Beschaffung, Produktion, Marketing, Qualität. Ein Reader, Wiesbaden 1994, S. 31-69. (Zitiert: Leistungsbündel)

Eschenbach, Rolf (Hrsg.), Controlling, Stuttgart 1994.

Faller, Peter / Witt, Dieter (Hrsg.), Dienstprinzip und Erwerbsprinzip, Fragen der Grundorientierung in Verkehr und öffentlicher Wirtschaft, Festschrift für Karl Oettle zur Vollendung des 65. Lebensjahres, Schriften zur öffentlichen Verwaltung und öffentlichen Wirtschaft, Bd. 128, Baden-Baden 1991.

Feser, Hans Dieter, Preisbildung, in: Corsten, Hans (Hrsg.), Lexikon der Betriebswirtschaftslehre, 3., überarb. u. erw. Aufl., München / Wien 1995, S. 757-761. (Zitiert: Preisbildung)

Fischer, Thomas M., Kosten frühzeitig erkennen und beeinflussen, in: io Management Zeitschrift, 62. Jg., 1993, H. 9, S. 67-71. (Zitiert: Kosten)

Fischer, Thomas M., Kostenmanagement strategischer Erfolgsfaktoren, Instrumente zur operativen Steuerung der strategischen Schlüsselfaktoren Qualität, Flexibilität und Schnelligkeit, München 1993. (Zitiert: Kostenmanagement)

Fischer, Thomas M. / Schmitz, Jochen [A.], Marktorientierte Kosten- und Qualitätsziele gleichzeitig erreichen, in: io Management Zeitschrift, 63. Jg., 1994, H. 10, S. 63-68. (Zitiert: Marktorientierte Kosten- und Qualitätsziele)

Fischer, Thomas M. / Schmitz, Jochen [A.], Zielkostenmanagement, in: Die Betriebswirtschaft, 54. Jg., 1994, H. 3, S. 417-420. (Zitiert: Zielkostenmanagement)

Fischer, Thomas M. / Schmitz, Jochen A., Informationsgehalt und Interpretation des Zielkostenkontrolldiagramms im Target Costing, in: kostenrechnungspraxis, 38. Jg., 1994, H. 6, S. 427-433. (Zitiert: Informationsgehalt)

Fischer, Thomas M. / Schmitz, Jochen [A.], Die Fallstudie aus der Betriebswirtschaftslehre, Zielkostenmanagement (I), in: Wirtschaftsstudium, 24. Jg., 1995, H. 10, S. 832-839.

Fischer, Thomas M. / Schmitz, Jochen [A.], Die Fallstudie aus der Betriebswirtschaftslehre, Zielkostenmanagement (II), in: Wirtschaftsstudium, 24. Jg., 1995, H. 11, S. 947-949. (Zitiert: Zielkostenmanagement II)

Fleige, Thomas, Zielbezogene Rechnungslegung und Berichterstattung von Kommunen, Untersuchung zur Erweiterung der kommunalen Jahresrechnung, Betriebswirtschaftliche Schriftenreihe, Bd. 46, Münster 1989. (Zitiert: Zielbezogene Rechnungslegung)

Foltys-Schmidt, Cornelia, Benchmarking in der kommunalen Versorgungswirtschaft, in: Controller Magazin, 20. Jg., 1995, H. 1, S. 29-33. (Zitiert: Benchmarking)

Franz, Klaus-P[eter], Moderne Methoden der Kostenbeeinflussung, in: kostenrechnungspraxis, 36. Jg., 1992, H. 3, S. 127-134. (Zitiert: Moderne Methoden)

Franz, Klaus-Peter, Die Prozeßkostenrechnung, Darstellung und Vergleich mit der Plankosten- und Deckungsbeitragsrechnung, in: Ahlert, Dieter / Franz, Klaus-Peter / Göppl, Herrmann (Hrsg.), Finanz- und Rechnungswesen als Führungsinstrument, Wiesbaden 1990, S. 109-136. (Zitiert: Prozeßkostenrechnung)

Franz, Klaus-Peter, Moderne Methoden der Kostenbeeinflussung, in: Männel, Wolfgang (Hrsg.), Handbuch Kostenrechnung, Wiesbaden 1992, S. 1492-1505. (Zitiert: Kostenbeeinflussung)

Franz, Klaus-Peter, Target Costing, Konzept und kritische Bereiche, in: Controlling, 5. Jg., 1993, H. 3, S. 124-130. (Zitiert: Target Costing)

Freidank, Carl-Christian, Kostenrechnung, Einführung in die begrifflichen, theoretischen, verrechnungstechnischen sowie planungs- und kontrollorientierten Grundlagen des innerbetrieblichen Rechnungswesens, 5., überarb. u. erw. Aufl., München / Wien 1994. (Zitiert: Kostenrechnung)

Freidank, Carl-Christian, Unterstützung des Target Costing mit Hilfe der Prozeßkostenrechnung, in: Horváth, Péter (Hrsg.), Marktnähe und Kosteneffizienz schaffen, Stuttgart 1993, S. 207-232. (Zitiert: Target Costing)

Freidank, Carl-Christian, Unterstützung des Target Costing durch die Prozeßkostenrechnung, in: Dellmann, Klaus / Franz, Klaus-Peter (Hrsg.), Neuere Entwicklungen im Kostenmanagement, Bern / Stuttgart / Wien 1994, S. 223-259. (Zitiert: Unterstützung)

Frese, Erich (Hrsg.), Handwörterbuch der Organisation, 3., völlig neu gestaltete Aufl., Stuttgart 1992.

Frese, Erich, Grundlagen der Organisation, Konzept-Prinzipien-Strukturen, 6., überarb. Aufl., Wiesbaden 1995. (Zitiert: Organisation)

Freudenberg, Dierk, „Value for money" bei einer Bezirksregierung? (Teil 2), in: Verwaltungsführung, Organisation und Personalwesen, 16. Jg., 1994, H. 3, S. 203-207. (Zitiert: Value for money 2)

Freudenberg, Dierk, Das Elend mit der Kameralistik, Nichts Neues seit Puechberg, in: Verwaltung, Organisation und Personalwesen, 16. Jg., 1994, H. 6, S. 404-411. (Zitiert: Kameralistik)

Fröhling, Oliver, Zielkostenspaltung als Schnittstelle zwischen Target Costing und Target Cost Management, in: kostenrechnungspraxis, 38. Jg., 1994, H. 6, S. 421-425. (Zitiert: Zielkostenspaltung)

Fuchs-Wegner, Gertrud, Management-by-Konzepte, in: Handwörterbuch der Führung, hrsg. v. Kieser, Alfred / Reber, Gerhard / Wunderer, Rolf, Stuttgart 1987, Sp. 1366-1372. (Zitiert: Management-by-Konzepte)

Furch, Kristian / Hauser, Thomas / Pätzold, Erich, Ergebnisorientierte Steuerung der öffentlichen Verwaltung, in: Der Städtetag, 48. Jg., 1995, H. 4, S. 230-238. (Zitiert: Steuerung)

Gaiser, Bernd / Kieninger, Michael, Fahrplan für die Einführung des Target Costing, in: Horváth, Péter (Hrsg.), Target Costing, Marktorientierte Zielkosten in der deutschen Praxis, Stuttgart 1993, S. 53-73. (Zitiert: Fahrplan)

Gawel, Erik, Die kommunalen Gebühren, Ökonomische, ökologische und rechtliche Ansätze einer gesamtwirtschaftlichen Neuorientierung, Finanzwissenschaftliche Forschungsarbeiten, Bd. 64, Berlin 1995. (Zitiert: Die kommunalen Gebühren)

Gentner, Andreas, Target Costing, Wie japanische Unternehmen effektives Kostenmanagement betreiben, in: Praxis des Rechnungswesens, 1994, H. 3, S. 331-353. (Zitiert: Target Costing)

Geschka, H. / Hammer, R., Die Szenario-Technik in der strategischen Unternehmensplanung, in: Hahn, Dietger / Taylor, Bernhard (Hrsg.), Strategische Unternehmensplanung, Strategische Unternehmensfüh-rung, Stand und Entwicklungstendenzen, 5., neu bearb. u. erw. Aufl., Heidelberg 1990, S. 311-336. (Zitiert: Szenario-Technik)

Glaser, Horst, Prozeßkostenrechnung - Darstellung und Kritik, in: Zeit-schrift für betriebswirtschaftliche Forschung, 44. Jg., 1992, H. 3, S. 275-288. (Zitiert: Darstellung)

Glaser, Horst, Prozeßkostenrechnung, in: Handwörterbuch des Rechnungs-wesens, hrsg. von Chmielewicz, Klaus / Schweitzer, Marcell, 3., völlig neu gestaltete und ergänzte Aufl., Stuttgart 1993, Sp. 1643-1651. (Zitiert: Prozeßkostenrechnung)

Gleich, Ronald, Target Costing für die montierende Industrie, München 1996. (Zitiert: Target Costing)

Gornas, Jürgen, Grundzüge einer Verwaltungskostenrechnung, Die Kosten-rechnung als Instrument zur Planung und Kontrolle der Wirtschaft-lichkeit in der öffentlichen Verwaltung, 2. Aufl., Baden-Baden 1992. (Zitiert: Verwaltungskostenrechnung)

Götze, Uwe, ZP-Stichwort, Target Costing, in: Zeitschrift für Planung, Bd. 4, 1993, H. 4, S. 381-389. (Zitiert: Target Costing)

Götze, Uwe / Meyerhoff, Jens Christian, Die Prozeßkostenrechnung - Stand und Entwicklungstendenzen, in: Zeitschrift für Planung, Bd. 4, 1993, H. 1, S. 65-96. (Zitiert: Prozeßkostenrechnung)

Grabler, Susanne / Schröder, Jan, Controlling im Sozialbereich, in: Nachrichtendienst des Deutschen Vereins für öffentliche und private Fürsorge, 74. Jg., 1994, H. 5, S. 189-192. (Zitiert: Controlling)

Graßhoff, Jürgen, Zielkosten-Management, Denkhaltung und Instrumentarium zu höherer Effizienz im Entscheidungsprozeß von Produktinnovationen, in: Controller Magazin, 20. Jg., 1995, H. 2, S. 98-102. (Zitiert: Zielkosten-Management)

Grenacher, Heinz, BürgerBüro als Service am Kunden, Anforderungen an die Anlaufstelle für die Bürger in Baunatal, in: Verwaltungsführung, Organisation und Personalwesen, 18. Jg., 1996, H. 6/7, S. 43-47. (Zitiert: BürgerBüro)

Grömig, Erko / Thielen, Hartmut, Städte auf dem Reformweg, Zum Stand der Verwaltungsmodernisierung, in: Der Städtetag, 49. Jg., 1996, H. 9, S. 596-600. (Zitiert: Reformweg)

Gröttrup, Hendrik, Die kommunale Leistungsverwaltung, Grundlagen der gemeindlichen Daseinsvorsorge, Schriftenreihe des Vereins für Kommunalwissenschaften e.V. Berlin, Bd. 37, 2. Aufl., Stuttgart u.a. 1976. (Zitiert: Leistungsverwaltung)

Haberfellner, Reinhard, Projektmanagement, in: Handwörterbuch der Organisation, hrsg. von Frese, Erich, 3., völlig neu gestaltete Aufl., Stuttgart 1992, Sp. 2090-2102. (Zitiert: Projektmanagement)

Haberstock, Lothar, Kostenrechnung II, (Grenz-)Plankostenrechnung mit Fragen, Aufgaben und Lösungen, 7., durchgesehene Aufl., Hamburg 1986. (Zitiert: Kostenrechnung II)

Hafner, Wolfgang, Kameralistik oder Doppik?, in: Der Gemeindehaushalt, 96. Jg., 1995, H. 6, S. 121-138. (Zitiert: Kameralistik)

Hahn, Dietger, Target Costing - ein überlebenswichtiges Konzept, in: Controlling, 5. Jg., 1993, H. 2, S. 110 f. (Zitiert: Target Costing)

Hahn, Dietger / Taylor, Bernhard (Hrsg.), Strategische Unternehmungsplanung, Strategische Unternehmensführung, Stand und Entwicklungstendenzen, 5., neu bearb. u. erw. Aufl., Heidelberg 1990.

Hanusch, Horst, Nutzen-Kosten-Analyse, 2., überarb. Aufl., München 1994.

Hanusch, Horst / Schlumberger, Manfred, Nutzen-Kosten-Analysen, in: Handwörterbuch der Öffentlichen Betriebswirtschaft, hrsg. von Chmielewicz, Klaus / Eichhorn, Peter, Stuttgart 1989, Sp. 993-1002.

Heinen, Edmund, Industriebetriebslehre, Entscheidungen im Industriebetrieb, 9., vollst. neu bearb. u. erw. Aufl., Wiesbaden 1991. (Zitiert: Industriebetriebslehre)

Herrmann, Andreas / Bauer, Hans H. / Herrmann, Sabine, Kundenorientierte Gestaltung des öffentlichen Personennahverkehrs, in: Zeitschrift für Verkehrswissenschaft, 67. Jg., 1996, H. 4, S. 327-337. (Zitiert: Kundenorientierte Gestaltung)

Heßen, Hans-Peter / Wesseler, Stefan, Marktorientierte Zielkostensteuerung bei der Audi AG, in: Controlling, 4. Jg., 1994, H. 3, S. 148-156. (Zitiert: Zielkostensteuerung)

Hieke, Hans, Rechnen mit Zielkosten als Controllinginstrument, in: Wirtschaftswissenschaftliches Studium, 23. Jg., 1994, H. 10, S. 498-502. (Zitiert: Zielkosten)

Hilke, Wolfgang, Grundprobleme und Entwicklungstendenzen des Dienstleistungs-Marketing, in: Corsten, Hans (Hrsg.), Integratives Dienstleistungsmanagement, Grundlagen, Beschaffung, Produktion, Marketing, Qualität, Ein Reader, Wiesbaden 1994, S. 207-256. (Zitiert: Grundprobleme)

Hill, Hermann / Frey, Michaela, Motivationsinstrumente für eine Innovation der öffentlichen Verwaltung, in: Verwaltung und Management, 3. Jg., 1997, H. 1, S. 7-13. (Zitiert: Motivationsinstrumente)

Hill, Hermann / Klages, Helmut (Hrsg.), Controlling im Neuen Steuerungs-modell, Werkstattberichte zur Einführung von Controlling, Düssel-dorf 1996. (Zitiert: Controlling)

Hill, Hermann / Klages, Helmut (Hrsg.), Lernen von Spitzenverwaltungen, Eine Dokumentation des 2. Speyerer Qualitätswettbewerbs 1994, Berlin u.a. 1995. (Zitiert: Spitzenverwaltungen)

Hill, Hermann / Klages, Helmut (Hrsg.), Qualitäts- und erfolgsorientiertes Verwaltungsmanagement, Aktuelle Tendenzen und Entwürfe, Berlin 1993. (Zitiert: Verwaltungsmanagement)

Hillen, Jürgen, Benchmarking von Dienstleistungen, Inländischer Zahlungs-verkehr der Commerzbank auf dem Prüfstand, in: Controlling, 9. Jg., 1997, H. 1, S. 54-62. (Zitiert: Benchmarking)

Hillmer, Hans-Jürgen, Strategisches Kostenmanagement, Neue Konzepte für die Kostenrechnung im Überblick, in: Buchführung, Bilanz, Kosten-rechnung, 1993, Nr. 22, Fach 21, S. 1529-1540. (Zitiert: Kosten-management)

Hiromoto, Toshiro, Another Hidden Edge - Japanese Management Accoun-ting, in: Harvard Business Review, 66. Jg., 1988, H. 4, S. 22-26. (Zitiert: Another Hidden Edge)

Hiromoto, Toshiro, Management Accounting in Japan, in: Controlling, 1. Jg., 1989, H. 6, S. 316-322. (Zitiert: Management Accounting)

Hirsch, Hans, Öffentliche Güter, in: Handwörterbuch der Öffentlichen Be-triebswirtschaft, hrsg. von Chmielewicz, Klaus / Eichhorn, Peter, Stuttgart 1989, Sp. 1077-1084. (Zitiert: Öffentliche Güter)

Hoffjan, Andreas, Effizienzvergleiche öffentlicher Theater, Cost Benchmarking als strategische Erweiterung eines theaterspezifischen Controlling, in: Zeitschrift für öffentliche und gemeinwirtschaftliche Unternehmen, Bd. 17, 1994, H. 3, S. 292-310. (Zitiert: Effizienz-vergleiche)

Hoffjan, Andreas, Strategisches Zielkostenmanagement für öffentliche Investitionen, in: Zeitschrift für öffentliche und gemeinwirtschaftliche Unternehmen, Bd. 17, 1994, H. 1, S. 24-38. (Zitiert: Zielkostenmanagement)

Hoffmann, Werner / Niedermayr, Rita / Risak, Johann, Führungsergänzung durch Controlling, in: Eschenbach, Rolf (Hrsg.), Controlling, Stuttgart 1994, S. 3-47. (Zitiert: Controlling)

Hoffmann, Werner / Klien, Wolfgang / Unger, Martin, Strategieplanung, in: Eschenbach, Rolf (Hrsg.), Controlling, Stuttgart 1994, S. 205-308. (Zitiert: Strategieplanung)

Hofstätter, Manfred, Technikunterstützung im Sozialamt, in: Online, 32. Jg., 1995, H. 1, S. 55-57. (Zitiert: Technikunterstützung)

Homann, Klaus, Mehr Bürgernähe in Kommunalverwaltungen durch Marketing, in: Der Städtetag, 39. Jg., 1986, H. 9, S. 607-610. (Zitiert: Bürgernähe)

Homburg, Christian, Weichenstellung in der Entwicklung, Kosten und Qualität können im Produktionsprozeß nur noch marginal beeinflußt werden / Wenn der Produktnutzen maximiert statt optimiert wird, in: Blick durch die Wirtschaft, Nr. 43 v. 3.3.97, S. 11. (Zitiert: Weichenstellung)

Homburg, Christian / Werner, Harald / Englisch, Michael, Kennzahlengestütztes Benchmarking im Beschaffungsbereich: Konzeptionelle Aspekte und empirische Befunde, in: Die Betriebswirtschaft, 57. Jg., 1997, H. 1, S. 48-64. (Zitiert: Kennzahlengestütztes Benchmarking)

Horváth, Péter (Hrsg.), Controlling und Reengineering, Stuttgart 1994.

Horváth, Péter (Hrsg.), Effektives und schlankes Controlling, Stuttgart 1992.

Horváth, Péter (Hrsg.), Marktnähe und Kosteneffizienz schaffen, Stuttgart 1993.

Horváth, Péter (Hrsg.), Synergien durch Schnittstellen-Controlling, Stuttgart 1991.

Horváth, Péter (Hrsg.), Target Costing, Marktorientierte Zielkosten in der deutschen Praxis, Stuttgart 1993.

Horváth, Péter, Glossar, in: Horváth, Péter (Hrsg.), Target Costing, Marktorientierte Zielkosten in der deutschen Praxis, Stuttgart 1993, S. 229-232. (Zitiert: Glossar)

Horváth, Péter, Überlebt der Controller den Strukturwandel?, in: Handelsblatt Nr. 163/34 v. 23./24.8.1996, S. K1. (Zitiert: Controller)

Horváth, Péter / Herter, Ronald N., Benchmarking, in: Controlling, 4. Jg., 1992, H. 1, S. 4-11. (Zitiert: Benchmarking)

Horváth, Péter / Mayer, Reinhold, Prozeßkostenrechnung - Der neue Weg zu mehr Kostentransparenz und wirkungsvolleren Unternehmensstrategien, in: Controlling, 1. Jg., 1989, H. 4, S. 214-219. (Zitiert: Prozeßkostenrechnung)

Horváth, Péter / Niemand, Stefan / Wolbold, Markus, Target Costing - State of the Art, in: Horváth, Péter (Hrsg.), Target Costing, Marktorientierte Zielkosten in der deutschen Praxis, Stuttgart 1993, S. 1-27. (Zitiert: Target Costing)

Horváth, Péter / Renner, Andreas, Prozeßkostenrechnung - Konzept, Realisierungsschritte und erste Erfahrungen, in: Fortschrittliche Betriebsführung und Industrial Engineering, 39. Jg., 1990, S. 100-107. (Zitiert: Prozeßkostenrechnung)

Horváth, Péter / Seidenschwarz, Werner, Die Methodik des Zielkostenmanagements, Controlling-Forschungsbericht Nr. 33 des Lehrstuhls Controlling am Betriebswirtschaftlichen Institut der Universität Stuttgart, Januar 1992. (Zitiert: Methodik)

Horváth, Péter / Seidenschwarz, Werner, Zielkostenmanagement, in: Controlling, 4. Jg., 1992, H. 3, S. 142-149. (Zitiert: Zielkostenmanagement)

Horváth, Péter / Seidenschwarz, Werner / Sommerfeldt, Holger, Von Genka Kikaku bis Kaizen, in: Controlling, 5. Jg., 1993, H. 1, S. 10-18. (Zitiert: Genka Kikaku)

Horváth, Péter, Controlling, 6., vollst. überarb. Aufl., München 1996.

Hostettler, Christian, Time Based Management und Controlling, Schriften-reihe des Instituts für Rechnungslegung und Controlling, Bd. 4, Bern / Stuttgart / Wien 1997. (Zitiert: Time Based Management)

Hummel, Siegfried / Männel, Wolfgang, Kostenrechnung 1, Grundlagen, Aufbau und Anwendung, 4., völlig neu bearb. u. erw. Aufl., Wies-baden 1986. (Zitiert: Kostenrechnung 1)

Hüttner, Manfred, Grundzüge der Marktforschung, 4., völlig neubearb. u. erw. Aufl., Berlin / New York 1989. (Zitiert: Marktforschung)

IFUA Horváth & Partner GmbH (Hrsg.), Prozeßkostenmanagement, Me-thodik, Implementierung, Erfahrungen, München 1991.

Jakob, Frank, Target Costing im Anlagenbau - das Beispiel der LTG Luft-technische GmbH, in: Horváth, Péter (Hrsg.), Target Costing, Marktorientierte Zielkosten in der deutschen Praxis, Stuttgart 1993, S. 155-190. (Zitiert: Anlagenbau)

Jehle, Egon, Wertanalyse, in: Handwörterbuch der Betriebswirtschaft, Teil-band 3, R-Z mit Gesamtregister, hrsg. von Wittmann, Waldemar u.a., 5., völlig neu gestaltete Aufl., Stuttgart 1993, Sp. 4647-4659. (Zitiert: Wertanalyse)

Jentzsch, Klaus / Weidt, Thorsten, Das moderne Target Costing-Unterneh-men - Ein Idealmodell -, in: Controller Magazin, 20. Jg., 1995, H. 6, S. 367-372. (Zitiert: Target Costing-Unternehmen)

Jentzsch, Klaus / Weidt, Thorsten, Target Costing-Implementation - Ein kommentierter Kriterienkatalog zur Unterstützung der Einführung des marktorientierten Zielkostenmanagements, in: Controller Maga-zin, 21. Jg., 1996, H. 4, S. 243-251. (Zitiert: Target Costing-Imple-mentation)

Keller, Martin, Kommunal-Controlling, Voraussetzungen zur Einführung, in: Verwaltungsführung, Organisation und Personalwesen, 17. Jg., 1995, H. 6, S. 380-388. (Zitiert: Kommunal-Controlling)

Kern, Werner / Schröder, Hans-Horst, Konzept, Methode und Probleme der Wertanalyse (I), in: Wirtschaftsstudium, 7. Jg., 1978, H. 8, S. 375-381. (Zitiert: Wertanalyse (I))

Kertscher, Klaus, Bürgerbefragung als Orientierungshilfe, Ergebnis der Umfrage durch die Bezirksregierung Weser-Ems, in: Verwaltungsführung, Organisation und Personalwesen, 18. Jg., 1996, H. 8, S. 49-51. (Zitiert: Bürgerbefragung)

Kieser, Alfred / Reber, Gerhard / Wunderer, Rolf (Hrsg.), Handwörterbuch der Führung, Stuttgart 1987.

Kilger, Wolfgang, Flexible Plankostenrechnung und Deckungsbeitragsrechnung, bearbeitet durch Kurt Vikas, 10., vollst. überarb. u. erw. Aufl., Wiesbaden 1993. (Zitiert: Flexible Plankostenrechnung und Deckungsbeitragsrechnung)

Kißler, Leo / Bogumil, Jörg / Wiechmann, Elke, Das kleine Rathaus, Kundenorientierung und Produktivitätssteigerung durch den Bürgerladen Hagen, Baden-Baden 1994. (Zitiert: Das kleine Rathaus)

Klingler, Bernhard F., Target Cost Management, Durch marktorientiertes Zielkostenmanagement können Automobilhersteller ihre Produktkosten senken, in: Controlling, 5. Jg., 1993, H. 4, S. 200-207. (Zitiert: Target Cost Management)

Kommunale Gemeinschaftsstelle für Verwaltungsvereinfachung (KGSt), Wege zum Dienstleistungsunternehmen Kommunalverwaltung, Fallstudie Tilburg, KGSt-Bericht Nr. 19/1992, Köln 1993. (Zitiert: Fallstudie Tilburg)

Kommunale Gemeinschaftsstelle für Verwaltungsvereinfachung (KGSt), Das Neue Steuerungsmodell, Begründung, Konturen, Umsetzung, KGSt-Bericht Nr. 5/1993, Köln 1993. (Zitiert: Das Neue Steuerungsmodell)

Kommunale Gemeinschaftsstelle für Verwaltungsvereinfachung (KGSt), Das Neue Steuerungsmodell, Definition und Beschreibung von Produkten, KGSt-Bericht Nr. 8/1994, Köln 1994. (Zitiert: Definition)

Kommunale Gemeinschaftsstelle für Verwaltungsvereinfachung (KGSt), Verwaltungscontrolling im Neuen Steuerungsmodell, KGSt-Bericht Nr. 15/1994, Köln 1994. (Zitiert: Verwaltungscontrolling)

Kommunale Gemeinschaftsstelle für Verwaltungsvereinfachung (KGSt), Führung und Steuerung des Theaters, Köln 1989. (Zitiert: Führung)

Kosiol, Erich, Die Unternehmung als wirtschaftliches Aktionszentrum, Reinbek bei Hamburg 1966. (Zitiert: Unternehmung)

Künzer, Arnold, Kostenrechnung in der Landesverwaltung des Saarlandes, in: Verwaltung und Management, 3. Jg., 1997, H. 1, S. 47-50. (Zitiert: Kostenrechnung)

Kunze, Udo / Schröder, Jan, Einführung von Controllinginstrumenten im Sozialamt - ein Praxisbeispiel, in: Nachrichtendienst des Deutschen Vereins für öffentliche und private Fürsorge, 75. Jg., 1995, H. 6, S. 244-250. (Zitiert: Einführung)

Küpper, Hans-Ulrich, Controlling, Konzeptionen, Aufgaben und Instrumente, Stuttgart 1995. (Zitiert: Controlling)

Küting, Karlheinz, Stand und offene Probleme der Prozeßkostenrechnung (Teil I), in: Deutsches Steuerrecht, 1993, 31. Jg., H. 9, S. 335-339. (Zitiert: Probleme der Prozeßkostenrechnung (Teil I))

Küting, Karlheinz, Stand und offene Probleme der Prozeßkostenrechnung (Teil II), in: Deutsches Steuerrecht, 1993, 31. Jg., H. 10, S. 369-374. (Zitiert: Probleme der Prozeßkostenrechnung (Teil II))

Küting, Karlheinz / Lorson, Peter, Überblick über die Prozeßkostenrechnung - Stand, Entwicklungen und Grenzen, in: kostenrechnungspraxis, 1993, Sonderheft 2, S. 29-35. (Zitiert: Prozeßkostenrechnung)

Laker, Michael, Target Costing nicht ohne Target Pricing, Was darf ein Produkt kosten?, in: Gablers Magazin, 7. Jg., 1993, H. 3, S. 61-63. (Zitiert: Was darf ein Produkt kosten?)

Laker, Michael, Target Pricing als zentrale Erfolgsdeterminante für das Target Costing, in: Scheer, August-Wilhelm (Hrsg.), Rechnungswesen und EDV, 14. Saarbrücker Arbeitstagung 1993, Controlling bei fließenden Unternehmensstrukturen, Heidelberg 1993, S. 245-262. (Zitiert: Target Pricing)

Lenke, Norbert / Graf, Klara, BPflV'95, Vorbereitung auf die neuen Entgeltformen, in: führen und wirtschaften im Krankenhaus, 11. Jg., 1994, H. 6, S. 466-474. (Zitiert: BPflV'95)

Leonhardt, Jochen, Aufbau und Anwendungsmöglichkeiten einer Grenzplankostenrechnung in Krankenhausbetrieben, Hamburg 1988. (Zitiert: Grenzplankostenrechnung)

Link, Hans-Dieter / Schnell, Jutta / Niemand, Stefan, Die entwicklungsbegleitende Kalkulation als Unterstützung eines Target Costing-Gesamtkonzeptes für die Schuhindustrie, in: Controlling, 6. Jg., 1994, H. 6, S. 346-355. (Zitiert: Die entwicklungsbegleitende Kalkulation)

Löffler, Joachim, Prozeßkostenrechnung im Beschaffungs- und Logistikbereich bei Hewlett-Packard, - Ziele, Umsetzung und Erfahrungen -, in: IFUA Horváth & Partner GmbH (Hrsg.), Prozeßkostenmanagement, Methodik, Implementierung, Erfahrungen, München 1991, S. 183-201. (Zitiert: Prozeßkostenrechnung)

Lohmann, Ulrich, Prozeßkostenrechnung bei der GARDENA Kress + Kastner GmbH, in: IFUA Horváth & Partner GmbH (Hrsg.), Prozeßkostenmanagement, Methodik, Implementierung, Erfahrungen, München 1991, S. 249-269. (Zitiert: Prozeßkostenrechnung)

Lorson, Peter, Anforderungen an eine entscheidungsorientierte Kostenrechnungskonzeption, - Ein Beitrag zur Diskussion über die Prozeßkostenrechnung unter besonderer Berücksichtigung des veränderten Kostenrechnungsumfelds, Herne / Berlin 1993. (Zitiert: Anforderungen)

Lorson, Peter, Straffes Kostenmanagement und neue Technologien, Anforderungen, Instrumente und Konzepte unter besonderer Berücksichtigung der Prozeßkostenrechnung, Herne / Berlin 1993. (Zitiert: Kostenmanagement)

Lorson, Peter, Target Costing, die Zielkosten bestimmt der Markt, in: bilanz & buchhaltung, 1994, Fach 7.1., S. 307-313. (Zitiert: Target Costing)

Lüder, Klaus, Ein kaufmännisches Rechnungswesen für die öffentliche Verwaltung? - Plädoyer für das Überdenken der Zweckmäßigkeit des staatlichen Rechnungswesens in der Bundesrepublik Deutschland, in: Eichhorn, Peter (Hrsg.), Doppik und Kameralistik, Schriften zur öffentlichen Verwaltung und öffentlichen Wirtschaft, Bd. 100, Baden-Baden 1987, S. 245-261. (Zitiert: Plädoyer)

Lüder, Klaus, Kosten- und Leistungsrechnung bei einer Mittelbehörde, Einige grundsätzliche Anmerkungen, in: Vorträge anläßlich eines Symposiums mit der Bezirksregierung Hannover am 19.11.93 in Hannover, Beiträge zur Erwachsenenbildung, Schriftenreihe des Bildungswerks der Niedersächsischen Wirtschaft Gemeinnützige GmbH i. Gr., S. 27-35. (Zitiert: Kosten- und Leistungsrechnung)

Lüder, Klaus, Entwicklungsperspektiven des öffentlichen Rechnungswesens, Speyerer Forschungsberichte, Nr. 48, Speyer 1986. (Zitiert: Entwicklungsperspektiven)

Lüder, Klaus, Öffentliches Rechnungswesen 2000, Schriftenreihe der Hochschule Speyer, Bd. 117, Berlin 1994. (Zitiert: Öffentliches Rechnungswesen 2000)

Lüder, Klaus, Konzeptionelle Grundlagen des Neuen Kommunalen Rechnungswesens (Speyerer Verfahren), Schriftenreihe des Innenministeriums Baden-Württemberg zum kommunalen Haushalts- und Rechnungswesen, H. 1, Stuttgart 1996. (Zitiert: Speyerer Verfahren)

Lüder, Klaus u.a., Vergleichende Analyse öffentlicher Rechnungssysteme - Querschnittsanalyse, Speyerer Forschungsberichte, Nr. 89, 2., unveränd. Aufl., Speyer 1990. (Zitiert: Querschnittsanalyse)

Lüder, Klaus u.a., Vergleichende Analyse öffentlicher Rechnungssysteme - Konzeptionelle Grundlagen für das staatliche Rechnungswesen mit besonderer Berücksichtigung der Bundesrepublik Deutschland, Speyerer Forschungsberichte, Nr. 97, Speyer 1991. (Zitiert: Konzeptionelle Grundlagen)

Mahnkopf, Rudolf, Umbruchsituation in der kommunalen Verwaltung - Auswirkungen auf das kommunale Rechnungswesen, in: der gemeindehaushalt, 95. Jg., 1994, H. 8, S. 174-182. (Zitiert: Umbruchsituation)

Makido, Takao, Recent Trends in Japan's Cost Management Practices, in: Monden, Yasuhiro / Sakurai, Michiharu (Hrsg.), Japanese Management Accounting, A World Class Approach to Profit Management, Cambridge / Massachusetts 1989, S. 3-13. (Zitiert: Recent Trends)

Männel, Wolfgang (Hrsg.), Handbuch Kostenrechnung, Wiesbaden 1992.

Männel, Wolfgang, Moderne Konzepte für Kostenrechnung, Controlling und Kostenmanagement, in: kostenrechnungspraxis, 37. Jg., 1993, H. 2, S. 69-78. (Zitiert: Moderne Konzepte)

Marr, Rainer / Kötting, Marcus, Implementierung, organisatorische, in: Handwörterbuch der Organisation, hrsg. von Frese, Erich, 3., völlig neu gestaltete Aufl., Stuttgart 1992, Sp. 827-841. (Zitiert: Implementierung)

Maurer, Hartmut, Allgemeines Verwaltungsrecht, 10., überarb. u. erg. Aufl., München 1995. (Zitiert: Allgemeines Verwaltungsrecht)

Mayer, Elmar / Liessmann, Konrad (Hrsg.), F+E-Controllerdienst, Stuttgart 1994.

Mayer, Reinhold, Prozeßkostenrechnung und Prozeßkostenmanagement, Konzept, Vorgehensweise und Einsatzmöglichkeiten, in: IFUA Horváth & Partner GmbH (Hrsg.), Prozeßkostenmanagement, Methodik, Implementierung, Erfahrungen, München 1991, S. 73-99. (Zitiert: Prozeßkostenrechnung)

Meffert, Heribert, Marketing, Grundlagen der Absatzpolitik, 7., überarb. u. erw. Aufl., Wiesbaden 1986. (Zitiert: Marketing)

Meffert, Heribert, Marketingforschung und Käuferverhalten, 2., vollst. überarb. u. erw. Aufl., Wiesbaden 1992. (Zitiert: Marketingforschung)

Meffert, Heribert / Bruhn, Manfred, Dienstleistungsmarketing, Grundlagen - Konzepte - Methoden, Mit Fallbeispielen, Wiesbaden 1995. (Zitiert: Dienstleistungsmarketing)

Meinig, Wolfgang, Simultaneous Engineering, in: Wirtschaftswissenschaftliches Studium, 23. Jg., 1994, H. 5, S. 247. (Zitiert: Simultaneous Engineering)

Mengen, Andreas / Simon, Hermann, Produkt- und Preisgestaltung mit Conjoint Measurement, in: Wirtschaftsstudium, 25. Jg., 1996, H. 3, S. 229-236. (Zitiert: Conjoint Measurement)

Meyer, Anton, Die Automatisierung und Veredelung von Dienstleistungen, Auswege aus der dienstleistungsinhärenten Produktivitätsschwäche, in: Corsten, Hans (Hrsg.), Integratives Dienstleistungsmanagement, Grundlagen, Beschaffung, Produktion, Marketing, Qualität, Ein Reader, Wiesbaden 1994, S. 71-90. (Zitiert: Automatisierung)

Mittendorf, Christoph, Industrielle Verwaltungskostenrechnung, Erfassung und Verrechnung der Verwaltungskosten im Rahmen der Vollkostenrechnung und der Teilkostenrechnung, Northeim 1996. (Zitiert: Industrielle Verwaltungskostenrechnung)

Monden, Yasuhiro / Hamada, Kazuki, Target Costing and Kaizen Costing in Japanese Automobile Companies, in: Journal of Management Accounting Research, o. Jg., 1991, H. 1, S. 16-34. (Zitiert: Target Costing)

Monden, Yasuhiro / Sakurai, Michiharu (Hrsg.), Japanese Management Accounting, A World Class Approach to Profit Management, Cambridge / Massachusetts 1989. (Zitiert: Japanese Management Accounting)

Morath, Konrad (Hrsg.), Wirtschaftlichkeit der öffentlichen Verwaltung, Reformkonzepte, Reformpraxis, Bad Homburg 1994.

Mühlenkamp, Holger, Kosten-Nutzen-Analyse, München / Wien 1994.

Mülhaupt, Ludwig, Theorie und Praxis des öffentlichen Rechnungswesen in der Bundesrepublik Deutschland, Baden-Baden 1987. (Zitiert: Theorie und Praxis)

Müller, Hansjörg / Wolbold, Markus, Target Costing im Entwicklungsbereich der „Elektro Werk AG", in: Horváth, Péter (Hrsg.), Target Costing, Marktorientierte Zielkosten in der deutschen Praxis, Stuttgart 1993, S. 119-153. (Zitiert: Entwicklungsbereich)

Münch, Paul, Versorgungsunternehmen, in: Brede, Helmut / von Loesch, Achim (Hrsg.), Die Unternehmen der öffentlichen Wirtschaft in der Bundesrepublik Deutschland, Ein Handbuch, 1. Aufl., Baden-Baden 1986, S. 101-135. (Zitiert: Versorgungsunternehmen)

Musgrave, Richard A. / Musgrave, Peggy B. / Kullmer, Lore, Die öffentlichen Finanzen in Theorie und Praxis, Bd. 1, 6., aktual. Aufl., Tübingen 1994. (Zitiert: Finanzen)

Niemand, Stefan, Target Costing - für industrielle Dienstleistungen, in: Controller Magazin, 19. Jg., 1994, H. 2, S. 66-73. (Zitiert: Dienstleistungen)

Niemand, Stefan, Target Costing - konsequente Marktorientierung durch Zielkostenmanagement, in: Fortschrittliche Betriebsführung und Industrial Engineering, 41. Jg., 1992, H. 3, S. 118-123. (Zitiert: Target Costing)

Niopek, Wolfgang, Innovationsverhalten öffentlicher Unternehmen, Determinanten, Typen und Funktionen, Schriften zur öffentlichen Verwaltung und öffentlichen Wirtschaft, Bd. 83, 1. Aufl., Baden-Baden 1986. (Zitiert: Innovationsverhalten)

Oettle, Karl (Hrsg.), Öffentliche Güter und öffentliche Unternehmen, Beiträge zur Relevanz der Theorie der öffentlichen Güter für die öffentlichen Unternehmen, Gisbert Rittig zum 80. Geburtstag gewidmet, Schriftenreihe der Gesellschaft für öffentliche Wirtschaft und Gemeinwirtschaft, H. 25, 1. Aufl., Baden-Baden 1984.

Oettle, Karl, Grundfragen öffentlicher Betriebe I, Schriften zur öffentlichen Verwaltung und öffentlichen Wirtschaft, Bd. 14, Baden-Baden 1976. (Zitiert: Grundfragen I)

Oettle, Karl, Über den Charakter öffentlich-wirtschaftlicher Zielsetzungen, in: Schmalenbachs Zeitschrift für betriebswirtschaftliche Forschung, 18. Jg., 1966, S. 241-259. (Zitiert: Zielsetzungen)

Ortmann, Friedrich, Neue Steuerungsformen der Sozialverwaltung und soziale Arbeit, in: Nachrichtendienst des Deutschen Vereins für öffentliche und private Fürsorge, 76. Jg., 1996, H. 2, S. 62-67. (Zitiert: Steuerungsformen)

Ossadnik, Wolfgang, Rahmenbedingungen und Effizienzprobleme öffentlicher Theater, in: Betriebswirtschaftliche Forschung und Praxis, 39. Jg., 1987, H. 3, S. 275-287. (Zitiert: Rahmenbedingungen)

Ossadnik, Wolfgang, Theatermanagement mittels Controlling, in: Zeitschrift für öffentliche und gemeinwirtschaftliche Unternehmen, Bd. 10, 1987, H. 2, S. 145-157. (Zitiert: Theatermanagement)

Ossadnik, Wolfgang / Hoffmann, Astrid, Rechnungswesen öffentlicher Theater unter besonderer Berücksichtigung von Kostenrechnungen, in: Zeitschrift für öffentliche und gemeinwirtschaftliche Unternehmen, Bd. 7, 1984, H. 4, S. 439-466. (Zitiert: Rechnungswesen)

o.V., Der Staat dreht munter an der Preisschraube, in: Handelsblatt Nr. 153 vom 12.8.1997, S. 6. (Zitiert: Der Staat)

o.V., Das Fachgespräch mit Prof. Dr. Dr. Wilfried von Eiff, in: Krankenhaus Umschau, 63. Jg., 1994, Nr. 9, S. 667 f, S. 722. (Zitiert: Fachgespräch)

Peemöller, Volker H., Zielkostenrechnung für die frühzeitige Kostenbeeinflussung, in: kostenrechnungspraxis, 37. Jg., 1993, H. 6, S. 375-380. (Zitiert: Zielkostenrechnung)

Perridon, Louis / Steiner, Manfred, Finanzwirtschaft der Unternehmung, 8., überarb. Aufl., München 1995. (Zitiert: Finanzwirtschaft)

Püttner, Günter, Die öffentlichen Unternehmen, Ein Handbuch zu Verfassungs- und Rechtsfragen der öffentlichen Wirtschaft, 2. Aufl., Stuttgart / München / Hannover 1985. (Zitiert: Die öffentlichen Unternehmen)

Raffée, Hans / Fritz, Wolfgang / Wiedmann, Klaus-Peter, Marketing für öffentliche Betriebe, Stuttgart / Berlin / Köln 1994. (Zitiert: Marketing)

Raffée, Hans / Gottmann, Gosbert, Marketing-Management von Volkshochschulen, Arbeitspapier des Instituts für Marketing Universität Mannheim, Nr. 12, Mannheim 1982. (Zitiert: Marketing-Management)

Rauhe, Hermann / Demmer, Christine (Hrsg.), Kulturmanagement, Theorie und Praxis einer professionellen Kunst, Berlin / New York 1994.

Raulf, Martin, Qualitätsmanagement in der öffentlichen Verwaltung, in: Verwaltungsführung, Organisation und Personalwesen, 17. Jg., 1995, H. 6, S. 389-393. (Zitiert: Qualitätsmanagement)

Rehkopp, Alfons (Hrsg.), Dienstleistungsbetrieb Öffentliche Verwaltung, Köln 1976.

Reichard, Christoph, Betriebswirtschaftslehre der öffentlichen Verwaltung, 2., völlig neubearb. u. erw. Aufl., Berlin / New York 1987. (Zitiert: Betriebswirtschaftslehre)

Reichard, Christoph, Umdenken im Rathaus, Neue Steuerungsmodelle in der deutschen Kommunalverwaltung, Berlin 1994. (Zitiert: Umdenken im Rathaus)

Rembor, Ralph-Peter, Einleitung, Controlling in der Kommunalverwaltung - Entwicklungsstand und Perspektiven, in: Hill, Hermann / Klages, Helmut (Hrsg.), Controlling im Neuen Steuerungsmodell, Werkstattberichte zur Einführung von Controlling, Düsseldorf 1996, S. 1-22. (Zitiert: Controlling)

Rieger, Franz Herbert, Unternehmen und öffentliche Verwaltungsbetriebe, Ein betriebswirtschaftlicher Vergleich zum Aufbau einer Betriebswirtschaftslehre der öffentlichen Verwaltung, Schriftenreihe für Forschung und Praxis, Bd. 6, Berlin 1983. (Zitiert: Unternehmen)

Rittig, Gisbert, Öffentliche Güter, öffentliche Unternehmungen und die oeconomia publica, in: Oettle, Karl (Hrsg.), Öffentliche Güter und öffentliche Unternehmen, Beiträge zur Relevanz der Theorie der öffentlichen Güter für die öffentlichen Unternehmen, Gisbert Rittig zum 80. Geburtstag gewidmet, Schriftenreihe der Gesellschaft für öffentliche Wirtschaft und Gemeinwirtschaft, H. 25, 1. Aufl., Baden-Baden 1984, S. 15-57. (Zitiert: Öffentliche Güter)

Rösler, Frank, Kundenanforderungen als Determinante des Kostenmanagements komplexer Produkte, in: kostenrechnungspraxis, 39. Jg., 1995, H. 4, S. 214-219. (Zitiert: Kundenanforderungen)

Rummel, Klaus D., Zielkosten-Management - der Weg, Produktkosten zu halbieren und Wettbewerbe zu überholen, in: Horváth, Péter (Hrsg.), Effektives und schlankes Controlling, Stuttgart 1992, S. 221-244. (Zitiert: Zielkosten-Management)

Sakurai, Michiharu, Target Costing and How to Use It, in: Journal of Cost Management, 3. Jg., 1989, H. 2, S. 39-50. (Zitiert: Target Costing)

Schäfer, Wolfgang / Koch, Wolfgang, Zukunftsorientierte Umorganisation eines Sozialdezernats - am Beispiel Dortmund -, in: Nachrichtendienst des Deutschen Vereins für öffentliche und private Fürsorge, 73. Jg., 1993, H. 5, S. 184-188. (Zitiert: Zukunftsorientierte Umorganisation)

Schäfer, Wolfgang / Koch, Wolfgang, Zur Notwendigkeit der Einführung von Leistungsanreizen im Sozialdezernat, Einstieg und Erfahrungen in Dortmund, in: Nachrichtendienst des Deutschen Vereins für öffentliche und private Fürsorge, 75. Jg., 1995, H. 9, S. 378-381. (Zitiert: Notwendigkeit)

Schanz, Günther, Organisationsgestaltung, Management von Arbeitsteilung und Koordination, 2., neubarb. Aufl., München 1994. (Zitiert: Organisationsgestaltung)

Scheer, August-Wilhelm (Hrsg.), Rechnungswesen und EDV, 14. Saarbrücker Arbeitstagung 1993, Controlling bei fließenden Unternehmensstrukturen, Heidelberg 1993.

Scheer, August-Wilhelm / Friederichs, Johann (Hrsg.), Innovative Verwaltung 2000, Schriften zur Unternehmensführung, Bd. 57, Wiesbaden 1996.

Schellhorn, Walter / Jirasek, Hans / Seipp, Paul, Das Bundessozialhilfegesetz, Ein Kommentar für Ausbildung, Praxis und Wissenschaft, 14., völlig überarb. Aufl., Neuwied / Kriftel / Berlin 1993. (Zitiert: Bundessozialhilfegesetz)

Schierenbeck, Henner, Grundzüge der Betriebswirtschaftslehre, Schriftenreihe „Der Organisator", 12., überarb. Aufl., Gießen 1996. (Zitiert: Betriebswirtschaftslehre)

Schimmelpfennig, Jörg, Verhandlungsprozesse zur Bestimmung von Qualität, Output und Kosteneffizienz bei öffentlichen Unternehmen, in: Zeitschrift für Wirtschafts- und Sozialwissenschaften, 114. Jg., 1994, H. 3, S. 405-418. (Zitiert: Verhandlungsprozesse)

Schmalenbach, Eugen, Kostenrechnung und Preispolitik, 8., erw. u. verb. Aufl., bearb. v. Richard Bauer, Köln / Opladen 1963. (Zitiert: Kostenrechnung)

Schmidberger, Jürgen, Soziale und volkswirtschaftliche Kosten, in: Männel, Wolfgang (Hrsg.), Handbuch Kostenrechnung, Wiesbaden 1992, S. 436-445. (Zitiert: Soziale und volkswirtschaftliche Kosten)

Schoch, Dietrich, Sozialhilfe, Der Inspektor, Schriftenreihe zur Ausbildung der Beamten des gehobenen Dienstes an Fachhochschulen und Studieninstituten, H. 3, 5., überarb. Aufl., Köln u.a. 1990. (Zitiert: Sozialhilfe)

Scholl, Kai / Mees, Albert / Hagmaier, Boris, Die vernachlässigte Phase im Target Costing, Konstruktionsbegleitende Kalkulation bei Grundig, in: Controller Magazin, 21. Jg., 1996, H. 6, S. 338-343. (Zitiert: Die vernachlässigte Phase)

Scholl, Kai / Niemand, Stefan, Target Costing, in: Wissenschaftsmanagement, 2. Jg., 1996, H. 3, S. 160-162. (Zitiert: Target Costing)

Schubert, Bernd, Entwicklung von Konzepten für Produktinnovationen mittels Conjoint-Analyse, Stuttgart 1991. (Zitiert: Conjoint-Analyse)

Schuh, Günther u.a., Ressourcenorientiertes Target Costing - Zielkostenmanagement als durchgängiges Instrument unter Einbeziehung der Prozeßkostenrechnung, in: Technische Rundschau, 87. Jg., 1995, Nr. 35, S. 44-48. (Zitiert: Ressourcenorientiertes Target Costing)

Schulte, Christof (Hrsg.), Effektives Kostenmanagement, Methoden und Implementierung, Stuttgart 1992.

Seeberg, Thomas / Seidenschwarz, Werner, 6 Schritte zum marktorientierten Kostenmanagement, in: Horváth, Péter (Hrsg.), Marktnähe und Kosteneffizienz schaffen, Stuttgart 1993, S. 155-172. (Zitiert: 6 Schritte)

Seidenschwarz, Werner, Target Costing - durch marktgerechte Produkte zu operativer Effizienz oder: Wenn der Markt das Unternehmen steuert, in: Horváth, Péter (Hrsg.), Target Costing, Marktorientierte Zielkosten in der deutschen Praxis, Stuttgart 1993, S. 29-52. (Zitiert: Produkte)

Seidenschwarz, Werner, Target Costing - Verbindliche Umsetzung marktorientierter Strategien, in: kostenrechnungspraxis, 38. Jg., 1994, H. 1, S. 74-83. (Zitiert: Verbindliche Umsetzung)

Seidenschwarz, Werner, Target Costing und Prozeßkostenrechnung, in: IFUA Horváth & Partner GmbH (Hrsg.), Prozeßkostenmanagement, Methodik, Implementierung, Erfahrungen, München 1991, S. 47-70. (Zitiert: Prozeßkostenrechnung)

Seidenschwarz, Werner, Target Costing, Ein japanischer Ansatz für das Kostenmanagement, in: Controlling, 3. Jg., 1991, H. 4, S. 198-203. (Zitiert: Ein japanischer Ansatz)

Seidenschwarz, Werner, Target Costing, Marktorientiertes Zielkostenmanagement, München 1993. (Zitiert: Target Costing)

Seidenschwarz, Werner, Target Costing, Schnittstellenbewältigung mit Zielkosten, in: Horváth, Péter (Hrsg.), Synergien durch Schnittstellen-Controlling, Stuttgart 1991, S. 191-209. (Zitiert: Schnittstellenbewältigung)

Seidenschwarz, Werner / Niemand, Stefan, Zulieferintegration im marktorientierten Zielkostenmanagement, in: Controlling, 6. Jg., 1994, H. 5, S. 262-270. (Zitiert: Zulieferintegration)

Serfling, Klaus / Schultze, Ronald, Target Costing I, Von der operativen Kostenrechnung zum strategischen Kostenmanagement, in: Zeitschrift für Buchführung, Bilanz und Kostenrechnung, Nr. 12 vom 21.6.1995, Fach 23, S. 141-154. (Zitiert: Target Costing I)

Siede-Hiller, Claudia, Zwischen Kunstfreiheit und Kontrolle, Strukturprobleme öffentlicher Theater am Beispiel eines Staatstheaters, Europäische Hochschulschriften, Reihe 30, Theater-, Film- und Fernsehwissenschaften, Bd. 9, Frankfurt am Main / Bern 1981. (Zitiert: Kunstfreiheit)

Siepmann, Heinrich / Siepmann, Ursula, Verwaltungsorganisation, Schriftenreihe Verwaltung in Praxis und Wissenschaft, hrsg. v. Gerhard Banner und Ernst Pappermann, Bd. 18, 5., überarb. Aufl., Köln 1996. (Zitiert: Verwaltungsorganisation)

Simon, Herrmann, Preismanagement, Analyse-Strategie-Umsetzung, 2., vollst. überarb. u. erw. Aufl., Wiesbaden 1992. (Zitiert: Preismanagement)

Sozialpolitischer Arbeitskreis (Hrsg.), Göttinger Kochbuch zur Sozialhilfe, 2., völlig neu bearb. Aufl., Göttingen 1996. (Zitiert: Göttinger Kochbuch)

Stadt Göttingen, Haushaltsplan 1993.

Stahl, Hans-Werner, Target Costing, Zielkostenmanagement mit Hilfe eines Fixkosten-Simulationsmodells, in: Controller Magazin, 20. Jg., 1995, H. 2, S. 113-115. (Zitiert: Target Costing)

Steiner, Manfred, Die Rechtsform als betriebswirtschaftliche Einflußgröße bei öffentlichen Schauspielhäusern in der Bundesrepublik, Ergebnisse einer Befragung, in: Zeitschrift für öffentliche und gemeinwirtschaftliche Unternehmen, Bd. 11, 1988, H. 3, S. 275-293. (Zitiert: Rechtsform)

Stops, Michaela, Target Costing als Controlling-Instrument, in: Wirtschaftsstudium, 25. Jg., 1996, H. 7, S. 625-628. (Zitiert: Target Costing)

Striening, Hans-Dieter, Aufgaben und Instrumente des Gemeinkostenmanagements, in: kostenrechnungspraxis, 40. Jg., 1996, H. 1, S. 9-15. (Zitiert: Aufgaben)

Tanaka, Masayasu, Cost Planning and Control Systems in the Design Phase of a New Produkt, in: Monden, Yasuhiro / Sakurai, Michiharu (Hrsg.), Japanese Management Accounting, A World Class Approach to Profit Management, Cambridge / Massachusetts 1989, S. 49-71. (Zitiert: Cost Planning)

Tanaka, Takao, Target Costing at Toyota, in: Journal of cost management, Spring 1993, S. 4-11. (Zitiert: Target Costing)

Thiemeyer, Theo, Betriebswirtschaftslehre der öffentlichen Betriebe, Teil 1, in: Wirtschaftswissenschaftliches Studium, 10. Jg., 1981, H. 8, S. 367-372, S. 399 f. (Zitiert: Betriebswirtschaftslehre, Teil 1)

Thiemeyer, Theo, Betriebswirtschaftslehre der öffentlichen Betriebe, Teil 2, in: Wirtschaftswissenschaftliches Studium, 10. Jg., 1981, H. 9, S. 417-423, S. 447 f. (Zitiert: Betriebswirtschaftslehre, Teil 2)

Thiemeyer, Theo, Wirtschaftslehre öffentlicher Betriebe, Reinbek bei Hamburg 1975. (Zitiert: Wirtschaftslehre)

Thiemeyer, Theo, Zur ökonomischen Theorie der öffentlichen Unternehmen, in: Eiteneyer, Helmut / Meissner, Hans Günther (Hrsg.), Marketing öffentlicher Unternehmungen, Schriftenreihe des Lehrstuhls für Marketing Universität Dortmund, H. 1, Dortmund 1978, S. 18-33. (Zitiert: Zur ökonomischen Theorie)

Thiemeyer, Theo / Oettle, Karl, Thesen über die Unterschiede zwischen privatunternehmerischen und öffentlich-wirtschaftlichen Zielen, in: Die öffentliche Wirtschaft, 18. Jg., 1969, H. 1, S. 5-7. (Zitiert: Unterschiede)

Thiemeyer, Theo / Oettle, Karl, Thesen über die Unterschiede zwischen privater Absatzpolitik und öffentlicher Angebotspolitik, in: Die öffentliche Wirtschaft, 18. Jg., 1969, H. 2, S. 37-41. (Zitiert: Thesen)

Tietz, Bruno (Hrsg.), Handwörterbuch der Absatzwirtschaft, Stuttgart 1974.

Töpfer, Armin, Benchmarking, in: Wirtschaftswissenschaftliches Studium, 26. Jg., 1997, H. 4, S. 202-205. (Zitiert: Benchmarking)

Trube, Achim, Zur Krise örtlicher Sozialverwaltung und den Chancen anwendungsorientierter Organisationsentwicklung, in: Nachrichtendienst des Deutschen Vereins für öffentliche und private Fürsorge, 74. Jg., 1994, H. 6, S. 214-220. (Zitiert: Sozialverwaltung)

Vikas, Kurt, Controlling im Dienstleistungsbereich mit Grenzplankostenrechnung, Wiesbaden 1988. (Zitiert: Grenzplankostenrechnung)

von Zwehl, Wolfgang, Die Prozeßkostenrechnung als Informationsinstrument in der Kommunalverwaltung, in: Kommunale Steuer-Zeitschrift, Zeitschrift für das gesamte Gemeindeabgabenwesen, 46. Jg., 1997, H. 11, S. 201-210. (Zitiert: Prozeßkostenrechnung)

Wahl-Zieger, Erika, Theater und Orchester zwischen Marktkräften und Marktkorrektur, Existenzprobleme und Überlebenschancen eines Sektors aus wirtschaftlicher Sicht, Göttingen 1978. (Zitiert: Theater )

Walberer; Jörg, Drei Groschen für die Oper, in: Managermagazin, 26. Jg., 1996, H. 2, S. 138-142. (Zitiert: Groschen)

Walther, Norbert / Brückmann, Friedel, Controllinggrundlagen und Controllingerfahrungen in Offenbach, in: Hill, Hermann / Klages, Helmut (Hrsg.), Controlling im Neuen Steuerungsmodell, Werkstattberichte zur Einführung von Controlling, Düsseldorf 1996, S. 23-44. (Zitiert: Controllinggrundlagen)

Weber, Helmut Kurt, Betriebswirtschaftliches Rechnungswesen, Bd. 1, Bilanz und Erfolgsrechnung, 4., überarb. Aufl., München 1993. (Zitiert: Bilanz und Erfolgsrechnung)

Weber, Helmut Kurt, Betriebswirtschaftliches Rechnungswesen, Bd. 2, Kosten- und Leistungsrechnung, 3., neubearb. Aufl., München 1991. (Zitiert: Kosten- und Leistungsrechnung)

Weber, Helmut Kurt, Einzel- und Gemeinkosten sowie variable und fixe Kosten, Verrechnung oder Nichtverrechnung auf Kostenträger sowie Konsequenzen für Entscheidungen und Bestandsbewertung, Göttinger Wirtschaftswissenschaftliche Studien, Bd. 27, 2., völlig überarb. und erw. Aufl., Göttingen 1996. (Zitiert: Einzel- und Gemeinkosten)

Weber, Helmut Kurt, Grundbegriffe der Kostenrechnung, in: Männel, Wolfgang (Hrsg.), Handbuch der Kostenrechnung, Wiesbaden 1992, S. 5-18. (Zitiert: Grundbegriffe)

Weber, Helmut Kurt, Industriebetriebslehre, 2., neubearb. und erw. Aufl., Berlin u.a. 1996. (Zitiert: Industriebetriebslehre)

Weber, Helmut Kurt, Kosten und Erlöse, in: Handwörterbuch des Rechnungswesens, hrsg. v. Chmielewicz, Klaus / Schweitzer, Marcell, 3., völlig neu gestaltete und ergänzte Aufl., Stuttgart 1993, Sp. 1264-1272. (Zitiert: Kosten und Erlöse)

Weber, Jürgen, Ausgewählte Aspekte des Controlling in öffentlichen Institutionen, in: Zeitschrift für öffentliche und gemeinwirtschaftliche Unternehmen, Bd. 6, 1983, H. 4, S. 438-461. (Zitiert: Ausgewählte Aspekte)

Weber, Jürgen / Tylkowski, Otto, Controlling - eine Chance für öffentliche Unternehmen und Verwaltungen, Stuttgart 1988. (Zitiert: Controlling)

Wedell, Harald, Grundlagen des betriebswirtschaftlichen Rechnungswesens, Aufgaben, Instrumente, Verrechnungstechnik, 6., neu bearb. Aufl., Herne / Berlin 1993. (Zitiert: Grundlagen)

Wiedmann, Klaus-Peter, Corporate Identity als Unternehmensstrategie, in: Wirtschaftswissenschaftliches Studium, 17. Jg., 1988, H. 5, S. 236-242. (Zitiert: Corporate Identity)

Wien, Karl-Gerhard, Qualitätssicherung im Krankenhaus, in: Das Krankenhaus, 88. Jg., 1996, H. 6, S. 286-288. (Zitiert: Qualitätssicherung)

Wildemann, Horst, Die modulare Fabrik, Kundennahe Produktion durch Fertigungssegmentierung, München 1988. (Zitiert: Die modulare Fabrik)

Wildemann, Horst, Qualitätsentwicklung in F&E, Produktion und Logistik, in: Zeitschrift für Betriebswirtschaft, 62. Jg., 1992, H. 1, S. 17-41. (Zitiert: Qualitätsentwicklung)

Winter, Hildegard, Target Costing - Zielkostenmanagement, in: Buchführung, Bilanz, Kostenrechnung, 1993, Nr. 24, Fach 21, S. 1541-1544. (Zitiert: Target Costing)

Witte, Eberhard, Innovationsfähige Organisation, in: Witte, Eberhard / Hauschildt, Jürgen / Grün, Oskar (Hrsg.), Innovative Entscheidungsprozesse, Tübingen 1988, S. 144-161. (Zitiert: Innovationsfähige Organisation)

Witte, Eberhard, Kraft und Gegenkraft im Entscheidungsprozeß, in: Witte, Eberhard / Hauschildt, Jürgen / Grün, Oskar (Hrsg.), Innovative Entscheidungsprozesse, Tübingen 1988, S. 162-169. (Zitiert: Entscheidungsprozeß)

Witte, Eberhard / Hauschildt, Jürgen, Die öffentliche Unternehmung im Interessenkonflikt, Berlin 1966. (Zitiert: Die öffentliche Unternehmung)

Witte, Eberhard / Hauschildt, Jürgen / Grün, Oskar (Hrsg.), Innovative Entscheidungsprozesse, Tübingen 1988.

Wittmann, Waldemar u.a. (Hrsg.), Handwörterbuch der Betriebswirtschaft, 5., völlig neu gestaltete Aufl., Stuttgart 1993.

Wöhe, Günter, Einführung in die Allgemeine Betriebswirtschaftslehre, 19., überarb. und erw. Aufl., München 1996. (Zitiert: Allgemeine Betriebswirtschaftslehre)

Wolters, Jan, Das Tilburger Modell, Auf dem Weg zum Dienstleistungsunternehmen in der Kommunalverwaltung, in: Morath, Konrad (Hrsg.), Wirtschaftlichkeit der öffentlichen Verwaltung, Reformkonzepte, Reformpraxis, Bad Homburg 1994, S. 85-91. (Zitiert: Das Tilburger Modell)

Yoshikawa, Takeo / Innes, John / Mitchell, Falconer, Cost Tables, A Foundation of Japanese Cost Management, in: Journal of Cost Management, Fall 1990, S. 30-36. (Zitiert: Cost Tables)

Zahn, Wolfgang, Target Costing bei einem Automobilzulieferer, Ein Implementierungsansatz aus Werks-Controlling-Sicht, in: Controlling, 7. Jg., 1995, H. 3, S. 148-153. (Zitiert: Target Costing)

Zillmer, Detlev, Target Costing - japanische und amerikanische Erfahrungen, in: Controller Magazin, 17. Jg., 1992, H. 5, S. 286-288. (Zitiert: Target Costing)

Zimmermann, Gebhard, Entgeltkalkulation und Controlling in der öffentlichen Verwaltung mit Hilfe der Prozeßkostenrechnung, in: Akademie, 42. Jg., 1997, H. 3, S. 72-77.

Zimmermann, Gebhard, Die Leistungsfähigkeit von Kostenrechnungssystemen für den managementorientierten Informationsbedarf, in: Brede, Helmut / Buschor, Ernst (Hrsg.), Das neue Öffentliche Rechnungswesen, Betriebswirtschaftliche Beiträge zur Haushaltsreform in Deutschland, Österreich und der Schweiz, Schriften zur öffentlichen Verwaltung und öffentlichen Wirtschaft, Bd. 133, Baden-Baden 1993, S. 167-197. (Zitiert: Leistungsfähigkeit)

Zimmermann, Gebhard, Grundzüge der Kostenrechnung, 6., überarb. und erw.. Aufl., München / Wien 1996. (Zitiert: Kostenrechnung)

Zimmermann, Gebhard, Prozeßorientierte Kostenrechnung in der öffentlichen Verwaltung, Ein Ansatz zur Entgeltkalkulation und für ein wirkungsvolles Controlling?, in: Controlling, 4. Jg., 1992, H. 4, S. 196-202. (Zitiert: Prozeßorientierte Kostenrechnung)

Zimmermann, Gebhard / Grundmann, Ralf, Die Prozeßkostenrechnung als Instrument zur Wirtschaftlichkeitskontrolle und Preisbegründung in der öffentlichen Verwaltung, in: Scheer, August-Wilhelm / Friederichs, Johann (Hrsg.), Innovative Verwaltungen 2000, Schriften zur Unternehmensführung, Bd. 57, Wiesbaden 1996, S. 105-117. (Zitiert: Prozeßkostenrechnung)

# Verzeichnis der Rechtsquellen

Bundessozialhilfegesetz (BSHG) vom 30. Juni 1961 (BGBl. I S. 815) in der Fassung der Bekanntmachung vom 23. März 1994 (BGBl. I S. 646).

Eigenbetriebsverordnung (EigBetrVO) vom 15. August 1989 (Nds. GVBl. S. 318) berichtigt Nds. GVBl. 1990 S. 30 geändert durch Verordnung vom 23. Oktober 1996 (Nds. GVBl. S. 435).

Sozialgesetzbuch X (SGB X), Artikel I des Gesetzes vom 18. August 1980 (BGBl. I S. 1469, 2218), und Artikel I des Gesetzes vom 4. November 1982 (BGBl. I S. 1450), zuletzt geändert mit Gesetz vom 13. Juni 1994 (BGBl. I S. 1229).